U0512510

城镇化进程中教育和健康人力资本民工城市融入的影响研究

陈虹　秦立建　廖勇　著

Xinxing Chengzhenhua Jinchengzhong
Jiaoyu he Jiankang Renli Ziben dui
NONGMINGONG
CHENGSHI RONGRU
de Yingxiang Yanjiu

中国财经出版传媒集团

经济科学出版社
Economic Science Press

图书在版编目（CIP）数据

新型城镇化进程中教育和健康人力资本对农民工城市
融入的影响研究/陈虹，秦立建，廖勇著．－－北京：
经济科学出版社，2022.5
ISBN 978 - 7 - 5218 - 3106 - 1

Ⅰ. ①新… Ⅱ. ①陈…②秦…③廖… Ⅲ. ①民工 -
城市化 - 研究 - 中国 Ⅳ. ①D422. 64

中国版本图书馆 CIP 数据核字（2021）第 248591 号

策划编辑：李　雪
责任编辑：袁　溦
责任校对：蒋子明　孙　晨
责任印制：王世伟

新型城镇化进程中教育和健康人力资本对农民工城市融入的影响研究
陈　虹　秦立建　廖勇　著
经济科学出版社出版、发行　新华书店经销
社址：北京市海淀区阜成路甲 28 号　邮编：100142
总编部电话：010 - 88191217　发行部电话：010 - 88191522
网址：www. esp. com. cn
电子邮箱：esp@ esp. com. cn
天猫网店：经济科学出版社旗舰店
网址：http：//jjkxcbs. tmall. com
北京季蜂印刷有限公司印装
710 × 1000　16 开　17.25 印张　240000 字
2022 年 6 月第 1 版　2022 年 6 月第 1 次印刷
ISBN 978 - 7 - 5218 - 3106 - 1　定价：86.00 元
（图书出现印装问题，本社负责调换。电话：010 - 88191510）
（版权所有　侵权必究　打击盗版　举报热线：010 - 88191661
QQ：2242791300　营销中心电话：010 - 88191537
电子邮箱：dbts@ esp. com. cn）

前　言

　　促进农民工融入城市是推动以人为中心的新型城镇化建设重要环节。农民工作为我国产业工人的重要组成部分，为推动我国城市经济发展做出了重要贡献。截至 2020 年，我国农民工数量已经达到 2.86 亿人。由于城乡发展的巨大差异，农民工对融入城市具有较高的期盼。然而，农民工的教育水平普遍较低，不利于在劳动力市场的竞争；并且大多从事体力劳动较为繁重的职业，对身体健康的损害较为严重。如果农民工的人力资本存量无法得到改善，在我国已经出现劳动力供给短缺的刘易斯拐点情况下，则必将进一步恶化我国的劳动供给状况，不利于农民工的城市融入和我国经济结构升级转型。因此，健康和教育作为人力资本的重要组成部分，本书检验其对农民工城市融入的影响，对于提高我国劳动力质量和推动经济高质量发展均具有重要意义。

　　基于全国性大规模微观实地调查数据，首先在拓展的期望效用理论分析框架下，采用 Probit 模型和 Ordered Probit 模型，实证检验了健康和教育人力资本对农民工城市居留意愿的影响。其次，以拓展的随机效用理论模型为分析框架，使用模型 Logit 和 Mlogit 计量模型，实证分析了健康和教育人力资本对农民工进城落户意愿的影响，并且对代际差异、性别差异，以及区域差异进行异质性分析。

新型城镇化进程中教育和健康人力资本对农民工城市融入的影响研究

最后，借鉴模糊集理论，通过隶属度函数构建一个综合性的农民工城市融入指标。使用 OLS 模型分析健康和教育人力资本对农民工城市融入在均值上的影响效果，并且使用分位数回归方法（quantile regression）进一步刻画健康和教育人力资本在不同分位点的影响差异。

研究发现，首先，健康状况和受教育程度对农民工城市居留意愿存在显著的正向影响。健康状况越好和受教育程度越高的农民工，在城市居留意愿通常越强。其次，健康和教育人力资本能够显著促进农民工的城市融入。农民工健康和教育人力资本越高，其进城落户意愿越强烈，也更容易被城市所接纳。最后，健康对农民工城市融入虽然也产生了显著性影响，但其在不同分位点上存在差异。教育程度对农民工城市融入产生了显著性正向作用，并且在各分位点上的差异较小。健康和教育人力资本对不同群体农民工城市融入的影响具有异质性。教育人力资本是提升不同性别、不同年代农民工的重要催化剂，但是良好的健康状况对不同性别、不同年代农民工的城市融入产生了类似门槛的效应。

为了在新型城镇化进程中促进我国农民工的城市融入，建议采取以下几点措施：第一，为农民工享受城市医疗健康服务提供政策支持。既要对农民工群体提供跨地区医疗健康服务的财务支持，又要对农民工参加当地医疗保险实行多档次缴费制度，这可以为农民工获取必要的医疗健康服务提供政策保障。第二，全面推动农民工健康档案的建立。提高健康档案的覆盖率，有助于增强农民工抵御健康风险的能力。第三，建立健全农民工职业教育培训体系。工作收入是农民工城市融入的物质基础，农民工的职

前　　言

业教育立足于专业技能的培训，有助于农民工在打工地城市获取更多的就业机会，进而增强农民工融入城市的生存能力。第四，加强农民工子女的教育融入。学校应当重视农民工子女在校成长过程，注意引导其形成正确的城市融入价值观，并使其享受与城市家庭子女同等教育资源。第五，针对不同农民工群体制定差异化的城市融入政策。结合性别、代际和区域的差异性，因人而异地引导农民工进城安家落户以促进农民工的城市融入。

作　者

2022 年 5 月

目 录

目　录

第一章 引　言

第一节　研究背景与意义

我国农民工群体的数量巨大，已经达到 2.86 亿人（国家统计局，2021）。农民工为我国的工业化和城市化建设做出了重要贡献，有融入城市的强烈期盼。农民工城市融入实际上是先产生城市居留意愿，再产生进城落户意愿，最终全面融入城市的递进过程。随着社会经济迅猛发展，城市中的行业竞争也日趋激烈，这对农民工群体的人力资本提出了更高的要求。良好的健康状况和较高的教育水平，能够为农民工提供持久的工作时间和专业的劳动技能，进而增强农民工在城市中的竞争能力和适应能力。因此，健康和教育作为人力资本重要的组成部分，研究其对农民工城市融入的影响，对于制定转轨时期的农民工城市融入和推动经济社会高质量发展的政策都具有重要意义。

本书具有较强的学术价值。第一，检验理论假说，为促进我国农民工城市融入和提高经济发展质量提供理论支撑。本书检验三个理论假说。假说一，健康人力资本显著促进农民工城市融入。假说二，教育人力资本对农民工城市融入具有显著的促进作用。假说三，由于健康人力资本的独特性，教育人力资本与其产生的影响效果存在差异性。通过实地访谈和计量模型分析，实证检验上述理论假设具有重要的学术价值和理论意义。第二，全面刻画人力资本对农民工城市融入影响的条件分布规律，为促进农民工的城市融入和推动高质量城镇化提供政策支持。本书试图回答：是否存在农民工城市融入程度较低的状况？导致农民工城市融入程度较低的原因是什么？健康和教育人力资本对农民工城市融入产生影响的学理基础是什么？如何提高农民工健康和教育人力资本存量以促进其城市融入？本书对公共政策制定和学术界的研究借鉴都具有重要的学理基础和学术价值。

第二节　研究目标及研究方法

一、研究目标

本书的整体研究目标是：基于我国农民工城市融入的现实国情，检验健康和教育人力资本对农民工城市融入的影响效应，并提出促进我国农民工城市融入的政策建议。本书的具体研究目标如下：

第一，从已有文献中把握我国农民工城市融入的现状和测量维度。以人力资本的视角，梳理相关研究成果，以期展现健康和教育人力资本对农民工城市融入的影响。首先，总结已有文献中关于农民工城市融入质量的测量维度。主要从农民工城市融入的比例、农民工市民化的现状，以及农民工在城市中的资源分配情况等方面进行阐述。其次，梳理已有文献关于农民工城市融入的代际差异和空间分布格局。重点关注已有研究中新老农民工的流动倾向，以及中西部地区农民工融入城市的现状。再次，从人力资本和制度资本等角度概括已有文献中关于农民工城市融入影响因素的研究成果。最后，总结已有研究对农民工城市融入定量分析的经验。主要从已有文献所选择的研究区域、样本数量、数据来源，以及计量模型等方面进行梳理。对已有文献所选择的被解释变量和解释变量，以及控制变量进行总结归纳。

第二，梳理中华人民共和国成立以来农民工城市迁移政策的变迁历程。首先梳理我国历史上农民工向城市流动的相关政策。随着我国工业化和城市化进程的加快，农民工流动政策经历了从自由流动到限制盲流再到鼓励农民工市民化的变迁过程。为了缩小城乡发展差距，促进城乡要素流通，国家通过深化户籍制度改革，努力为农民工自由进城务工创造良好的政策环境。其中不乏制定了一些增加农民工人力资本的教育政策和健康政策。例如关于农民和农民工开展职业教育培训的政策，以及关于确保农民工获取公共保健服务和提高其医疗保障待遇的政策等。教育政策和健康政策是一国政府为形成高质量的人力资本，促进经济社会发展而做的努力。通过梳理中华人民共和国成立以来的教育政策和健康政策，可以为当前的教育和医疗卫生领域的深化改革提供方向和思路，从而建立更加完善的教育和健康保障体系，进一步增加国民的教育和健康人力资本存量，促进经济社会的和谐发展。

第三，构建多维的人力资本理论分析框架。本书从人力资本理论、人力资本内生化理论，以及健康需求理论等方面进行梳理和分析。首先，人力资本理论认为健康和教育作为增加人力资本的重要途径，对增加就业机会和促进经济发展具有重要作用。通过人力资本理论的梳理总结，以期为本书选择健康和教育人力资本作为核心解释变量提供理论支撑。其次，人力资本内生化理论认为在增加人力资本同时，其他要素投入也会产生增益，进而带动整体经济的规模效益。通过对人力资本内生化理论的梳理总结，以期为本书提出健康和教育人力资本对农民工城市融入具有影响的研究假设奠定理论基础。最后，健康需求理论认为人们对生活状态的满足需要健康，而医疗服务作为健康的派生需求同样具有广阔的市场。通过对健康需求理论进行梳理总结，以期为本书从健康保障角度分析农民工城市融入提供理论分析框架。因此，研究健康和教育人力资本对农民工城市融入的影响，需要以前人的相关理论为基础，并从中汲取所需要的研究思路和研究方法。

第四，构建拓展的计量经济理论模型。一方面，尝试构建拓展的期望效用理论模型。经典的期望效用理论模型在公理化假设的基础上，运用逻辑和数学工具，建立了不确定条件下对理性人选择进行分析的框架。农民工群体居留在打工地的期望效用值大于回到户籍所在地的期望效用值，则农民工更愿意居留在城市。农民工拥有更健康的身体和更高的教育程度，更容易在城市中生存和发展，以至于更愿意居留在城市。另一方面，尝试构建拓展的随机效用模型。经典的随机效用模型认为，所有的备选方案中，每一种方案都具有各自的效用，理性决策人最终选择的某种方案必然是能够带来效用最大化的方案。为了全面剖析农民工进城落户的成本与收益，以及意愿选择的影响因素，可以通过构建拓展的随机效用模型加以具体描述。本书尝试通过对假设条件的改变以丰富模型的内容，进而构建拓展的期望效用理论模型和随机效用理论模型。拓展的理论模型以健康和教育人力资本为研究视角，将农民工城市居留意愿和进城落户意愿作为主要考察的变量纳入到分析框架中，为研究和制定中国农民工城市融入的政策提供重要的研究范式和理论依据。

第五，构建一个用以衡量农民工城市融入程度的综合性指标。由于农民工城市融入程度的内涵比较复杂，本书将借鉴模糊集理论（fuzzy set theory）构建一个衡量农民工城市融入程度的综合测评指标。模糊集理论通过隶属度函数（membership function）为各种子指标加权赋值，进而可以得到综合性的隶属度指标，以衡量农民工在打工地城市的融入程度。本书首先尝试从农民工关注本地发展变化的倾向、融入本地的意愿，以及本地人接纳农民工的意愿三个方面表示农民工心理融入程度。其次，从农民工组织活动的经历、建言献策的经历，以及公益活动的经历三个方面表示农民工社会融入程度。最后，通过隶属度函数将农民工的心理融入和社会融入两种子指标加权赋值,从而得到一个农民工城市融入程度的综合性测评指标。

第六,检验健康和教育人力资本对农民工城市居留意愿、进城落户意愿,以及城市融入的影响效应。首先,本书将分别运用 Ordered Probit 计量模型和 MLogit 计量模型分析农民工居留意愿和进城落户意愿的影响因素。并试图通过分位数计量模型呈现出健康和教育人力资本对农民工城市融入在不同分位点上的影响差异。其次,尝试从人口学特征、家庭特征、工作特征,以及流动特征四个维度构建指标体系,并重点关注健康和教育人力资本等核心解释变量对农民工城市融入的影响。最后,从代际、性别、地区等视角,分析健康和教育等因素对不同群体农民工城市居留意愿、进城落户意愿,以及城市融入影响的异质性。

第七,为促进农民工城市融入提出有针对性的政策建议。一方面,尝试从增加农民工健康人力资本的角度提出建议。政府需要为农民工平等享受城市健康服务提供财务支持,针对农民工的健康状况建立动态监护机制。通过推动农民工健康档案的建立,对农民工的健康状况进行动态监护,为其身体健康提供及时的医疗保障。另一方面,尝试从增加农民工教育人力资本的角度提出建议。政府需要建立健全农民工职业教育培训体系,为农民工提供就业保障。工作收入是农民工城市融入的物质基础,对农民工进行职业教育培训,有助于其在打工地城市获取更多的就业机会。总之,根据实证结论,试图从不同维度提出能够促进农民工城市融入的政策建议。

二、研究方法

第一,文献分析法。首先,通过查阅图书、国内外期刊,以及历年政策文件等各种文献资料,对前人已有的相关研究成果进行总结和归纳。讨论研究农民工城市融入的影响因素及城市融合质量测算的方法论问题,并总结前人关于农民工城市融入性别差异、代际差异，以及地区差异的研究结论。其次，本书对自中华人民共和国成立以来农民工迁移、健康保障，以及教育培训等方面的制度变迁进行梳理和回顾，并对前人关于户籍制度和城乡二元分割结构影响效应的阐述进行全面总结。最后，本书深入分析前人在人力资本理论、人力资本内生化理论和健康需求理论等方面的成就和经验，为农民工城市融入领域的健康保障制度和教育培训制度的深化改革提供方向和思路，也为厘清健康和教育人力资本对农民工城市融入的影响奠定基础。

第二，实地访谈法。在调研过程中，采用实地考察、关键人物及部门访谈等方法，获得第一手资料，如选择具有典型代表的安徽等劳务输出大省进行实地考察，了解外出务工的农民工城市融入的现状；针对政府分管领导、部门主要领导、乡镇主要领导和村两委主要负责人采取以半结构化访谈为主的方式，向其咨询国家在相关领域的政策实施情况和农民工在打工地城市的福利待遇，重点了解农民工每年进城务工、留居打工地城市的数量和被迫返乡的数量；与有关部门负责人和相关领域的专家学者深入探讨促进农民工城市居留、进城落户，以及城市融入的驱动因素。

第三，实证计量模型分析方法。本书的技术支撑是建立在相关计量分析方法基础之上。在实证的计量经济学模型研究中，使用全国性大规模微观实地调查数据。首先，使用 Probit 模型和 Ordered Probit 模型分析健康和教育人力资本对农民工城市居留意愿的影响，并检验不同性别农民工群体居留意愿的异质性。其次，使用 Logit 模型和 MLogit 模型，探究健康和教育人力资本对农民工进城落户意愿的影响效果，并检验不同地区农民工落户意愿的异质性。最后，使用普通最小二乘法（ordinary least square，OLS）和分位数回归方法（quantile regression，QR），测算健康和教育人力资本对农民工城市融入程度的影响效应，并进一步检验健康和教育人力资本对不同年代农民工城市融入的代际差异。

第三节 拟解决的关键问题及创新之处

本书拟解决的关键问题是：第一，健康和教育人力资本对农民工城市居留意愿是否产生影响，以及对不同农民工群体是否产生异质性。第二，健康和教育人力资本对农民工进城落户意愿是否产生影响，以及对不同农民工群体是否产生异质性。第三，健康和教育人力资本对农民工城市融入的影响在不同分位点的分布情况是什么。第四，根据我国实际国情，有针对性地提出促进我国农民工城市融入的政策建议。

本书的特色及创新之处有三点，分别如下：

第一，尝试构建拓展的农民工城市融入理论分析模型。本书首次将健康和教育对农民工的城市居留意愿、进城落户意愿，以及城市融入的影响进行理论扩展。将健康和教育人力资本共同纳入分析框架，避免了孤立变量检验时导致的有偏估计问题，这本身就是对经济学相关理论的重要发展，因此丰富了经济学的相关理论研究。

第二，尝试构建拓展的实证计量经济模型。本课题使用大规模的微观调查数据，这个大型微观实地调查数据由国家卫生健康委员会实施，课题申请人及课题组成员与该项目保持长期合作。将这些综合性较强的数据与先进的计量经济学分析技术相结合，在全部样本进行回归分析的基础上，还将进行不同经济社会地区、不同性别，以及不同家庭特征子样本的异质性检验，以刻画健康和教育人力资本对农民工城市融入影响的机制机理。

第三，尝试探究农民工城市融入不足的根源。本课题综合前沿的健康和教育经济学的计量研究方法，通过深入测量健康和教育人力资本对农民工城市居留意愿、进城落户意愿，以及城市融入程度的影响效应，立足于我国客观社会经济实际，厘清影响城市融入的路径和机制，寻找城市融入度不足的根源，为各级政府和学术界进行政策干预提供坚实的学理基础。

第四节　研究框架及研究内容

一、研究框架

本书梳理了自中华人民共和国成立以来教育政策和健康政策的制度变迁，综述了已有研究关于健康和教育人力资本对农民工城市融入影响的研究动态。第一，梳理和总结了健康和教育人力资本对农民工城市融入的相关文献。第二，分析了自中华人民共和国成立以来农民工迁移政策、教育政策，以及健康保障政策的制度变迁，为当前的教育和医疗卫生领域的深化改革提供方向和思路。第三，总结前人的相关理论，从理论上研究人力资本对农民工城市融入的影响效应。第四，分别考察了健康人力资本和教育人力资本对农民工城市居留意愿、进城落户意愿，以及城市融入程度的影响，并且综合考察教育与健康人力资本对不同农民工群体的影响差异。第五，在结合我国实际国情的基础上，有针对性地提出促进农民工城市融入度的政策建议。

二、研究内容

本书从理论高度建立健康和教育人力资本对农民工城市融入影响的经济学理论模型，运用现代计量经济学方法，寻找影响我国农民工城市融入的根源和作用机理，为制定相关政策提供科学的理论支撑。根据本书的研究主题，具体研究内容如下：

第一部分，梳理中华人民共和国成立以来我国农民工融入城市的制度变迁。梳理我国历史上农民工向城市流动的相关政策。随着我国工业化和城市化进程的加快，农民工流动政策经历了"自由流动—限制盲流—加快农村劳动力转移—鼓励农民工市民化"的变迁过程。为有序引导农民工进城务工，实现城乡劳动力要素流通顺畅，政府通过深化城乡户籍制度改革，努力为农民工居留城市、进城落户，以及更好地融入城市创造良好的政策环境。针对各个时期农民工的迁移政策、教育培训制度，以及健康保障制度的梳理，可以为当前的医疗卫生和教育领域的深化改革提供方向和思路，从而建立更加完善的、适应我国国情的健康和教育体系，对于改善社会公平、提高农民工的城市融入能力，以及提高城镇化的质量都具有重要作用。

第二部分，构建拓展的城市融入的计量经济学理论模型。将健康和教育同时纳入分析框架，考察人力资本存量对农民工城市居留意愿、进城落户意愿，以及城市融入的影响效应；根据计量经济理论模型的演绎和推导结果，从多个维度来刻画我国农民工城市融入的具体机制。分析了人力资本理论、健康需求理论，以及期望效用理论，寻找农民工城市融入的理论基础，并在此基础上构建拓展的农民工城市融入的现代计量经济学理论模型分析框架。将健康和教育这两个重要的人力资本共同纳入分析框架，避免了孤立检验变量的有偏估计问题。

第三部分，健康和教育人力资本对农民工城市居留意愿的影响研究。本部分主要分析影响农民工城市居留意愿的影响因素，从人口学特征、就业特征，以及流动特征三重维度构建指标体系，并对健康和教育人力资本两大核心解释变量的影响效应予以重点关注。本部分将农民工居留意愿作为核心被解释变量，以期望效用理论（expected utility theory）构建分析框架，分别采用 Probit 模型和 Ordered Probit 模型实证分析了健康和教育人力资本对农民工城市居留意愿的影响，并对农民工群体城市居留意愿的代际差异、性别差异，以及区域差异进行深入研究。最后，为保证实证结果的准确性，本书分别采用 Logit 模型和 Ordered Logit 模型进行稳健性检验。

第四部分，健康和教育人力资本对农民工进城落户意愿的影响研究。探究不同因素对农民工进城落户意愿的影响及其内在影响机理，对促进农民工进城落户，推动城镇化进程具有重要意义。考虑到被解释变量"农民工进城落户意愿"为离散变量，农民工只有"愿意进城落户""不愿意进城落户"和"未想好是否进城落户"三种选择，故采用 Logit 和 Mlogit 模型估计健康和教育人力资本对农民工进城落户的影响分析。在研究过程中，为了检验健康和教育人力资本对不同农民工群体是否存在异质性分析，分别对不同性别、不同年代，以及不同地区的农民工群体进行异质性分析。最后，采用 Probit 模型和 Mprobit 模型对上述实证结果的进行稳健性检验，以确保结论的稳健性和准确性。

第五部分，健康和教育人力资本对农民工城市融入的影响研究。农民工城市融入是本书关注的核心被解释变量。本部分通过借鉴模糊集理论，从心理融入和社会融入两个方面构建农民工城市融入的综合测评指标，分别使用 OLS 模型和分位数回归模型（quantile regression），实证分析健康和教育人力资本对农民工城市融入的影响，并且检验了健康和教育人力资本对农民工城市融入的代际差异和性别差异。通过使用 OLS 模型可以从均值意义上考察各种解释变量对农民工城市融入的条件期望的影响，但是无法反映各种解释变量对农民工城市融入影响的条件分布规律。因此，本部分使用分位数回归模型，将健康和教育人力资本对农民工城市融入的影响在不同分位点上的差异和分布规律完整地呈现出来。

第六部分，提出促进农民工城市融入的政策建议。首先，深入分析我国农民工融入城市的过程中存在的相关问题。基于本书的研究结论，汲取我国前期关于农民工迁移城市的各项制度改革经验，提出增加农民工健康和教育人力资本存量的政策建议，以推动我国农民工城市融入程度。其次，依据农民工城市融入的代际差异、性别差异，以及区域差异，有针对性地提出促进我国农民工城市融入的政策建议。重点增加对落后地区、女性农民工，以及新生代农民工的健康和教育人力资本投资，以促进农民工城市融入过程中的社会公平，进而提高农民工城市融入的质量。

　　针对已有文献和本书主题的分析，结合我国的客观经济社会现实，基于全国性大规模微观实地调查数据，利用国际前沿的计量研究方法，探究健康与教育人力资本对农民工城市融入的影响，并提出有针对性的政策建议，以促进我国农民工城市融入的进程。具体的研究思路如图 1-1 所示。

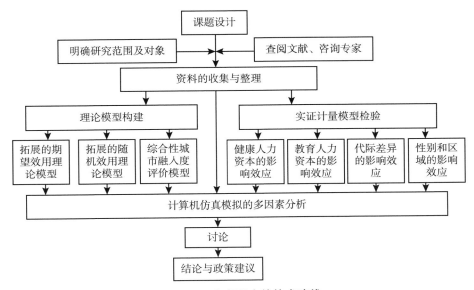

图 1-1　本书研究的技术路线

第二章　教育和健康人力资本 对农民工城市融入 影响研究的文献综述

第一节　对农民工城市融入度的研究

一、对农民工城市融入质量的研究

实现中国梦的路径需要紧抓城市和农村两个方向，改革开放至今，通过工农"剪刀差"来推进城市高速蜕变，农村在此过程中处于补偿城市发展地位。在乡村振兴战略和健全城乡融合发展的背景下，加快农村发展需要紧抓三农问题，其中农民工群体城市融入问题是当下最热门的研究问题之一。农民工群体付出为我国城市发展取得了巨大成果，大量农民工从农村涌入城市，推动了我国城市快速发展（马云献，2012；梅亦、龙立荣，2013；朱明宝、杨云彦，2016；刘艳萍、张卫国，2018；黄佳鹏，2019；淦未宇、肖金萍，2020）。张时玲（2006）认为城乡二元社会结构、城市的社会歧视、各种正式组织对农民工的关注和容纳不够、农民工生存网络关系的过于单一和见识局限性是造成其融入城市生活困难的原因。如何给予农民工更好的城市融入条件，让农民工享受城市发展红利是当下热点问题。冯晓英（2008）认为农民工在融入社区时不具有城市居民相同的法律地位，即农民工在社区无法享有户籍人口对等的权利和义务，致使农民工城市融入情况不乐观。邓宗豪和甘悦（2014）通过研究发现，农民工在城市就业、居住和享受城市公共服务方面满意度不高，在城市社会交往中略显保守。农民工目前普遍不愿放弃农村土地换取城市户口，更多的农民工群体采取的是半城镇化，即农民工户籍和宅基地仍然保留在农村。朱明宝和杨云彦（2016）认为解决农民工半城镇化问题并推进新型城镇化需要逐步实现农民工的城市融入，其中宅基地预期补偿性收益越高，农民工留城意愿和户口迁入意愿越低，宅基地财产性收益对农民工城市融入的影响不可忽视。因此，为了弥补宅基地的补偿效应，钱龙（2021）提出应逐步放开宅基地使用权流转限制并鼓励农房交易，让农民工带着财产进城，强化农民工城市融入过程的意愿和动机。

当前我国民工城市融入情况不理想，城市融入的比例、融入质量有待提高。张时玲（2006）提出城乡分治二元社会结构、城市的社会歧视、各种正式组织对农民工的关注和容纳不够、农民工社会网络关系的匮乏及自身的局限性是造成农民工难以融入城市社会的原因。胡荣和陈斯诗（2009）提出对公平感的追求显著影响农民工融入度，其中包括构成农民工城市融入心理层面四要素：差异趋同、心理认同、交往融入和受歧视感受，均对公平感有重要的影响。王佃利等（2011）提出新生代农民工经济、制度、文化心理等多因素导致城市融入状况均较差。邢军（2014）认为加速城市公共文化服务体系覆盖农民工，让农民工参与城市文化的创造，需要农民工和城市居民共同努力。胡艳辉（2014）提出农民工融入状况不理想的原因是复杂的，经济、社会、心理难以融入或半融入于城市社会，没有建立起归属感。杨哲和王小丽（2014）认为新生代农民工有着强烈的城市融入意愿，但受到制度因素、经济因素等制约，难以真正适应城市生活。戚迪明（2016）提出农民工城市居住选择对其城市融入存在直接影响，与市民居住融合或与市民为邻显著促进农民工城市融入。刘艳萍和张卫国（2018）调查发现城市对农民工的包容性不强，且越发达地区城市对农民工的包容性越低。农民工务工技能有很大的提升空间，且存在城市提供生产性就业岗位较少、提供的岗位技术水平高、工资待遇欠佳等情况，农民工城市收入来自个体从业劳作的比例更多。钱龙（2021）提出缺乏一份稳定的工作不利于农民工完全融入城市，同时发达地区工作种类更多、岗位更多，农民工更易取得满意工作。

农民工城市融入过程中需要更好的城市资源配套、更完善的基础制度资源和更多社会资本的帮扶等。更好的资源配置能够帮助农民工在城市融入初期，避免因陡崖式经济、心理等差距造成心理障碍、物质条件障碍等（张佳、赵宝柱，2011；刘红斌、王建浩，2016；石智雷等，2016；俞玮奇，2017；郝演苏、周佳璇，2020）。王佃利等（2011）认为实现城乡统一户籍制度是促进农民工城市融入的关键措施，社保、子女入学标准逐渐和城市居民相同，从而脱离户籍制度等条件的约束。在农民工城市融入初期，农民工群体处在物质条件匮乏、心里敏感的阶段，对城市融入充满了担心和焦虑，胡宝华（2014）认为新生代农民工城市融入过程中身份认同和价值观念方面，需要社会组织引导和帮助，社会组织是农民工城市融入的依靠，应在新生代农民工群体当中建立健全正式组织，提高新生代农民工的生活热情、工作态度，提升其政治、生活融入等参与程度和融入能力，促进其稳定生活、就业于城市，促进农民工身心更好融入。杨春江等（2014）通过研究发现，大量用人单位不与农民工签订劳动合同，致使农民工工作时间过量，阻碍了农民工与城市居民和社会团体之间的互动，使他们不能有足够的时间来构建社会网络关系，导致他们很难融入城市之中。发现农民工消费容量及农民工城市融入水平对农民工劳动权益保障具有显著正相关。杨哲（2018）将农民工人力资本积累不足、健康水平较差等归纳为阻碍其城市融入的客观因素，自身文化水平、理想与现实差距以及其游离心态是新生代农民工城市融入中精神压力产生的主观因素（王小丽，2014；沈晖，2015；李海波、张延吉，2020）。

　　当下关于心理、文化、社会支持等对农民工城市融入的影响也是研究的热点话题。张卫枚（2012）提出，农民工在城市融入过程中难以适应城市文化主要是由于城乡居民间文化差异、农民工个体间的文化适应力差异、社会支持度对其文化融入有一定影响，其中社会支持对农民工的文化适应在城市融入初期有较大影响。陈娟和汪金刚（2016）针对社会支持影响农民工城市融入进行了研究，认为虽然已有一定对农民工的社会支持，但支持力度不够、支持的效率较低、针对性较弱，造成部分社会支持资源浪费。多种形式社会援助能帮助农民工理想化城市融入，青年农民工社会支持网是急需建立的，社会支持网络对农民工城市融入有积极意义，农民工的城市生活满意度对于农民工社会网络关系的互动性、信任度、互惠性影响城市融入度有正向调节作用。生存条件满意度对于农民工社会网络关系的异质性影响较小，对其城市融入意愿不具有正向调节作用（朱考金、刘瑞清，2007；彭华涛、张俊杰，2015；何月华，2019）。城乡间文化差异造成了城市居民和农村居民间显著的异质性，是城乡二元结构的社会制度长期影响的结果。除去农民工群体自身条件之外，调查中发现子女随迁质量影响农民工的城市融入感，如果随迁子女课余活动范围较小，无法融入城市居民子女生活空间、交际圈，出现排他效应，则难以从心理和身份偏好上产生对所寄居城市的认同感，继而难以融入城市（周佳，2015；王春超、张呈磊，2017；孔翔等，2018）。此外，周佳（2015）提出城市医疗资源应当将随迁子女的医疗保障作为重点工作，有利于随迁子女以积极的心态、健康的体魄和高质量的卫生习惯融入新的集体。

二、对农民工城市融入度代际差异化研究

　　从时间维度纵向比较发现农民工城市融入度的代际差异，其中不乏基于物质基础研究农民工代际差异的研究。薛天山（2011）认为新生代农

民工社会流动倾向性更高，但就业困难、社会交往、身份认同等诸多困境对新生代农民工的城市融入有抑制作用。李贵成（2013）认为，新生代农民工成为城镇农民工的核心群体，但是他们也受到政治、经济、心理、社会关系等社会排斥。对新生代农民工的社会排斥，阻碍其融入城市的进程，带来了一系列消极的社会影响。朱亭瑶（2013）认为当前新生代农民工城市融入状况还存在很多影响因素，其中就业问题尤为关键，新生代农民工融入城市的第一步需要有一份稳定的工作，新生代农民工对工作的偏好具有较大差异性。张静（2013）提出目前新生代农民工的文化自觉意识还较为匮乏，主要表现为缺乏文化自信，无法高质量融入城市文化体系的框架，且存在一定的文化价值观盲从、文化参与度较低等问题。陈春等（2016）根据两代不同的农民工城市融入的代际差异，认为应当在住房、教育、土地方面实施差别化的政策，以推动农民工城市融入进程。戚迪明（2016）在调查中发现，邻里效应会显著提升农民工的城市融入度，且对老一代农民工的影响强于对新生代农民工。针对两代农民工异质性差异需制定针对性政策来提高融入度。薛天山（2011）认为新生代农民工的社会流动与第一代农民工相比，有较为显著的差别，呈现出新的特点。新生代农民工在城市融入过程中面临户籍制度、就业困难、社会交往、身份认同等诸多困境。卢海阳等（2016）提出农民工城市融入度存在性别差异和代际差异，其主要原因归于群体内部差异。钱龙（2021）提出宅基地财产性收益对不同代际农民工的城市融入有差异化影响。孙文中（2015）比较分析发现，两代农民工具有相似的生命轨迹，家庭角色的转变形塑了他们最终的生活期望和社会归属，由于新老两代农民工的禀赋差异和代际特征，新生代农民工虽具有更多城市性和现代性，但因面对的机会结构限制和自身能力不足，实质多为区隔性融入，融入度仍然不高。郎晓波（2018）针对农民工城市融入模式研究发现，当下我国农民工城市融入模式从老一代农民工的返乡务农倾向逐渐向留城发展阶段演变，城市融入度逐渐变高。

另外一些研究针对我国特定地区对农民工城市融入度代际差异展开量化调查。何军（2012）基于江苏省农民工调查数据对第一代农民工和新生代农民工城市融入程度代际差异及其决定因素进行了研究。新生代农民工的城市融入程度高于第一代农民工，两代农民工城市融入程度差距的影响因素主要有受教育水平、收入、社会资本和外出务工目的。类似地，彭安明等（2014）从代际差异化视角审视重渝地区当代群体，城市融入综合得分较老生代高出约 0.16，新生代农民工的城市融入由于区域、工作类型不同而存在不同表现形式，上代农民工城市融入多受学历、务工年数影响。何军（2016）根据江苏省农民工调查数据对两代农民工城市融入程度代际差异比较得出，新生代农民工城市融入程度较高，两代农民工城市融入程度差距的影响因素主要有受教育水平、收入、社会资本和户籍等。陈春等（2016）通过构建 Probit 模型对影响两代农民工城市融入的因素进行了分析，发现年龄、受教育年限、职业类型、住房类型、居住环境、住房评价、农村老家是否有承包地七个因素直接影响第一代农民工的城市融入状况；而受教育年限、职业类型、空间环境、子女是否在务工城市上学等四方面影响第二代农民工的城市融入状况。根据两代不同的农民工城市融入的代际差异，认为应当在住房、教育、土地方面实施差别化的政策，以推动农民工城市融入进程。

此外，针对子女教育问题、居住环境等问题也会引起的城市融入的代际差异。房彬（2014）提出与城市文化的接触是新生代农民工观念发生变迁的重要原因，具体而言：城市较为发达，城市文明对新生代农民工具有强烈的吸引力；新生代农民工面临良好的政策环境，这有利于他们的城市融入和观念变迁；新生代农民工与城市接触相对广泛，并且他们能够自我调适，逐步适应城市社会，他们的观念也随之发生变迁。刘红斌和王建浩（2016）提出社会资本都对农民工城市融入具有显著影响，但作用强度不同；高中以上学历农民工，主要依靠个人关系型社会资本促进其城市融入，高中以下学历农民工，个人关系、组织参与和政策制度三种类型社会资本共同作用促进其城市融入。刘亚娜和董琦圆（2019）认为新生代农民工生活、行为等与老一代农民工差异显著，自我意识显著增强，倾向于依靠个人社会交往网络寻求与之内在契合度更高的伴侣。又由于受客观经济状况、工作性质、身份地位等因素限制，其择偶结果未摆脱城乡割据的现实，择偶对其城市社会融入帮助不大。张悦和谭晓鸥（2020）认为个人条件差异和社会资源的不平等，造成年龄、性别、民族、智力、性格和健康等个人特征的不同均会成为人们无法平等利用技术的原因。吴丽娟和罗淳（2021）通过对比原居地农民发现：进城农民工的多维贫困问题更加严峻，贫困群体内的不平等程度更为严重；心理健康是影响进城农民工多维贫困的重要因素；主观能动性在心理健康作用于多维贫困的路径中起部分中介作用。王健俊等（2018）认为农民工子女受到更严重的歧视是造成广东、上海这类经济发达地区与其他地区女性农民工压力差异的根源；以天津、浙江为代表的发达地域，与以山东、河北等为代表的经济欠发达地区的压力差异则主要源于个人权益。同时，城市融入、工作情况、人际关系、自身差异在区域压力差异上存在负向效应。

三、对农民工城市融入度空间差异化研究

从空间维度横向比较发现，农民工城市融入存在地域差异，首先是针对我国不同宏观地域间的差异。尉建文和张网成（2008）调查发现，如果农民工在当地的生活水平比较低，那么他们就倾向于留城。在我国，来自经济环境较差的西部地区农民工，在同等条件下对城市生活更为渴望，融入度更高。邓宗豪和甘悦（2014）在研究成都和重庆两地农民工时发现，两地农民工虽具有一定基础特征上的不同，但其城市融入意愿、障碍及原因并无显著差异，成渝两地经验可以相互借鉴，此研究表明地区间的差异性和共性是共同存在的。刘艳萍和张卫国（2018）认为城市在农民工城市融入过程中表现并不友好，经济基础好的区域较之基础较差区域对

农民工更不友好，且各地区发展程度与农民工城市融入度呈负相关。但与以往研究不同的是，该研究提出"时间维度"对农民工城市融入意愿的影响有限，作用不显著。郭庆然等（2019）认为总体上我国农民工城市融入程度不高，东部地区要高于中部、西部与东北地区；随着农民工城市融入程度分位点的提高，其影响变量的系数绝大多数都有明显的变化，但波动方向与程度差异较大；不同区域农民工的城市融入差异主要是由融入城市的发展程度导致禀赋差异所引起的，没有证据表明存在歧视效应所致。王东红等（2014）认为区域差异总体上看，内卷化程度由中心向四周逐渐递减，并与区域内消费水平呈正相关，南北方向内卷化程度高于东西方向；城东与城西内卷程度由城中向两边逐渐递减，呈稳定趋势，区域内内卷化程度空间分布相对均匀。

采用中介数据进行研究所得结论可能会与真实状况产生差异。使用一手数据是社会实际情况的真实反映，采用更具时效性的一手数据调查可能对调查结果更有意义，时政分析的结果也更具现实的指导意义。此外，多数研究对数据的开发不够深入，没有对影响农民工城市融入因素的数据充分把握和利用，缺乏对社会真实发展情况的认知。现有的实证研究文献，多数为通过研究农民工城市融入过程中的影响因素来反映出农民工城市融入度缺陷所在。早期的研究多集中在诸多制度因素、客观因素、经济资本因素等影响农民工城市融入的因素，而缺乏对农民工心理资本因素、健康教育人力资本因素的分析，需要将更多研究方向靠拢至农民工教育、心理资本的提升上。在调查过程中获取更多的一手数据，能够更好地拟合当下农民工群体的教育人资本、心理资本状况，从而更高效地为农民工城市融入中出现的心理问题、教育人力资本缺失做进一步补充完善。

此外，还有一些针对农民工选择定居的城市类型、居住环境等因素的差异相关的研究。戚迪明（2016）认为农民工城市类型选择会影响其城市融入度，大城市对农民工城市融入度有抑制作用。此外居住环境的影响亦不可忽视，与城市市民混居会显著促进农民工融入，提升其融入感。其中规模更小的城市农民工邻里作用更强，居住选择通过邻里互动这一中介变量来影响城市融入，邻里互动程度越高，农民工城市融入的概率越高。石智雷和施念（2014）提出空间环境改善会增进农民工城市融入度，居住在廉租房相比居住环境较差的农民工融入度更高，居住在免费房或租房则起负向效应。钱龙和钱文荣（2015）提出空间维度会对农民工城镇亲密度产生影响，进而对其城市迁移意愿产生影响，空间维度因素主要包括居住城市的类型、居住环境等。戚迪明（2016）提出农民工城市居住选择对其城市融入存在直接影响：与市民居住融合或与市民为邻显著促进农民工城市融入；中小城市农民工邻里效应要强于大城市；老一代农民工邻里效应大于新生代农民工；居住选择通过邻里互动这一中介变量来影响城市融入，邻里互动程度越高，农民工城市融入的概率越高。方聪龙和芮正云（2018）认为居住年限越长、空间居住环境越适宜，农民工的城市融合度越高。景晓芬（2020）调查发现：农民工与城市居民隔离聚居是西安市农民工的主要空间居住模式；隔离和不稳定的居住空间对农民工的城市融入水平存在负向影响；在四类居住空间模式中，固定混合型居住模式农民工的城市融入水平最高，流动隔离型的居住模式最不利于农民工的城市融入。

第二节　影响农民工城市融入因素及对策研究

诸多学者对影响农民工城市融入的障碍和因素进行了深入的分析。其中影响农民工城市融入的因素主要分类归纳为五个方面，分别为制度资本、教育人力资本、社会资本、经济收入和心理资本，这些因素混合作用制约了农民工走向城市的进程（邹农俭，2008；曾书琴，2011；张卫枚，2012；梅亦、龙立荣，2013；李珍，2013；李洪波，2014；徐丽敏，2015；卢海阳等，2016；耿风，2018；聂伟、梁婷婷，2019；郝演苏、周佳璇，

2020）。冯晓英（2008）认为应当给予农民工社区成员平等社会地位，和当地户籍人口享受同等权利和义务。在很长一段时间内城乡融合壁垒都将存在，加快推进各项制度改革、完善基础设施投入、完善农民工城乡融入路径、充分调动城乡各要素是促进农民工城市融入的保障基石（李辉和王青青，2014；安立军等，2015）。陈春等（2016）构造 Probit 研究影响两代农民工城市融入的因素发现，影响农民工城市融入的因素存在代际差异：年龄、受教育年限、职业类型、居住环境、住房评价、农村老家是否有承包地等基础因素会影响老一代农民工城市融入状况；而新生代农民工则更重视受教育年限、职业类型、居住环境、是否有子女在务工城市上学等因素。华香和田贵贤（2017）认为需要从多层次逐步引导农民工融入城市，但配套制度资本、社会资本等有待提升。

一、影响农民工城市融入的制度资本因素

第一，户籍、土地等相关制度被大量认为对农民工城市融入产生重要作用。由于户籍制度缺失使得农民工群体缺乏融入感、归属感，并且城市融入状况欠佳问题较为常见（刘辉武，2007；胡杰成，2008；冯晓英，2008；王佃利等，2011；郭立场、陈吉，2012；李珍，2013；俞林伟、陈小英，2013；吴曼，2013；李洪波，2014；文晓波、曹成刚，2014；李辉、王青青，2014；李伟，2014；卢海阳等，2015；徐丽敏，2015；安立军等，2015；成华威，2015；周密等，2015；刘红斌、王建浩，2016；石智雷等，2016；王春超、张呈磊，2017；华香、田贵贤，2017；耿风，2018；赵建国、周德水，2018；刘亚娜、董琦，2019；孙文中，2020；周佳璇等，2020；钱龙，2021）。诸多研究普遍都认为应该让农民工享有和当地户籍人口相同法律地位，"实现户籍制度统一"往往被认为是促进农民工城融入的关键举措，落实城乡户籍制度改革会在一定程度上提升新生代农民工城市适应力（王佃利等，2011；刘丽，2012）。刘红斌和王建浩

（2016）认为户籍制度作为核心的制度壁垒，对农民工城市融入产生显著负向效应，健全户籍制度尤为关键。郝演苏和周佳璇（2020）通过对在京农民工留京意愿的调查，研究证明降低流动人口在京居住门槛会增加农民工城市融入意愿。但钱龙（2021）认为户籍制度是影响农民工城市融入的"表象"，而宅基地财产性收益才是农民工群体重视的，其对农民工城市融入影响不可忽视，将宅基地财产收益变现有助于推动农民工城市融入。

第二，住房作为农民工在城市生活的"根基"，在农民工城市融入过程中扮演着举足轻重的地位。住房制度不完善是阻碍农民工城市融入意愿的主要影响因素之一，健全住房制度对农民工城市融入有积极影响（邹农俭，2008；李珍，2013；李洪波，2014；孔祥利、卓玛草，2016；方聪龙、芮正云，2018；李海波、尹华北，2018；张悦、谭晓鸥，2020）。张超（2015）认为新生代群体城市融入的主要影响因素是居住空间、工作单位等，自购住房和租住民房更有利于城市融入，而集中居住在集体宿舍不利于城市融入。孔祥利和卓玛草（2016）认为农民工融入城市社会要着力打破工作环境区隔、改善居住环境区隔、转换社会组织区隔和改革公共服务区隔，才能更好地增进农民工的城市融入感。戚迪明和张广胜（2017）认为应尽快将农民工纳入城市住房保障体系，为农民工在流入地提供价格低、宜居的住房条件。方聪龙、芮正云（2018）通过调查研究发现居住年限越长，农民工的城市融合度越高。融入度提升是循序渐进的过程，要做好农民工对口服务工作，应将其居住年限和工作年限考量在内，为农民工城市融入提供更好的平台。此外，高传智（2018）提出需要给予外来工民间组织更大的活动空间和住房资源支持，改善农民工居住环境。

与农民工住房保障相关政策的研究也颇多，景晓芬（2015）提出农民工、城市居民间存在一定程度居住空间隔离，空间隔离程度阻碍农民工城市融入意愿，农民工群体如何更好获得舒适的居住环境，优化居住空间分配体系尤为关键。在法律基础方面，赵宁（2016）提出构建新生代农民工城市融入的住房保障法律框架将其纳入法治轨道，采用市场和政府互补途径是解决新生代住房保障问题的关键所在。景晓芬（2018）调查后发现新生代农民工更愿意与城市居民混住并融入他们，逐渐在城市融入进程中形成特有的社会网格、社区网络。李海波和尹华北（2018）发现住房产权属性和住房居住面积均对农民工城市融入产生积极影响，需将农民工划入住房政策覆盖范围，住房政策对农民工城市融入具有正向效应。孙文中（2020）提出新生代农民工购房方式主要有务工城市购房、家乡城市购房、乡村建房三种类型，而其城市购房型融入差异在于承继式累积差异，需要为不同购房类型的新生代农民工社会融入提供差异化的支持，同时鼓励新生代农民工就近就业、城镇化。在探究农民工关于住房福利态度时，李海波和张延吉（2020）在调查中发现住房福利对群体城市融入在代际、城际之间存在差异，老一代农民工更易受权益性住房福利影响，而新生代农民工城市融入更易受功能性住房福利影响。

第三，有关社会保障政策影响农民工城市融入意愿的研究较多。作为影响农民工城市融入意愿的基础性制度因素，社会保障制度对农民工城市融入度有较为积极的效应（邹农俭，2008；李珍，2013；邓宗豪、甘悦，2014；李洪波，2014；李伟，2014；徐丽敏，2015；安立军等，2015；朱明宝、杨云彦，2016；方聪龙、芮正云，2018；耿风，2018；黄佳鹏，2019；淦未宇、肖金萍，2020）。在社会保障体系中针对外来务工的农民工群体医疗保险的不健全是影响其城市融入意愿的重要因素。农民工无法获得与城市居民同等的健康资源，同时医疗费用上涨过快、医疗支付能力不足是造成农民工家庭健康贫困和城市融入度低下的重要原因（俞林伟、陈小英，2013；石智雷、施念，2014）。梅亦和龙立荣（2013）认为应当为农民工城市融入构建健全的社会保障体系，为农民工更好融入提供有力的制度资本。

现有研究针对社会保障体系中养老、医疗、失业保险对农民工城市融入影响的研究也有很多。秦立建和陈波（2014）认为医疗保险具有类似的福利递增效应，城市融入度高的农民工更加看重医疗保险参与度。医疗保险制度在农民工城市融入过程中的综合影响越来越强，亟待健全城市医疗保险制度。石智雷和施念（2014）在研究中发现医疗保险和失业保险参与度对于农民工城市融入意愿提高有着显著的正向推动作用。此外，提供廉租房对农民工的城市融入起正向作用，用人单位为农民工缴纳住房公积金，对其城市融入意愿有重要促进影响。刘红斌和王建浩（2016）认为加强农民工失业、医疗等方面的保障，改进其生存条件，逐步实现公共服务均等化，才能拉近农民工与城市的距离，从而更好地促进农民工城市融入。卢海阳和郑逸芳（2016）认为不仅要增加农民工收入水平，更应注重医疗、社保、住房等相关社会福利及保障，从而挖掘消费的城市融入效应。王春超和张呈磊（2017）通过研究发现不健全的公共政策和公共服务体系尤其是社会保障、就医和住房相关的福利政策对农民工城市融入构成较大障碍，健全社会保障、福利及住房相关政策尤为关键。钱泽森和朱嘉晔（2018）提出大量农民工开始加入城镇的相关社会保障体系，如何进一步健全社会保障制度对于农民工城市融入感提升有重要意义。

养老保险作为社会保障体系重要组成部分在农民工城市融入中起积极作用。张学英（2013）通过对农民工城市的影响因素梳理发现，养老保险在很大程度上左右农民工城市融入意愿。廖全明（2014）认为购买养老保险会促进农民工城市融入感、幸福感，提升农民工城市融入度。成华威（2015）从不同角度分析了养老保险对农民工融入城市意愿的影响，研究结果表明养老保险有正向的促进作用。周莹和周海旺（2008）认为健全养老保险政策对农民工城市融入、农民工身份认同有重要作用。赵建国和周德水（2018）在全样本调查统计后发现养老保险和定居期望都显著促进了新生代群体的城市融入。通过养老保险与定居期望交互发现，养老保险强化了个人心理认同融入感和认可。郝演苏和周佳璇（2020）认为养老保险参保对农民工在京购房及居留意愿均有积极作用。如何尽快把农民工这一群体纳入基本养老保险制度框架，确保其群体都能老有所养，是影响农民工城市融入度的重要因素。

针对促进农民工城市融入的制度资本建设的研究数量较多。户籍制度影响农民工城市融入意愿的建议的，胡宝华（2014）提出新生代农民工个体异质性较强，针对不同群体特征实施分类对待、科学管理引导，逐步实现农民工城市融入的宏观目标。秦立建和陈波（2014）提出深化城市中农民工群体的针对性医疗卫生保障，提高农民工群体的适应性，健全城市职工医疗保险覆盖范围，应将农民工群体纳入其中。龚文海（2014）提出在社会保险、户籍、住房保障等政策上考虑农民工群体的不同诉求，即让农民工群体和城市居民享有同等的法律地位，保障其在城市融入过程中的基本权益，从一定程度上提升农民工城市融入意愿。周密等（2015）认为户籍制度是促进农民工城市融入的强动力和城市融入感的重要举措，能够有效地提升农民工城市融入的程度。安立军等（2015）认为户籍问题是影响农民工城市融入的重要壁垒，需要逐步打破户籍制度的限制才能促使农民工更好地融入城市，通过健全完善社会保障制度、公共服务体系，缓解农民工城市融入的压力。王春超和张呈磊（2017）对农民工随迁子女的教育问题进行了研究，发现随迁子女与农民工的城市融入感仍然面临着上学难、教育福利和保障跟不上等问题，需要广泛发动各界力量关心农民工子女发展，切实解决农民工子女在迁入地的入学问题。

此外，有很多对于农民工的住房保障问题的研究。邓宗豪和甘悦（2014）认为公租房、公共住房和住房补贴等给予农民工群体生存保障，使农民工具备在城市居住的基本生存条件。苏璐等（2015）通过研究发现为农民工提供廉租房会显著提高农民工城市融入意愿和融入度，完善农民工城市居住环境有助于提升其城市融入意愿，戚迪明（2016）认为在改善农民工城市住房环境的政策制定过程中，应注重农民工与城市居民的居住融合，通过居住融合加强农民工与市民的社会联系与互动，进而促进农民工融入城市。陈春等（2016）提出：应完善以建设公租房为核心的农民工住房保障体系和旧房非拆除性改造，以改善农民工的人居环境；加强对新生代农民工的职业教育培训以适应产业发展；重视农民工子女在城市的教育公平；实现老家承包地、宅基地的流转需充分尊重农民工的意愿。戚迪明和张广胜（2017）提出住房条件是农民工融入城市的基础保证需求，加速健全将农民工纳入城市住房保障体系，降低农民工获得城市住房保障的门槛，让农民工更好地融入城市。李海波和张延吉（2020）针对农民工住房资源问题主要提出：第一，可借鉴荷兰、英国、瑞典等国家非营利机构资源配置的经验，在政府与市场之外探索第三方资源配置力量，有序推动住房合作社等非营利机构的发展；第二，在促进农民工城市融入的住房政策上，除了关注农民工对住房的可及性，还应关注农民工住房的基础居住功能与其他衍生功能的改善；第三，根据不同地区的差异化特征，在化解农民工城市住房问题和促进农民工城市融入路径选择上，应采取因地制宜的方法。

二、影响农民工城市融入的教育人力资本因素

教育、培训制度对农民工城市融入产生显著影响。杜永红和李鑫（2012）从政府角度分析政府培训管理与投入不到位、企业参与度低、培训机构培训实效性不强、社会支持不足导致培训效果不佳，不利于新生代农民工高质量融入城市。李洪波（2014）认为激励农民工子女随迁是缓解农村留守儿童问题的最有效途径。李薇和张学英（2014）认为建立健全农民工培训体系尤为关键，其中包括完善培训经费保障、培训组织保障、培训的监督保障等方面。周密等（2015）认为城市融入意愿不足时，增加人力资本积累会显著增加城市融入度，城市规模越大影响程度越大。卢海阳等（2015）在对2013年进城农民工实地调查后发现，其工资水平处于较低位置，为农民工提供更好的教育培训资源以提高生活水平对农民工城市融入有重要意义。朱明宝和杨云彦（2016）认为低技能农民工能够从城市

集聚中获得更大的城市融入红利，在推动农民工城市融入进程中，政府不应该实施限制人口规模扩张的政策，应为农村剩余劳动力在城乡间更自由流动创造良好的政策环境。

政府企业投入不足、教育资源匮乏，导致农民工教育人力资本的低下也是影响农民工学习技能、知识的重要因素。梅亦和龙立荣（2013）认为政府和社会各界应针对农民工群体加大教育投资，开展农民工职业培训，增强农民工人力资本，为其更好地城市融入提供保障。程孝良（2014）认为可以通过完善公共文化设施如图书馆等、组织文化活动、整合信息推送、提供技能培训等方式，从文化和教育层面缩小城乡差距，增进农民工城市融入感。朱明宝和杨云彦（2016）、戚迪明和张广胜（2017）认为促进部分就业岗位向农民工平等开放，加强就业技能培训，增加农民工职业向上流动的机会有利于农民工更好地城市融入。卢海阳等（2016）认为以教育和培训为主要形式的人力资本对农民工的城市融入起积极促进作用，健康人力资本是农民工实现低层次融入向高层次融入转变的重要因素。朱明宝和杨云彦（2016）认为低技能农民工能够从城市集聚中获得更大的城市融入红利。随着城市居住时间的延长，无关农民工技能水平的高低，城市规模的城市融入效应都呈现先上升后下降的趋势，低技能农民工能够获得更多的城市融入收益。房彬和黄学武（2017）在研究中发现新生代农民工教育资源上仍有较大空白。填补相应的空白，加强新生代农民工教育投入，创造良好的思想教育体系具有积极意义。

此外，还有一些学者针对健康人力资本持多样观点。张静（2013）认为农民工文化自觉意识缺乏，不仅阻碍其自身发展、阻隔文化认同感，也会阻隔农民工城市融入进程、使城乡融合历程受挫。周密等（2015）通过调查发现在农民工城市融入意愿不足时，通过增加其人力资本积累会显著提高新生代农民工的城市融入意愿，且该影响在大城市更为显著。刘红斌和王建浩（2016）调查发现高学历农民工群体的社会融入感、组织参与感和社会组织参与度都要更高，鉴于消息不对称，政府缺乏针对农民

新型城镇化进程中教育和健康人力资本对农民工城市融入的影响研究

工市场所需的就业信息、培训需求，造成提供的教育资源匹配度不高，造成资源的浪费。何爱霞和刘雅婷（2016）认为教育和培训对于促进农民工城市融入有积极意义，教育培训的形式和方式有健全和拓宽的必要。徐晓放（2016）认为教育公平问题也是当下影响该群体城市融入的主要原因，如何使其获得较为全面、均衡的教育资源至关重要。房彬和黄学武（2017）认为当前新生代农民工思想教育工作还存在重视不够、组织机构缺位、教育者缺失等困境。对农民工进行思想教育、提高他们的思想道德素质，能够帮助其更好地融入城市，实现市民化。刘辉武（2007）提出教育资本缺乏导致人力资本势能不足，农民工难以获得生存空间，进一步阻碍其城市融入进程。

同时，诸多研究针对政府、企业等给予农民工培训提升教育人力资本的角度提出建议。张卫枚（2012）从人力资本的提升角度研究发现，增进农民工城市融入要以人力资本积累提升就业能力，同时需要加强对农民工的文化服务，以文化交流继续提高农民工城市文化适应程度，从而增进农民工城市融入。杜永红和李鑫（2012）提出培训教育需要通过强化政府主导作用、提高企业培训积极性、增强培训机构的培训针对性和有效性、构建培训的社会支持环境来进一步完善新生代农民工培训，从而促进新生代农民工更好地融入城市。周密等（2015）认为需要促进新生代农民工更好地融入中小城市，采取多方人力资本投入机制，提升他们的人力资本水平将是非常重要的政策手段。石智雷等（2016）发现，加强对农民工的职业培训，特别是任务专用性技能的培训，提高个体综合素质从而强化工作竞争力，使其有可能进入到更加完善的初级劳动力市场，实现职业的垂直上升。耿风（2018）认为教育人力资本、文化资本的缺失是阻碍农民工城市融入的根本原因，促使农民工提升自身人力资本和文化资本水平是促进农民工城市融入的举措。

此外，诸多研究从改善客观条件来提升农民工人力资本视域进行建议。张学英（2011）认为提升新生代农民工的城市融入能力最终要落脚在新生代农民工的人力资本和社会资本积累上。童雪敏（2012）针对农民工的流入和流出两个不同的方向，分别提出了就业帮扶和培训提升农民工人力资本的方法：第一，对于农民工流出地而言，除了要提供更多的免费技术培训以提升其人力资本之外，还要加快构建政府和市场就业渠道以提供就业帮助，降低农民工对同质社会资本的依赖；第二，流入地政府应在提高外来农民工新型社会资本方面有所作为。必须加大职业培训投资，切实提高新生代农民工的综合技能。第三，逐步完善新生代农民工就业保障体系；第四，发展地方经济、鼓励到二三线城市就业将为新生代农民工提供更广阔的职业发展平台。朱亭瑶（2013）认为现阶段必须切实提高新生代农民工综合技能、逐步完善新生代农民工的就业保障体系、鼓励到二三线城市就业将为新生代农民工提供更广阔的职业发展平台。张静（2013）认为引领和培育新生代农民工的文化自觉，需要积极引领新生代农民工的文化价值观念，准确把握新生代农民工的文化期待，充分尊重新生代农民工的文化主体地位，切实增强新生代农民工的文化自信。杨晓俊（2018）提出需要政府协调各方面资源，缩小城市融入的软实力差距，加强对农民工的包容性与接纳性。加大继续教育培训和绿色生态产业发展，拓宽城市多样化的发展模式，改变城市空间融入为良性、有序城市融入。

三、影响农民工城市融入的社会资本因素

诸多研究调查显示社会资本对农民工城市融入具有一定影响。张学英（2011）认为逐渐适应城市生活节奏、城市生活理念，是融入城市的必要条件。张永丽和肖华堂（2012）认为越来越多群体涌入城市谋求进步、就业机会，但由于其缺乏城市融入所必需的社会资本积累，使其在城市融入时愈加困难。张学英（2013）认为应努力将个人资本、社会资本和经济资本之间转换形成强关联，拓展、增进农民工个人资本积累也会在一定程度上提升农民工个体的自身条件，社会资本不仅会直接作用在农民工工

作、生活中，也会通过增进经济资本对城市融入形成优势环境。李洪波（2014）认为应当构建对农民工有利的社会资本，对输入地政府、社区和学校需要设计有效的方案来激励农民工子女随迁，增强农民工归属感，促进已经随迁的农民工子女顺畅融入城市社会。卢海阳（2015）提出要赋予农民工与市民平等的公民权、探索农民工跨地区服务管理体制、发挥城市社区和社会组织的协同作用等政策建议。邓玮（2016）认为新生代农民工的资源、组织化程度及传播渠道影响话语权的强弱。因此提高新生代农民工话语能力、构建利益表达机制、开展企业社会工作等，是新型城镇化形势下加快当代农民工融合进程的新路径。卢海阳等（2016）认为基于市民网络形成的新型社会资本能显著提升农民工融入城市的意愿和可能性。戚迪明和张广胜（2017）认为增加社会资本投入，向农民工开放各类社区公共资源，增加农民工与市民的交流，提升农民工城市融入感和身份认同感对农民工城市融入具有重要作用。钱泽森和朱嘉晔（2018）提出要发挥社会资本调节农民工城市融入感和社会公平感的重要作用。

通过完善农民工社会资本因素提升农民工城市融入水平研究主要分为纳入工会组织、社区层面组织农民工自管组织和行业协会、设置专门机构等几类。张时玲（2006）认为将农民工纳入其住地社区和所在地区的工会组织中，实现农民工社会关系网络逐渐由内聚式团体转为开放模式，是健全、提升农民工社会资本的重要举措。冯晓英（2008）提出需要在社区层面组织农民工自管组织和行业协会，以组织的方式共同抵御就业风险、生活风险等；同时需要扩大农民工参与社会治理的空间，使他们在参与社会活动中建立新的社会和谐关系，提升农民工群体的社会资本投入。沈晖（2015）提出提高农民工劳动附加值、建立农民工法律事务咨询服务机构，为农民工提供各项法律咨询，提高农民工的组织化程度。苏璐等（2015）提出保障农民工合法的劳动权益，需要为作为常住人口的农民工提供高质量的常住人口基本公共服务。刘艳萍和张卫国（2018）认为需要加强农民工城市融入过程中管理工作，健全城市社区对农民工融合的鼓励机制，设置专门机构为农民工职业资质、职业培训提供服务。孔祥利和卓玛草（2016）认为需要打破工作环境区隔、转换社会组织隔离，并且改革公共服务区隔，以便更好地改善农民工城市融入的社会资本。石智雷等（2016）认为要充分发挥企业作为连接农民工城市融入过程中的纽带作用，在农民工和政府之间建立互动平台，代表农民工向政府诉求自身的福利保障，需要积极维护企业作为农民工城市融入过程中的社会资本形式。

四、影响农民工城市融入的经济资本因素

经济资本会对农民工融入意愿产生影响。张学英（2011）认为拥有一份稳定的工作及相对舒适的工作环境，才能满足农民工城市融入过程中所需的经济资本，使农民工更好地融入城市生活。梅亦和龙立荣（2013）认为工作是农民工立足城市的基础，应该让他们获得更好的就业环境，缩小他们和城市居民之间的收入差距，提升他们在城市的生活质量和城市融入水平。孙文中（2015）在调查中发现经济资本对两代农民工的城市融入均产生了巨大的促进作用，如何在农民工城市融入和城市化间建立动态联系，关系到农民工城市融入程度和我国城市化进程的推进。孙忭（2016）认为经济资本投入对农民工城市融入具有较大的促进作用，金融支持也会对农民工的城市融入形成推动力。王晴锋和郎晓波（2016）认为对于农民工是否愿意留在城市继续生活而言，经济因素并不是最主要的因素，工作方式、社交、社区参与感等才是农民工能够感知的。钱泽森和朱嘉晔（2018）认为农民工在城镇找工作有一定难度、家庭收入水平与城镇居民家庭有较大差距，经济水平还未完全适应城市水平。孙文中（2020）认为当代农民工对在务工城市购房具有较强意愿，如果没有较好的经济基础作保障，其在城市立足的基本保障将会受到很大影响，从而阻碍农民工城市融入意愿和融入度。

诸多研究针对提升经济因素对农民工城市融入的效应进行了深入探讨。陈维华和陈醒（2014）提出促进农民工经济融入需要树立起适应时代发展需要的经济意识观念，通过鼓励、引导农民工群体就业、创业等方式创造城市融入所需的经济资本，促进农民工更好地社会融入。咸星兰和金喜在（2016）提出农民工城市融入存在过渡期，在此期间，需要给予农民工群体一定的财政补贴，包括住房津贴、生活补助等，保证农民工平稳融入城市，推进城乡融合。卢海阳和郑逸芳（2016）认为在制定促进农民工消费需求的政策时，不仅要着力调整收入分配结构，还要提高农民工收入水平，进而提升农民工的消费支付能力。刘亚娜和董琦圆（2019）提出提升农民工经济资本积累水平需要有相应的经济配套举措和制度保障，经济资本是新生代农民工城市融入的根基，只有不断提升农民工经济资本积累水平，才能推动城乡协调持续发展。郝演苏和周佳璇（2020）提出提升农民工群体消费水平，要从政策层面竭力保障农民工合法收入，确保农民工顺利稳定就业，真正解决该群体因收入低、就业不稳定和抗风险能力弱所致的消费疲软问题。

五、影响农民工城市融入的心理资本因素

郎晓波（2018）认为目前多数研究广泛关注农民工城市融入主观意愿、障碍等因素，但是对于深层社会融入、文化接纳、生活满意度等心理层次研究相对不足。聂伟和风笑天（2013）认为农民工在流动中难以融入城市生活，不利于农民工心理健康。廖全明（2014）认为农民工城市融入过程中的心理资本提升是循序渐进的过程，需要政府和农民工自身相互配合，仅靠政府单方面财政投入难以有效提升农民工心理资本水平，提升农民工投资心理资本的意识更为有效。田艳平（2014）通过调查发现家庭化城市流动会促进农民工城市融入意愿，同时增强其身份认同感和心理融入感。文化认同的影响全面而深刻，提供给新生代农民工融入城市认

同感和心灵归属。张宏如等（2015）提出心理资本既直接影响新生代农民工的城市融入，也作用于人力资本、社会资本等，进而间接影响他们的城市融入进程。王丽霞等（2013）认为文化会对农民工心理产生较大影响，因而需要提升农民工城市融入过程中的心理资本。曾维希等（2018）认为心理资本与人力资本等因素共同作用，促使农民工群体城市融入。唐跃文等（2020）通过调查发现，增加农民工就业福利对农民工心理融入有积极促进作用。

农民工心理资本建设不是一蹴而就的，而是循序渐进的过程。王丽霞等（2013）认为农民工文化融入感、社区生活融入度是由浅入深、逐步融入的，更好的社区生活融入度和文化融入感会给农民工更强大的心理资本。廖全明（2014）认为更好的城市融入是农民工向往和追求的，心理资本建设是农民工迈向城市生活的重要条件，也是实现城市化进程的必经之题。程孝良（2014）认为心理资本投资需要政府和农民工个人的长期共同努力，基础心理资本设施建设需要图书馆、交流会等举措来培养农民工城市融入感、市民文化认同以及促进自身心理资本升值等。卢海阳等（2015）认为当前农民工城市融入状况并不理想，多数农民工在内心尚未有城市的身份认同感，农民工城市融入仍然是个漫长的过程。姜海珊和李升（2016）认为农民工社区文化服务资源贫乏，获取心理资本升华机会较少，闲暇时间少、社交网络受限也是农民工群体心理资本构建受限的重要成因。张波（2016）认为从心理来说要消除对城市生活情感层面的抵触和对农村的情感抽离，提升农民工城市融入的心理接受度是最为重要的。许佳佳（2019）认为心理资本是农民工城市融入的自我肯定方式，缺乏心理资本积累会抑制农民工城市融入意愿，使其难以适应城市生活，从而对城市融入造成阻力，制约城市化进程。

建立、维护更好的心理资本有利于提升农民工城市融入程度。梅亦和龙立荣（2013）认为通过促进农民工对城市融入自我认同、激发积极向上的心态，能够更好地维护农民工心理资本，提升农民工城市融入度。聂

新型城镇化进程中教育和健康人力资本对农民工城市融入的影响研究

伟和风笑天（2013）通过调查研究发现社会融入对农民工的精神健康具有重要调节作用，流动的劳动体制致使农民工难以全面融入城市，损害农民工的精神健康。李光明等（2014）认为应增加针对弱势农民工群体及家属的政策关怀和帮扶，如妇女农民工权益、少数民族农民工权益等，更加有利于维护弱势群体心理资本。张乃仁（2015）认为伴随农民工群体社会属性弱化，其更容易出现心理健康问题，诸如心理失衡、焦虑和自卑等负面情绪。钱龙和钱文荣（2015）认为城镇亲近度会通过空间维度、心理维度影响新生代农民工城市定居意愿。许佳佳（2015）认为要健全农民工心理疏导机制、加强思想建设和社会支持系统建设，以打破农民工群体心理困境。刘红斌和王建浩（2016）于调查中发现，政策效应对较低学历的农民工城市融入过程中的心理健康有较大影响。曾维希等（2018）认为城市融入包括城市获得感和城市剥夺感两个心理维度，较高的融入度代表较高城市获得感、较低的剥夺感，建立良好的心理资本对农民工城市融入起正向效应。王玉峰和刘萌（2019）认为农民工积极的心理资本因素对城市融入意愿有正向效应，所以农民工的心理健康需要学界关注。

提升农民工心理资本水平对其城市融入有积极意义，关于其实现路径的研究主要有心理因素影响公平感、提升对农民工思想教育的力度、企业与社会的共同协同努力等。胡荣和陈斯诗（2009）认为公平感对农民工城市融入度有积极影响，增进农民工在城市融入过程中的公平感、稳定感的获得是促进农民工城市融入的重要举措。曾书琴（2011）认为农民工生活方式、思考模式和心理障碍等因素和城市居民存在差异性，设置沟通渠道化解心理矛盾，能够高效地提升农民工城市融入的心理融入感和认同感。陈维华和陈醒（2014）提出应当充分发挥舆论作用，在如今多样化的传媒介质下转变农民工固有的价值观念，促进其文化、心理融入。房彬和黄学武（2017）认为应该对农民工进行思想教育，提高他们的思想道德素质，对于帮助其更好更快地融入城市、实现市民化具有重要价值。聂伟和风笑天（2013）认为全面推动农民工市民化是促使农民工城市融入的关键因素。张宏如等（2015）提出企业与社会应以强化帮助员工计划为核心支持其提升自身劳动价值和心理资本，健全农民工城市融入的长效机制。心理资本变量对提升新生代农民工的人力资本与社会资本具有重要性，心理资本的提升对于农民工城市融入度具有重要效应。钱龙和钱文荣（2015）提出要重点关注在城市居住年限较长的农民工群体，该部分农民工群体在城市定居长期化、稳定化，城市融入意愿更高，城市政府要有针对性地给予他们政策支持，在住房、子女教育、社会保障等方面予以配套，从而尽快实现这一群体市民化。吴丽娟和罗淳（2021）认为心理扶贫工作对比经济扶贫更为紧迫，如何建立常态化心理健康扶贫工作机制，将疏导帮扶转为提前预防，提升农民工城市融入过程中的心理资本水平，能够更好地增强农民工幸福感和获得感，提高农民工城市融入质量。

第三节　文献述评

第一，缺乏对于农民工城市融入度地域差异化的比较研究。针对农民工代际差异的研究成果很多，同为影响农民工城市融入质量的要素，对空间差异化的研究数量有待增加，研究内容有待完善。在农民工城市融入进程中，空间环境差异化对其会产生不同影响，丰富、充裕的空间资源选择无疑会提升农民工城市融入意愿，研究不同种类空间环境对农民工群体的作用差异能够更好地探析完善农民工城市融入进程中的空间环境构建路径。而后，缺乏对于特定地区的空间差异化探索。我国地域间城市空间环境差异化明显，发达地区针对农民工的空间环境优化问题，需要在当下基础设施建设上探析高质量农民工城市融入空间环境构建，相反西部地区则因对农民工引力较小，需要将更多的注意力投放在基础空间环境的建设上，中部地区的情况较为复杂，现有研究针对成渝、江西等地区，但数量有限。对不同地区的研究比较有利于总结出一般化空间环境对农民工影响的规律，提升空间环境作用机制的普适规律及比较不同地域的差异有正向效应。地区环境差异化对农民工城市融入意愿有较大影响，探索建立适宜农民工居住、发展的空间环境有助于加快其城市融入的进程。

第二，缺乏文献将教育人力资本和健康人力资本纳入同一体系下进行研究。运用时政策略分析农民工城市因素的研究有很多，对制度、经济、社会资本缺失的研究较多。健康能够产出更多的人力资本，缺少分析其中的内生性问题的研究。人力资本包括教育人力资本和健康人力资本，两类资本要素对促进农民工城市融入均起正向效应。针对农民工教育人力资本、健康人力资本单个因素对其影响的研究有很多，但缺少将二者放在同一视域下进行的研究。当下诸多文献分别探讨两项人力资本要素对农民工城市融入过程中流动性的影响，并取得了丰硕的成果，但缺乏研究将两项资本要素纳入同一体系内进行分析探讨。他们大多忽视了这二者之间的联系。首先，只有在保证健康人力资本的情况下，教育人力资本才能将作用更好地发挥出来，因而在研究教育、人力要素对农民工城市融入流动性效应时，健康这一重要因素不可忽视。其次，教育和健康分别对农民工城市融入产生效应时，由于二者之间的内部联系，他们彼此间也会相互发生作用，形成相互促进的作用。将健康、教育两项因素分开研究其对农民工城市融入度的影响不够严谨，缺失科学性，将二者放在相同框架下分析，探析二者之间的内在关联性，有助于探寻提升农民工教育人力资本的路径，对于提升农民工城市融入度意义深远。

第三，缺乏针对经济资本影响农民工健康与人力资本的研究。如今针对农民工城市融入影响因子主要为制度资本、教育人力资本、社会资本、经济资本和心理资本五大资本因素，这些因素的缺乏相互交织影响农民工城市融入度，严重阻碍了农民工城市融入的进程。首先，对制度资本、教育人力资本因素缺乏的研究较多，然而对经济要素的重要性的研究数量不足。经济资本作为农民工城市融入过程中的基础要素，学者针对其作用于

第二章　教育和健康人力资本对农民工城市融入影响研究的文献综述

农民工城市融入的内在机理的深入探析对提升农民工城市融入度路径有指向作用。而后，梳理文献过程中发现影响农民工城市融入的意愿往往是多元的、复合的，对农民工城市融入的研究较多，但缺乏对其城市融入的复合型研究，较少研究能阐明复合因素对农民工城市融入度的影响分析及其作用机理。经济资本作用于农民工群体的路径是多样化的，加强经济资本要素对农民工城市融入度影响的研究，有助于提升农民工城市融入过程中的经济资本基础，稳定城市定居意愿，对于城市融入度的提升作用最为直接。再者，对于农民工城市融入度影响因素的量化研究不足。目前多数研究为针对影响因素的定性研究，定量研究数量不足，因此增加针对性的量化研究有助于更全面地评估农民工城市融入的效应因子，从而更好地增进农民工城市融入度。

第四，当前文献对农民工健康人力资本的关注力不足。当下我国研究者对教育人力资本的研究给予了充分关注，包括重视教育对农民工城市融入的影响，完善农民工的再教育和培训机制等具体措施，而忽略了健康人力资本也是农民工城市融入的正向效应，健康人力资本产出更多的健康的工作天数，是人力资本中的基础部分。党的十九大提出，要实施健康中国战略，创造价值的唯一生产要素就是劳动力，农民工作为城市建设劳动力的主力军，其健康人力资本的构建、积累至关重要。随着我国人口老龄化问题严重，劳动力资源不断减少，健康人力资本下降致使我国社会发展的主力建设军人力资本不足，导致教育资本积累受限，对于中国这样的发展中国家长期呈负向效应。营造良好的健康状况不仅对农民工城市融入具有促进效应，对整个社会经济的发展也有重要的作用。健康人力资本正向促进效应可能超过教育人力资本，健康人力资本作为人力资本要素的基础构成，对教育人力资本的投资、提升有重要作用。学术界有必要增加对健康人力资本的重视，加大对健康人力资本的研究。健康人力资本作为人力资本构成架构的基石是农民工城市融入的最重要要素，探析、阐明农民工健康人力资本对农民工城市融入度的影响程度，对于提升农民工人力资本价值意义非凡。而后，由于受到个人毅力和生存环境等正向效应，依附在个人体内的健康人力资本往往很难观察，应该提高农民工群体对健康的重视程度，养成定期体检的良好习惯。国家应加大对健康人力资本的关注和投资，构建一个综合全面的指标体系，完善医疗卫生健康保障体制。

第三章　农民工城市融入的制度变迁

第一节　迁徙自由到劝止限制农民盲目流入城市阶段

一、居民迁徙自由阶段

1949 年 9 月底国家通过了共同纲领，人民有居住和迁徙自由的权利。经济建设的基本原则是生产发展、经济繁荣、考虑公共和私人利益、考虑资本和劳动利益。这四个因素都体现了为满足战后恢复和国家重建的需要，农民可以自由流动。可见在中华人民共和国成立初期，农民是可以自由进入城市务工。1950 年 11 月，时任公安部部长罗瑞卿强调保障人民的自由是户籍制度的基础。1951 年 7 月中旬，公安部对于城市户籍管理发布了暂行条例，这是中华人民共和国成立后第一个关于户籍管理的专门规定，旨在统一全国之前不一致的户籍管理办法，为了证明公民身份和维护公共安全，该条例强调了维护社会保障，确保人民安全、人民居住和迁移自由的重要性。国家保障为农民提供了自由迁徙的制度空间，可以看出，当时的户籍政策还很宽松。此外，农民对城市生活的向往也导致了中华人民共和国成立后第一次大规模的农民向城市迁移。

二、劝止农民盲目流入城市阶段

到了 1953 年，情况便与之前有所不同。1953 年 4 月中旬，由于农民盲目地流入城市，造成城市负荷不堪，对于农民工流入城市的政策不再宽松，政策转变为劝止，由政务院发布指示。大量盲目的农民进入城市将会导致十分严重的后果，"盲流"一词也首次被提出。由于目前城市尚在建设之中，对劳动力的需求是非常有限的，如果农民盲目地进城，会增加城市失业人数；同时，农村劳动力减少，使农村春播受到很大影响，造成农作物生产损失。因此该指示劝止农民盲目流入城市，除有聘任或承包工作的正式文件外，地方政府不得签发介绍信。同年 7 月，农民仍然随意流入，这种状况并未得到很好的制止，因而政务院发布制止其流入的另一则通知，仅隔四个月再一次发布，盲流成为严格防范对象。

制止农民随意流入城市的通知出台后，情况发生了一定的扭转。但一方面仍有不负责任的地方乱开介绍信，另一方面有些用人单位不合规地到农村私自招工，以及灾荒等因素的影响，农民仍旧会盲目流入城市。为此，1954 年 3 月 12 日内务部和劳动部下发了有关指示。从"布置春耕工作；在农村解决剩余劳动力；用人单位不得私自招工，地方政府不可以随意乱开介绍信；对已进入城市的农民进行劝返，有困难者适当进行补助"等四个方面做出限制农民流入的进一步指示。

农民工的外流一般流向大城市和主要工业建筑地区。虽然这些地区成功地容纳了大量农村人口的涌入，但仍有大量人口无法重新定居，农村人口的流入依然在增加。因此，1956 年 12 月底，国务院为防止农民继续流出农村而流入城市制定了相关政策。第一，农业合作社社员和干部的思想教育要紧抓，使他们深刻地认识到解决灾荒只有自救才可以，不要盲目流向城市。第二，对于盲目流出的人员加以劝阻，另如果流出后的农民生活改善的，可以取得流出地所开具的有关证明，办理备案和户籍转移等手续。第三，对于已流入城市的农民分不同情况处理。第四，工地、建筑、矿山等单位需要劳动力时，统一调配，不得私自招收。总的来说与 1954 年的指示相比，1956 年的指示对于农村流动人口的解决措施相对放宽。

由于外出的农村流动人口以青壮年居多，其中更有乡干部，造成了农村由于缺少劳动力和领导者使得农业生产开展困难。与此同时，流入地区的社会秩序混乱，为少数地主、富农和反革命分子的逃离和渗透工矿制造了空隙。1957 年 3 月初，国务院认为有必要再次公布指示引起各地的重视，因此再一次发布了预防农民盲目流入城市的补充指示。这次指示让地方设立专门的劝阻、处理、遣送盲目流动人口的机构。同年 9 月 14 日，由于农民盲目流入城市的现象又增多了，而农村兴修水利和春耕积肥等任务尚未完成，城市也没有多余的用人岗位，国务院发布了防止农民随意流入城市的公告，试图让农民可以稳定地生活在农村，不要盲目流入城市。1957 年 12 月 13 日，在招工方面，由于有一些用人单位违规从农村招用工人，引起大量农民流入城市，导致城市不堪负荷。针对各用工单位从农村招工的方式，国务院发布了规定，招用临时工必须有正规文件，尽量从城市的剩余劳动力中招工，此阶段政策如表 3 – 1 所示。

表 3 – 1　　　　　　　　劝止农民盲目流入城市的政策

日期	政策	解决的主要问题
1953 年 4 月	《关于劝止农民盲目流入城市的指示》	劝止农民盲目流入城市
1953 年 7 月	《关于制止农民盲目流入城市的紧急通知》	严格制止农民盲目流入城市
1954 年 3 月	《关于继续贯彻劝止农民盲目流入城市的指示》	布置春耕工作；解决农村剩余劳动力；用人单位不得私自招工，地方政府不可以随意乱开介绍信；对已进入城市的农民进行劝返，有困难者适当进行补助
1956 年 12 月	《关于防止农村人口盲目外流的指示》	防止农村人口盲目外流，细化农村流动人口的解决措施

日期	政策	解决的主要问题
1957 年 3 月	《关于防止农村人口盲目外流的补充指示》	设立专门的劝阻、处理、遣送盲目流动人口的机构
1957 年 9 月	《关于防止农民盲目流入城市的通知》	让农民稳定在农村
1957 年 12 月	《关于各单位从农村中招用临时工的暂行规定》	招用临时工必须有正规文件、介绍信，最好招用的工人是来自城镇；用人单位不得擅自向农村招用工人，不得录用擅自进城的农民

三、严格限制农民盲目流入城市阶段

中华人民共和国成立初期，农业是中国社会主义发展的第一要务。因此，当大量农村劳动力外流，会使得农村农业发展滞后，同时农村人口流向城市，使得城市部分人口失业，也给城市的发展带来很多困难。因此，1957 年 12 月 18 日，为组织农村剩余劳动力不盲目外流，减轻城市负担，党中央和国务院发布指示，劝说盲目进城的农村人口返乡，惩处破坏社会治安的违法者和不良分子。对于流动人口的遣返规定更加细化，防止资源浪费和农民工中途流回城市。1958 年 1 月上旬公布户口登记条例的实施。第十条规定，农民必须取得劳动部门的证明、学校入学证明或核准迁入的城市户籍登记处颁发的户籍证明，才能从农村搬到城市。由此，我们可以看到农村人口向城市迁移还是十分困难。

1959 年 3 月 11 日，针对农民盲目外流的现象国务院和中共中央发布了紧急制止的通知。盲流就是没有得到允许就擅自离开家乡而盲目进入城市的农民。这份文件较之前更为严格地限制了农民向城市的流入。1962 年 10 月中旬，国务院发布国营企业如何招用临时工的通知，1963 年 12 月 24 日国务院发布党中央直属煤矿企业招用临时工规定，这两个规定中虽然国营企业可以面向农村招工，但大都是临时性的工作且部分工作十分艰苦、危险，如煤矿井上、井下工人。农民工如若合乎用人单位的招用条件，且自愿前来，便可按规定办理临时职工手续。1975 年宪法正式废除了公民自由流动的权利，且至今尚未恢复。1977 年 11 月初，公安部对于如何处理户口迁移进行了系统性的规定，对于农村人口自由向城市流动的行为加以限制。

由于非农业人口的大量增加，农村农作物产量供应不足，城市负担加重。对于农村和城市都没有实现共赢，如不加强管理的话，整个国民经济的发展和城镇就业问题将会受到影响。因此 1981 年 12 月底，要严格地控制住农民工进城务工以及户籍从农业转为非农业的情况发生了，国务院发布了相关通知，严格审查从农村招工的情况，以便使未列入计划的劳动力积极返回。根据公安部所给出的户口迁移规定严格管控户口的转移，粮食部门也是如此，同时加强户籍管理和粮食管理。同时各地每年都要进行户籍审查，及时发现不合规定的情况进行处理，拒绝走后门的不正之风。这两个条例严格控制了农业人口向非农业人口的转移，此阶段政策如表 3 - 2 所示。

表 3 - 2　　　　　　　　严格限制农民盲目流入城市的政策

日期	政策	解决的主要问题
1957 年 12 月	《关于制止农村人口盲目外流的指示》	劝说盲目进城的农村人口返乡，实行一次遣返到家
1958 年 1 月	《中华人民共和国户口登记条例》	农民必须取得城市劳动部门的就业证明、学校入学证明或核准迁入的城市户籍登记处颁发的户籍证明，才能从农村搬到城市
1959 年 3 月	《关于制止农村劳动力盲目外流的紧急通知》	没有得到允许就擅自离开家乡而盲目进入城市的农民就是盲流
1962 年 10 月	《关于国营企业使用临时职工的暂行规定》	虽然国营企业可以招用农民工，但工作大都是临时性的且部分工作十分艰苦危险

续表

日期	政策	解决的主要问题
1963 年 12 月	《关于中央直属煤矿企业招用劳动力的暂行规定》	煤矿井上、井下工人可招用自愿前来的农民工，可按规定办理临时职工手续
1977 年 11 月	《公安部关于处理户口迁移的规定》	对于农村人口自由向城市流动的行为加以限制
1981 年 12 月	《关于严格控制农村劳动力进城做工和农业人口转为非农业人口的通知》	严格审查从农村招工的情况，以便使未列入计划的劳动力积极返回

第二节　国家引导到再一次控制
农民到城镇发展阶段

一、积极引导农民到小城镇发展

1978 年第十一届三中全会启动了农村改革，以纠正国民经济失衡，改善总体平衡。1984 年初，针对 1984 年当年的农村工作如何发展等问题，党中央发布了通知。第七条，对于从事劳动、经营企业和服务行业的农民，允许他们在城市的市场上自食其力。这也是自新中国成立 30 年来，第一次允许农民到城市务工。1984 年 6 月底，为提高矿山的生产效率和经济效益，国务院发布了试行条例的通知，对于在矿山工作的农民实行轮转制，即从农村公社队伍中招工，为了农民的身体健康，同时让更多的农民有不同的机会，达到一定时期必须轮换，返回农村，不能连续使用同一批农民。大部分身体条件合格的农民均可以被矿山企业录用，也排除了某些单位走后门的不正之风，给广大农民极大的公平。同时招收农民轮换工，通知指向选择经济条件较差，劳动力富足的地区，这样也可以顺利解决一部分剩余劳动力的就业问题。

　　1984 年 10 月中旬，国家引导农民进城务工，他们的户籍问题便显得尤为重要了，针对农民工如何进城落户的问题国务院发布了通知。由于农村地区的商品生产和贸易越来越繁荣，越来越多的农民到集镇经商和就业。对于在集镇有固定住所的以及有正当经营活动的农民发给自理口粮户口簿。同时为了使务工农民保持稳定，规定当地政府不得歧视留居农村的家属。1984 年 10 月 15 日，国营的建筑企业可以征聘农民合同工，也可以使用农村建设队，劳动人事部、城乡建设环境保护部发布有关通知。1984 年 12 月 19 日，针对在交通部门、铁路部门进行装货卸货、搬运工作的农民，国务院发布施行到期轮换的制度和使用承包工的办法。上述办法均体现出国家正在引导着农民到小城镇发展。1985 年初，为了把农村经济带动起来，摆脱原有的现状，党中央和国务院发布了极为细致的十项政策。第九条，为加强城市和乡村之间的经济交流，加强对小城镇建设的引导，农民可以在城镇开设商店和车间，提供各种劳动服务，此阶段政策如表 3－3 所示。

表 3－3　　　　　　　　　积极引导农民到小城镇发展的政策

日期	政策	解决的主要问题
1984 年 1 月	《关于一九八四年农村工作的通知》	对于从事劳动、经营企业和服务行业的农民，允许他们在城市的市场上自食其力
1984 年 6 月	《矿山企业实行农民轮换工制度试行条例》	实行农民轮转制以提高矿山的生产效率和经济效益
1984 年 10 月	《关于农民进入集镇落户问题的通知》	对于在集镇有固定住所的以及有正当经营活动的农民发给自理口粮户口簿
	《国营建筑企业招用农民合同制工人和使用农村建筑队暂行办法》	为了使务工农民保持稳定，规定当地政府不得歧视留居农村的家属；国营的建筑企业可以征聘农民合同工，也可以使用农村建设队

日期	政策	解决的主要问题
1984 年 12 月	《交通、铁路部门装卸搬运作业实行农民轮换工制度和使用承包工试行办法》	除矿山企业、国营建筑业，交通、铁路部门同样招收农民，实行农民轮换工制度，还可以依据需要使用承包工
1985 年 1 月	《关于进一步活跃农村经济的十项政策》	为加强城市和乡村之间的经济交流，加强对小城镇建设的引导，农民可以在城镇开设商店和车间，提供各种劳动服务

二、开展技术培训引导农民流向城镇

1986 年 7 月 12 日，为了保障工人的权利和合法利益，调动其生产积极性，国务院发布了有关规定，要加强企业振兴，改革国营企业旧劳动制度，在国营企业中实行劳动者与用人单位签订协议的制度。该条例规定了劳动合同中的权利和义务，以及工人在工作或待业以及退休时的待遇细则。同时，国务院还针对国营企业发布了招用工人的规定。强调企业的招聘是面向社会的公开招聘，应在城镇招聘，不能以任何形式进行内部招聘。国家也是在引导农民流向城镇，对农村的剩余劳动力到城市发展也是一个极大的利好消息。

1987 年 10 月底，帮助农村地区脱贫致富，解决农民的温饱是重中之重，只有贫困地区的经济得到开发，才能使农民致富。因而国务院发布了有关通知，提出以下要求：首先做好摸底工作，明确哪些贫困户需要救济；先扶助较易扶助的贫困户，再帮助较困难的贫困户；把任务落实到每一级领导干部身上，履行相应的职责，实现脱贫致富。贫困地区的经济发展归根结底是人的智力发展。开展大规模的农民技术培训，稳定好当地的人才，引进外地人才。科学技术作为经济开发的支柱也第一次被提出，提倡科技扶贫。要想帮助农民解决贫困就要发挥他们的人力资本，这也是国家第一次在通知上提到人力资本的重要性。

1987 年 11 月，将劳动力资源开发单独拿出来，不只是贫困地区经济的开发，还有劳动力的开发也极为重要，因此劳动人事部、国务院发布有关通知。各部门、组织要积极配合做好协调，东部和西部地区协调配合、城市与农村协调配合，各地区定点联动长期合作。这是国家进一步引导农民流向城镇，建立城乡发展的一步。随着越来越多的农民流向城市，光靠国营企业的岗位是远远不够的。因此，为了盘活劳动力流动，为其创造条件，要大力发展民间劳务组织，采取联合经营、代理经营等形式，组织大量的农村剩余劳动力进入城镇的劳务市场。同时，对于就业，不光浮于现有职业，要大力开发利用当地的特色资源，推动贫困地区自然资源与城镇特色资源的综合开发与利用，此阶段政策如表 3－4 所示。

表 3－4　　　　　　　　国家引导农民到小城镇发展的政策

日期	政策	解决的主要问题
1986 年 7 月	《国营企业实行劳动合同制暂行规定》	规定了劳动合同中的权利和义务，以及工人在工作或待业以及退休时的待遇细则
	《国营企业招用工人暂行规定》	企业的招聘是面向社会的公开招聘，应在城镇招聘，不能以任何形式进行内部招聘
1987 年 10 月	《关于加强贫困地区经济开发工作的通知》	开展大规模的农民技术培训，稳定好当地的人才，引进外地人才
1987 年 11 月	《关于加强贫困地区劳动力资源开发工作的通知》	各部门、组织要积极配合做好协调，东部和西部地区协调配合、城市与农村协调配合，各地区定点联动长期合作

三、国家再一次控制农民盲目外流阶段

大量农民工涌向西北、东北、广东等地，一些主要的列车过于拥挤，车站上乘客众多，对铁路运输造成巨大压力。这些地区也负荷过重，出现很多到往的民工并不能找到工作安家的问题。于是 1989 年 3 月 2 日，国

新型城镇化进程中教育和健康人力资本对农民工城市融入的影响研究

家又一次限制农民工随意流出农村而流入城市。各地政府加强对农民工的
管理，控制大量外出，对已到车站的农民工动员返乡；铁路部门做好对盲
目外出的农民的返乡疏通工作；铁路部门减少运输车次；当地公安部门做
好协调配合工作；加强新闻单位对当地政府政策的宣传工作，避免一些民
众受片面宣传与鼓动。继 1984～1988 年四年后国家在引导农民流向城镇
发展的宽松策略后又转向严格控制民工外出的策略。

虽然 1989 年 3 月的通知已下达，但是每天仍有上千名左右的民工滞
留在兰州车站，甚至还有增长的趋势。由于城镇建设还不够完善，并没有
充足的职位空缺，因此也给某些城镇带来了一定程度上的困扰。因而，民
政部和公安部于 1989 年 4 月再一次发布控制的通知。强调要切实安排好
农村剩余劳动力。具体问题具体分析，针对不同的情况，农民所遇到的不
同问题，妥善安排处理，让这部分民众安心生产，发挥他们在农村的主观
能动性。

1990 年 4 月 27 日，对于劳动就业问题国务院也发布了通知。待业人
群逐步扩大，劳动力供过于求，为了积极解决民众的就业问题，特作出通
知如下：尽可能拓宽多种形式的就业渠道，将当地的劳动部门介绍就业与
农民工自发组织就业相结合，大力发展个体经济、集体经济、私营经济；
劳务公司是增加城镇就业岗位的重要渠道；当地政府尽自己所能最大程度
地解决因扩大就业而产生的问题；加强农村剩余劳动力培训；合理控制农
民工转移，引导他们不离开土地，减轻城镇就业压力。

1991 年 2 月，广东等地农民工人满为患，为阻止广东等地人口继续
增加，国务院办公厅发布了劝阻通知。必须在各级政府对移徙工人实行限
制，甚至予以终止。对于南下在途中的农民工，相关地区的各级政府要采
取相应措施，就地进行劝阻。铁路部门也做好相关疏运的措施。同年 10
月 24 日，洪水使房屋塌毁、除救济粮食之外没有其余的粮食，灾民为求
生存而外流。如若不加以控制，势必会造成城乡之间的混乱。民政部发布
通知以使灾民返回农村。该通知明确指出，无论灾民流出的当地政府还是

灾民流入的当地政府，都应该清楚地认识到，只有通过最小化流离失所的人们对社会的影响，灾区人民才能更好地执行重建家园的任务，恢复生产，这对救灾工作的最终胜利具有重要意义，此阶段政策如表 3 - 5 所示。

表 3 - 5　　　　　　　国家再一次控制农民盲目外流的政策

日期	政策	解决的主要问题
1989 年 3 月	《关于严格控制民工盲目外出的紧急通知》	各地政府加强对民工的管理，控制大量外出，对已到车站的民工动员返乡
1989 年 4 月	《关于进一步做好控制民工盲目外流的通知》	将农村剩余劳动力安排妥善，让其在农村安心生产
1990 年 4 月	《关于做好劳动就业工作的通知》	拓宽多种形式的就业渠道，积极解决城市劳动力供过于求的问题
1991 年 2 月	《关于劝阻民工盲目去广东的通知》	在各级政府对移徙工人实行限制，甚至予以终止
1991 年 10 月	《关于进一步做好劝阻劝返外流灾民工作的通知》	通过最小化流离失所的人们对社会的影响，灾区人民才能更好地执行重建家园的任务，恢复生产

第三节　允许农民到小城镇发展阶段

一、国家规范农民到小城镇发展阶段

1992 年 1 月 18 日 ~ 2 月 21 日，邓小平同志南方谈话，极大地鼓舞了全国各族人民。1992 年 10 月 12 日，为了更快地开放城市走现代化的道路，让中国特色社会主义走向更伟大的胜利，江泽民同志作出重要指示，提出城镇企业的发展和农村剩余劳动力土地流转的增加，可以为农村的繁荣、现代化和改革以及整体经济的发展开辟新的途径。为使农村劳动力在整个地区有秩序地流动，不要随意跨省流动、跨省就业，1994 年 11 月 17

日，劳动部颁布了暂行规定。此规定的创新之处在于，农民工有自己的流动就业证。这一阶段允许招募农村劳动力和跨省迁移就业，本规定重在规范，规范双方的具体细则管理，细化招用、就业、服务、组织管理、罚则等详细规定。

虽然依据上述规范，各地在相关方面做出了不小的成果，但是随着大量的农村剩余劳动力的跨区流动，规范还做得远远不够。为此，1995年9月19日，社会治安综合治理委员会发行了一系列管控流动人口的细则，从制度上规范农民工的流动。我国正处于一个不平衡时期，特别是在城市和农村地区。况且从1984年国家引导农民流向城市发展到1989年国家再一次控制农民盲目外流，最后到1992年国家规范农民到小城镇发展阶段，也才历经六年时间，所以城乡发展仍然不平衡也是必然的。因此，各级政府要加强对流动人口的管理，确立全国是一盘棋的观念，齐抓共管。在确保农村生产稳定的情况下，鼓励农民工进城创业，并在一定条件下允许其在城镇落户。构建区域劳动力市场信息网络，构建信息化、按需求流动、根据凭证管理的流动就业体系，是该制度更加科学的举措。统一的流动人口就业证和暂住证制度，较之前没有任何信息流动的政策有了质的改变。

1997年5月20日，公安部发布系列指示，在农村人口在城市上户的问题以及小城镇和农村户籍制度的完善上都得到了国务院的重视。通过向在小城市定居的农民提供城市户口，帮助农村剩余劳动力从农村地区迁移到城市，维护了社会治安的稳定，促进了城乡共同发展。但是对于京沪等特大城市的户籍管理依然要严格控制。有了户籍制度就有了更多的流动人口，特别是其中的农村剩余劳动力，这时候我们就要注意另一个问题了。要对小城镇的整体容量有宏观预估，进行宏观调控，实行指标控制。严格在指标范围内，根据落户条件与要求实行审批程序。避免不切实际的盲目扩大，使得小城镇并不能负荷，造成进城热、建城热或占用大量耕地削弱农业基础地位。另为保障落户人口的合法权益，对定居在小城镇的农民工，不得向其收取或者变相收取城市增容费。不仅仅是小城镇的户口制度，农村的户籍制度也要做到如此，二者相互协调与统一。例如：某户人口从农村迁出，要及时办理变更手续，不能说其迁出，但是农村还存在该户的户口，给管理与统计带来不必要的麻烦，此阶段政策如表 3 - 6 所示。

表 3 - 6　　　　　　　　国家规范农民到小城镇发展的政策

日期	政策	解决的主要问题
1992 年 10 月	《加快改革开放和现代化建设步伐，夺取有中国特色社会主义事业的更大胜利》	发展城镇企业和增加农村剩余劳动力土地流转
1994 年 11 月	《农村劳动力跨省流动就业管理暂行规定》	农民工有自己的流动就业证，允许城市招募农民工
1995 年 9 月	《关于加强流动人口管理工作的意见》	积极鼓励农民工进城创业；开展区域劳动力市场信息网络；发行流动人口就业证和暂住证
1997 年 5 月	《小城镇户籍管理制度改革试点方案》《关于完善农村户籍管理制度意见》	通过向在小城市定居的农民提供城市户口，帮助农村剩余劳动力从农村地区迁移到城市

二、小城镇带动农村经济发展阶段

1998 年 10 月 12 ~ 14 日于北京举办十五届三中全会，发展的主要战略是建设小城镇。虽然小城镇现在发展态势总体向好，但仍然存在着一些问题，例如：小城镇的排兵布阵不是十分合理；有些地区不考虑当地的经济条件、客观发展规律，只是盲目扩张；小城镇基础设施不足，整体运行未得到充分利用；尽管小城市管理制度有了进一步改进，但仍然有难以适应发展社会主义市场经济的要求等不容忽视的问题。因而，为了让小城镇良性发展、布局合理，2000 年 6 月 13 日党中央和国务院发布相关指导意见。我国农村现代化的必要途径是积极建设和发展小型城市。得到工业支持的、以市场为基础的经济正在有力发展，并根据小城镇的特点，建立龙头企业，建立生产、加工和销售农副产品的基地。另外，出于人文关怀，农民可以根据自己的意愿成为城镇居民，其子女上学、服兵役、就业等权利与城市居民的权利平等。公平才能促进社会向更好的方向发展。这条规定也标志着我国农村人口流向城镇的相关政策初现公平。

2001 年 3 月，第十个五年规划纲要旨在优化农村和城市地区经济结构，而促进国家协调一致的经济和社会发展的战略是增强城镇化战略。因此，应该构建合理的城市化体系，消除阻碍城市发展的体制障碍，重点是城市发展、积极发展中小城市，为合理布局奠定坚实基础。打破原有的城乡划分体系，推行合理化的城乡融入，排除不合理、不合规的限制。同年 3 月 19 日，要想改变城镇不合理布局的现状，就要从国家的管理改革上下功夫，因此城镇户籍的管理改革便首先被国务院提出。采取更有条理和更现代的法律办法将农村人口的迁移、融入就业、实施社会保障以及在小城市的户籍登记管理结合起来。同时，强调要保障小城镇居民的合法权益。可以在小城镇定居的农民，在入学程序、服兵役要求和就业条件方面的权利和义务与原有的城镇居民是平等的，对移徙工人不得适用歧视性政策。各地区、各有关部门不得利用户籍制度改革的契机征收城市增容费和其他类似费用。农民工的城市融入向积极、规范的方向发展着。

2002 年 3 月 15 日，对于 2002 年如何做好农业和农村工作，党中央和国务院发布了针对措施。农村劳动力跨地区转移和进城务工，有利于农民增收，也有利于城镇居民生活，能够进一步焕发城市的经济活力，让城乡更好地协调发展。同时提出了对待农民工要公平、要合理引导他们、要完善制度管理、要提供优质服务的方针。地方政府必须取消对移徙工人的不合理限制以及征收不固定的费用，不能强行将他们赶走，在农村和城市地区建立统一的劳动力市场。与此同时，改进对移徙工人合同的管理，以保障他们的合法权利和利益。

2003 年 12 月底，如何促进农民增收减少贫困，是党中央和国务院十分关注的问题，因此发布了 2004 年中央一号文件。第四项目标是改善农民在城市工作的条件，增加农民工的收入，标志着国家在积极地促进农民工向城市的融入。第一，必须保护农民工应有的权益。消除歧视针对农民的政策规定以及不合理收费的乱象，简化一切形式化的手续，比如出入城镇务工等的手续。放宽农民工进城落户的条件，加强对进城务工农民工资及时支付、劳动条件改善和子女就学问题的监督检查。第二，在职业技能方面进一步加强对于农民工的培训。这份文件的创新之处在于，农民工也可以得到一定的补贴，对于培训机构是哪一家、培训内容如何和具体培训时间等问题，农民工可以根据自己的意愿进行选择，这样也能够提高培训资金的使用效率和效益。

2004 年 12 月底，为提高农村的工作效率和农业生产力，党中央和国务院发布 2005 年的中央一号文件。全面开展农民职业技能培训。创新的不只是农村剩余劳动力，农村中学也应加强先进实用农业技术的教育。农村的教育问题、卫生健康、文化传播等社会事业要进一步加强，县级以下有关经费比例不得低于 70% 。对于公共卫生健康问题要优先落实到农村，在实施农村医疗和医疗援助试点合作模式以及良好的农村卫生基础设施规划方面取得稳步进展，农村医疗卫生人才也要抓紧培养，面对农村医疗服务质量问题和突发公共卫生事件时可以游刃有余地应对。同时农村社会保障制度要摸索着建立起来，此阶段政策如表 3 - 7 所示。

表 3 - 7　　　　　　　　小城镇带动农村经济发展的政策

日期	政策	解决的主要问题
2000 年 6 月	《关于促进小城镇健康发展的若干意见》	农村现代化的必要途径是积极建设和发展小型城市
2001 年 3 月	《中华人民共和国国民经济和社会发展第十个五年计划纲要》	构建合理的城市化体系，打破体制障碍
2001 年 3 月	《关于推进小城镇户籍管理制度改革的意见》	对于农村人口转移、如何进行就业安置和社会保障如何实施等问题要兼顾实施，把小城镇的户籍管理放到正确的轨道上
2002 年 3 月	《关于做好 2002 年农业和农村工作意见有关政策问题的通知》	农民工应得到公平待遇、适当指导、更好管理和高质量服务

日期	政策	解决的主要问题
2003 年 12 月	《关于促进农民增加收入若干政策的意见》	保护农民工的合法权益；在职业技能方面进一步加强对于农民工的培训；改善农民工工作条件，增加其收入
2004 年 12 月	《关于进一步加强农村工作提高农业综合生产能力若干政策的意见》	尊重和保障农民的土地使用权；对农民进行培训，加快农村地区的劳动力迁移

三、以城带乡的社会主义新农村阶段

2005 年 12 月底，为了更好地推进社会主义新农村的建设，党中央和国务院发布了 2006 年中央一号文件。全面建成小康社会，最难的任务在农村，如果以城带乡则可以进一步带动农村经济发展。在"十一五"时期，必须及时抓住机遇，多方面发展；落实以工业支持农业、以城市扶持农村、多给予补助减少税收的方针。根据农村地区的经济、社会、文化、政治和政党建设，使其符合生产发展的要求，并使生活更富有、更文明、更有组织、更民主。为了加快新农村地区的建设，我们必须提高效率。例如，建立能够改变城乡结构的制度，为农村工人建立公平的就业制度，以及在农村地区建立和改善多种形式的社会保障。动员市场激励措施分配资源，加快土地征用和户籍改革制度，逐步在城镇和农村之间建立综合投入市场，加强农村经济的活力。

2006 年 1 月底，由于部分农民工的工资被延迟支付甚至不给以及工资过少等问题，引起了农民工的强烈不满和社会秩序的混乱，为保护农民工的若干权益问题国务院发布相关意见。要根据现行法律规范农民工的劳动管理；要同时兼顾农民工的权利和义务，充分按照劳动合同制度，有效保护移徙工人的合法权利和利益；严格禁止童工；继续加强对农民工的培训；关于农民工的社会保障问题，必须找到一个更好的解决办法。健康的人力资本对城乡一体化的影响首次得到讨论。工伤保险还应包括移徙的工人，从而确保为移徙工人的严重疾病提供保障，并努力进一步健全农民工养老金的社会保险制度；多方式多角度保障农民工子女受教育权，改善他们的生活条件并为他们提供公共服务；保护农民工权利的机制得到进一步完善。增强城市的包容能力，获得更多的就业机会，方便农民工就地就近转移。

2006 年 3 月 14 日，第十一个五年规划纲要制定了2006～2010 年的经济发展目标和实施计划，把建设社会主义新农村作为重点。积极促进城乡平衡发展，建立以工业促进农业发展、以城市促进农村发展的长期机制；继续加强农村商品流通体制改革，开放农村市场；劳动力市场和就业制度要做到城乡统一，从而根据要求让农民工的权益得到保障；采取多方面、多种形式的措施，增加农民收入；通过对农村劳动力进行技能培训，引导移徙工人有序地转移到非农业产业和城镇，并加快小型企业和乡镇企业的快速增长。

2006 年 11 月 14 日，为达全民温饱，开创我国独有的特色社会主义事业新篇章，江泽民同志作出一系列重要指示。目前城市和乡村的经济结构仍旧不平衡，要想更好地实现全民小康，就要长期坚持做好这件事。走具有我们中国特色的城镇化发展道路，继续加快城镇化建设的进程，让农村发展起来，繁荣起来。同时，在建设小城镇时要科学合理地规划布局，将乡镇企业和服务企业结合起来，以打破影响城市发展的体制障碍，并促进农村劳动力的合理和有序流动，此阶段政策如表3－8 所示。

表 3－8　　　　　以城带乡的建设社会主义新农村的政策

日期	政策	解决的主要问题
2005 年 12 月	《关于推进社会主义新农村建设的若干意见》	以工业支持农业、以城市扶持农村、多给予补助减少税收的方针
2006 年 1 月	《关于解决农民工问题的若干意见》	大力发展城市经济，促进农村剩余劳动力的流动

续表

日期	政策	解决的主要问题
2006 年 3 月	《国民经济和社会发展第十一个五年规划纲要》	积极促进城乡平衡发展；继续加强农村商品流通体制改革，开放农村市场；劳动力市场和就业制度要做到城乡统一
2006 年 11 月	《全面建设小康社会，开创中国特色社会主义事业新局面》	打破体制障碍，促进农民工流动

第四节　农村居民市民化发展阶段

一、培养新型农民阶段

2006 年 12 月底，为扎实稳定地发展现代农业，进一步推进新农村的建设，党中央和国务院发布 2007 年中央一号文件。第六条是发展新型农民，发展现代农业技术劳动力。充分发挥农村的人力资源优势，加强对提高农民工综合素质项目的投入，为推进新农村建设提供更科学更专业的队伍。实施综合农业生产技能培训方案，在乡村对农民进行新技术培训，并实施农村劳动力人才发展项目，以培养现代技能、市场意识和管理技能均强的现代农业经营者。另外也要加强农民工职业培训。对于待遇、方法、内容、执行机制进行进一步改进，保护移徙工人的权利。改善农村地区的教育条件，使农民工的子女能够接受更高水平的教育，促进农村和城市地区义务教育的均衡发展；新的合作医疗试验继续扩大到农村地区，以使更多的农民工从身体健康方面受益；继续完善农村医疗救助制度。健康和教育的人力资本在任何时候都不可或缺。

2006 年 3 月，通过的第十一个五年规划纲要，该方案的主要任务是充分执行科学发展的设想，继续促进城乡均衡发展。2007 年 10 月 15 日，

第三章 农民工城市融入的制度变迁

继续走我国伟大的中国特色社会主义道路，为实现全民温饱、全民更好的生活而努力奋斗，胡锦涛同志在党的十七大上作出报告：对农村和城市发展进行综合规划，以便在经济、社会和城市发展之间建立新的一体化模式，从而建设新的社会主义农村。增加对城市企业和县级经济发展的支持，增加就业机会，以多种方式增加农民收入。农民在建设新的农村方面发挥关键作用，因此发展新的有技能和有管理能力的农民。在体制建设方面，城市工人的基本医疗保险、新的农村合作医疗、城市和农村居民的公共保健服务、医疗服务、医疗保险、药品供应系统、城乡最低生活标准体系、失业、工伤事故和生育保险制度、基本医疗卫生制度、重大疾病防治体系等都要进一步完善，从而提高应对突发事件的能力，全面提高农民工所能获得的保障水平，提高全民健康水平。

2007年12月底，由于农业是基础发展，建设好农业才能帮助农民进一步提升收入，因此中共中央和国务院发布2008年中央一号文件。坚持落实以工业支持农业、城市扶助农村、多给予补助减少税收、繁荣发展的方针。要更加快地打破城乡之间的户籍壁垒，制定适合城乡的发展规划，实施基础设施选用、公共服务制度、产业布局方式、增加就业和加强社会管理的新的一体化模式。生产要素等市场上资源的分配不要仅是偏向城市，重心也要放在农村，城乡之间的基础设施共同建立共同使用、产业发展互相扶助互相督促。2008年12月底，针对2009年的农业发展以及为继续促进农民收入增加，中共中央和国务院发布2009年中央一号文件。这是首次推动城乡经济社会发展一体化。充分利用农民工在建立农村和城市基础设施以及在社会福利方面创造新的就业机会的作用。对移徙工人进行广泛的技能培训；为移徙工人建立养老保险制度；建立监督和监测移徙工人的统计监测系统；促进全面的农村改革；加强县域的经济活力；改进有利于扶贫的国家发展战略和政策。继续在消除贫困方面投入更多，加强全村推广，提高劳动力流动培训的质量，提高工业化扶贫水平。

2009年12月底，农村和城市要一起发展，哪一部分都不能落后，因此为了加大农村和城市协同发展的扶持力度，中共中央和国务院发布2010 年中央一号文件。指导意见第三条是改善农村农民的生活条件，减轻城乡之间的不平衡。构建的公共就业服务体系不只覆盖城市，也增加农村的覆盖面积；创新就业政策措施；改善农民工的社会保障制度；农民工也可以参保城镇职工基本医疗保险；保障农民工子女受教育的机会。第四条是加快推进农村和城市的改革。大力发展小城镇和中小城市，让更多的城市有条件将农民工纳入城市住房系统，从而可以接纳更多的农民工；同时也要放宽落户条件；改进辅助性政策，如改进金融和投资融资，以加快小城市的发展；工业集聚将使农民更容易在附近找到工作，此阶段政策如表 3 - 9 所示。

表 3 - 9   **培养新型农民的政策**

日期	政策	解决的主要问题
2006 年 12 月	《关于积极发展现代农业扎实推进社会主义新农村建设的若干意见》	对农民进行新技术培训，在乡村实施新的技术培训，并实施农村劳动力人才发展项目；对于培训待遇、方法、内容、执行机制进行进一步改进；改善农村地区的教育条件；新的合作医疗试验继续扩大到农村地区
2007 年 10 月	《高举中国特色社会主义伟大旗帜　为夺取全面建设小康社会新胜利而奋斗》	增加对城市企业和县级经济发展的支持，增加就业机会；城市工人的基本医疗保险、新的农村合作医疗、城市和农村居民的公共保健服务、医疗服务、医疗保险、药品供应系统、城乡最低生活标准体系、失业、工伤事故和生育保险制度、基本医疗卫生制度、重大疾病防治体系等进一步完善
2007 年 12 月	《关于切实加强农业基础建设进一步促进农业发展农民增收的若干意见》	打破城乡之间的户籍壁垒，制定适合城乡的发展规划实施、基础设施选用、公共服务制度、产业布局方式、增加就业和加强社会管理的新的一体化模式
2008 年 12 月	《关于 2009 年促进农业稳定发展农民持续增收的若干意见》	进行广泛的技能培训；建立养老保险制度；建立监督和监测的统计监测系统；促进全面的农村改革；加强县域的经济活力；改进有利于扶贫发展战略和政策
2009 年 12 月	《关于加大统筹城乡发展力度进一步夯实农业农村发展基础的若干意见》	创新就业政策措施；改善农民工的社会保障制度；保障农民工子女受教育的机会

二、有序推进农村居民市民化阶段

2011 年 3 月中旬，第十二个五年规划纲要提出要改进城市化的规划和形式，加强城市化管理，进一步提高城市化的质量和水平，并制定城镇化战略模式。按照总体规划、合理布局、大城市带动小城市的原则，稳步推进农村城镇化，提高城镇综合承载能力。2012 年 11 月 8 日，为坚定地继续走中国特色社会主义道路，同时继续努力完成全面建成小康社会的任务，党中央总书记胡锦涛作出重要指示。首先城乡融合是解决农业农村农民问题的关键途径。要更加注重农村和城市地区的综合发展，促进农村发展，缩小城乡差距，促进共同富裕。坚持用工业支持农业，支持城市向农村地区提供支持，多给予农民惠农政策，减轻农民负担，使农民平等参与现代化进程和分享现代化成果。加速改善农村和城市地区发展的综合体制机制，促进城市规划、基础设施和公共服务之间的互补性，促进城市和农村地区的公平交流，公共资源的均衡分配，在农村和农村农民之间建立新的就业关系。其次是要建立更加高效的社会保障制度，不止涵盖城市人口，农村人口也可以从中获益。城市和农村人口都纳入养老保险和医疗保险体系；建立将市场分配与政府保障相结合的住房制度；遵守国家男女平等的基本政策，确保妇女和儿童的合法权利和利益；增强残疾人社会保障制度和服务的完整性。

2012 年底，为了让农业的发展紧跟时代，走现代化的发展方案，同时借此来刺激农村的发展活力，中共中央和国务院发布 2013 年中央一号文件。有序推进农村居民市民化。把推进城镇化特别是解决好农民工问题作为一项重要任务。为农村和城市发展建立综合体制机制。改善农村居住地区环境；改善农村地区的安全饮用水项目；加快农村道路的建设、养护和安全管理，将城乡客运结合起来。这也是第一次在农民工城市融入中提出整治居住环境的要求；促进城乡地区基本公共服务的平等。农民工子女上学、县乡公共文化体育设施和服务标准化问题、基层医疗卫生机构综合改革问题、推动基本医疗保险以及养老保险制度实现城乡统筹等问题，要基本上做到城乡服务均等化，加快农村人口向城市迁移的进程。鼓励地方政府制定切实可行的政策，解决人口从农村流向城市的问题。

2014年12月31日，继续加强改革创新，走农业现代化道路，党中央和国务院发布2015年中央一号文件。建议加快城乡资源要素的流动。促进农业、工业和服务业的一体化。增加农民收入，扩大农业生产链，增加农业附加值。在以资源为基础、面向市场的基础上，正在大力开展特色作物种植、农产品加工、农村服务、加强县域经济和增加农民的财富。振兴农村农业要素资源，增加农民的财政收入，加快城乡资源要素流动进程。

2015年10月26～29日，通过第十三个五年规划，建议坚持城乡协调发展。维持工业对农业的支持，维持城市对农村地区的支持，加强体制机制建立，促进农村和城市地区的综合发展，促进城市和农村部门的公平交流、合理分配和基本公共服务的平等。该建议继续呼吁促进城乡和谐发展。加快建设具有特色的中小城镇，加强农产品加工和农村服务的发展，扩大农民的收入渠道，改进支持农民收入的政策制度，加强地方促进农村发展的力量；促进以人为本的新城市，强调中心者人的重要性，深化户籍制度改革。建立机制将城市建筑用地的增加与农村人口的迁移联系起来。根据合同维护农村人口的土地权利，集体分配、集体收入的权利，支持农民并引导他们自愿和有偿转让所有权。通过改善城市和城市棚户区的条件，深化住房制度的改革；促进公共资源在城乡之间的均衡分配，改善农村基础设施投资的长期机制。加强新农村社会主义建设，对农村生态环境进行改革，加强对传统、历史和文化村庄中的住房保护，建设美丽和适合居住的村庄，此阶段政策如表3-10所示。

表 3 - 10　　　　　　　有序推进农村居民市民化的政策

日期	政策	解决的主要问题
2011 年 3 月	《国民经济和社会发展第十二个五年规划纲要》	改进城市化的规划和形式，加强城市化管理，进一步提高城市化的质量和水平，并制定城镇化战略模式
2012 年 11 月	《坚定不移沿着中国特色社会主义道路前进为全面建成小康社会而奋斗》	城乡融合是解决农业农村农民问题的关键途径；坚持用工业支持农业，支持城市向农村地区提供支持，多给予农民惠农政策，减轻农民负担，使农民平等参与现代化进程和分享现代化成果
2012 年 12 月	《关于加快发展现代农业　进一步增强农村发展活力的若干意见》	改善农村居住地区环境，促进城乡地区基本公共服务的平等
2014 年 12 月	《关于加大改革创新力度加快农业现代化建设的若干意见》	加强城乡之间的互动，加快城乡资源的流动；促进农村农业工业服务业的一体化
2015 年 10 月	《中共中央关于制定国民经济和社会发展第十三个五年规划的建议》	维持工业对农业的支持，城市对农村地区的支持，加强体制机制建立，促进农村和城市地区的综合发展，促进城市和农村部门的公平交流、合理分配和基本公共服务的平等

三、农村户籍人口城镇化率加快提高阶段

2015 年 12 月 31 日，在加快农业的现代化发展方面，要加快农业的革新速度，转变为机械化、技术化的农业，有更好的良性循环的农业体系，为此中共中央、国务院发布 2016 年中央一号文件的若干意见，同时这也能够为实现全面小康社会的目标提供基石。促进城乡和谐发展，提高新的农村建设水平，改善农村基础设施投资的长效机制，以加强农村和城市基础设施的连通性和共享性。要想富先修路，加快乡镇、政府办村通路通车。创造条件推进城乡客运一体化；优先考虑吸纳大量移徙工人到农村和城市发展社会事业，并加快将城市公共服务扩展到农村地区；以农村为重点建立义务教育经费保障机制。根据乡村自我发展规律，努力为农民建造适合当地条件的幸福住房；促进农村地区劳动力流动、就业创业的创新和

移徙工人的市民化。大力发展县级经济和农村服务，加快中小城镇的发展，提高吸引农村人口能力。加大对农村灵活就业和创新就业的支持力度，切实保障农村劳动者享有与城市居民相同的权利和义务，实施和改进随迁子女参加当地中高考政策。

2016 年 3 月 16 日，通过了第十三个五年规划纲要。在 2016 年之前，农业现代化方面取得重大进展，让所有贫困地区脱贫，贫困人口生活水平和质量普遍提高，解决了区域性整体贫困，农村人口的城镇化速度也加快了。2016 年 12 月 31 日，农业供给侧结构性改革被创新地提出，为了回答农业农村发展的新动力是什么等相关问题，中共中央和国务院发布 2017 年中央一号文件进行解释。第一，提升农村基本公共服务水平。充分实施面向农村和促进城乡一体化的义务教育筹资机制，并加强农村教师的教育能力。继续提高城市和农村居民基本健康保险的供资水平，加快整合城乡居民基本健康保险制度，完善当地备案异地就医、结算方案。改进城市和农村居民养老金的筹资和保险机制。健全照顾农村地区儿童、妇女、老年人和残疾人的服务制度。第二，必须有一个健全的制度，将劳动力转移到农村地区的就业和创业中。改善农村和城市工人的平等就业制度，促进多种渠道的就业，重点解决新一代移徙工人面临的重大问题。

2017 年 10 月 18 日，我国处于全面建成小康社会最后的冲刺阶段，习近平总书记作出重要指示。应根据产业繁荣、生态住房、环境美化、环境友好的总体要求，维护农村农业的优先事项，建立健全的体制机制和政策制度，促进农村和城市地区的综合发展，加快农业农村现代化。建立现代农业产业、生产和经营系统、健全的农业保护系统，发展各种形式的共生企业，鼓励新的农业经营者，改进农业社会服务系统。因此，确保小农与现代农业发展相联系。促进农村第一产业、第二产业和第三产业的综合发展，支持和鼓励农民创办企业，增加收入渠道。

2017 年 12 月 31 日，为扶助农村、发展农村、振兴农村，中共中央和国务院发布 2018 年中央一号文件。第一，促进农村和城市一体化的发展。

第三章 农民工城市融入的制度变迁

坚决解决体制机制的缺陷，发挥政府和市场的作用，促进农村和城市因素的自由流动，平等分享信息，促进工业化和信息化发展，加速建立和增强新的城乡工农关系。第二，促进农村劳动力向城市就业转移，增加农民的收入。广泛组织职业技能培训，提高就业质量，使农民工以多种方式流动。深化户籍制度改革；加强支助和推广服务，以创造更多的就业机会，使农村人口的收入比城市人口增长更快。2019 年 10 月底，中国共产党第十九届四中全会通过了关于如何完善中国特色社会主义制度，如何使国家治理体系更加完善，治理能力与时俱进的若干决定。必须加强和改善城市和农村地区民生保障制度，加强更充分和更高质量的就业机制的实施，建立全面的终身教育制度，建立包容性的社会保障制度，加强体制保障，以改善人民的健康。坚决消除贫穷，建立解决相对贫困的长效机制。

2020 年是全面小康的最后一年，因此 2020 年 1 月 2 日为确保到期能够完成全面小康的任务，中共中央、国务院发布针对农业农村农民的 2020 年中央一号文件。2020 年是全国彻底脱贫的一年。必须在全面建成小康社会中克服脱贫攻坚和"三农"的短板。执行各种补贴政策来稳定农民工就业，例如减税、增加对公司的援助、放宽失业保险的条件、提高补贴标准。制定和实施确保农民工工资支付的制度。促进创造公共就业机会，如乡村工人、供水工人、道路工人和各地生态森林的护林员。在保护工作人员免受职业伤害方面开展试点试验。

2020 年 10 月 29 日，通过第十四个五年规划。"十三五"时期是全面建成小康社会决胜阶段。面对新冠肺炎疫情的严重影响，党中央和国家主席习近平同志将忠实于国家和人民的愿望和使命牢牢记住，团结和领导政党和所有人民，为推进政党和国家事业的进步和开拓性而努力。我们将全面实施农村振兴战略，城市支持农村，促进工业和农业之间的新关系，实现农村和城市一体化以及农村和城市地区的综合发展，共同繁荣，加快农业农村现代化；改善城乡一体化机制，促进城乡之间的公平交流和双向交流，加强农村农业发展的活力。改进农村和城市建筑用地共同市场，保障居住在城市的农民的土地权利，鼓励农民自愿和有偿转移土地。促进以人为本的新城市特性，深化户籍制度改革，改进将支付、城市土地建设和人口向城市迁移联系起来的政策，加强基本公共服务的安全，并加快农村向城市的人口迁移。

2021 年 1 月 4 日，为使乡村振兴全面推进，同时进一步加快农业农村现代化，中共中央和国务院发布 2021 年中央一号文件。加快各级城市和农村地区的综合发展。促进新的以人为本的城市化形式，促进大型、中型和小型城镇的和谐发展。各县应成为农村和城市地区综合发展的重要切入点，加强综合规划和高层设计，消除城乡之间的体制缺陷，加快建立体制渠道，促进城乡之间的公平交流和双向流动。协调县域空间布局，加强在县城提供综合服务的能力，并设立城镇作为为农民服务的区域中心。在地区和村庄之间实现职能整合。加强县域经济，转让合适的产业，支持支柱产业。加快建造小型城市，改善基础设施和公共服务，并发挥城市和乡村之间的联结作用，促进各区域的城市化，以此作为主要手段，此阶段政策如表 3 - 11 所示。

表 3 - 11　　　　　　　农村户籍人口城镇化率加快提高的政策

日期	政策	解决的主要问题
2015 年 12 月	《关于落实发展新理念加快农业现代化　实现全面小康目标的若干意见》	加强农村和城市基础设施的连通性和共享性；建造一个美丽和适合居住的村庄
2016 年 3 月	《中华人民共和国国民经济和社会发展第十三个五年规划纲要》	在农业现代化方面取得了重大进展，消费对经济增长的贡献显著增加，农村人口市民化增长也加快
2016 年 12 月	《关于深入推进农业供给侧结构性改革　加快培育农业农村发展新动能的若干意见》	提升农村基本公共服务水平；必须有一个健全的制度，将劳动力转移到农村地区的就业和创业中
2017 年 10 月	《决胜全面建成小康社会　夺取新时代中国特色社会主义伟大胜利》	维护农村农业的优先事项，建立健全的体制机制和政策制度；建立现代农业产业、生产和经营系统、健全的农业保护系统，发展各种形式的共生企业，鼓励新的农业经营者，改进农业社会服务系统

续表

日期	政策	解决的主要问题
2017 年 12 月	《关于实施乡村振兴战略的意见》	发挥政府和市场的作用，促进农村和城市因素的自由流动，平等分享信息，促进工业化和信息化发展，加速建立和增强新的城乡工农关系；促进农村劳动力向城市就业转移，增加农民的收入
2019 年 10 月	《关于坚持和完善中国特色社会主义制度、推进国家治理体系和治理能力现代化若干重大问题的决定》	建立全面的终身教育制度，建立服务多元化的社会保障制度，加强体制保障，坚决消除贫穷，建立解决相对贫困的长效机制
2020 年 10 月	《中华人民共和国国民经济和社会发展第十四个五年规划和 2035 年远景目标纲要》	实现农村和城市一体化以及农村和城市地区的综合发展，共同繁荣，加快农业农村现代化；改善城乡一体化机制，促进城乡之间的公平交流和双向交流，加强农村农业发展的活力
2021 年 1 月	《关于全面推进乡村振兴加快农业农村现代化的意见》	促进新的以人为本的城市化形式，促进大型、中型和小型城镇的和谐发展

第五节　本章小结

第一，消除体制障碍引导农民工有序流动缩小城乡差距。农民工逐渐获得了流动的自由。坚持用工业支持农业，城市向农村地区提供支持，多给予农民减少税负的惠农政策，减轻农民负担，使农民平等参与现代化进程和分享现代化成果。加速改善农村和城市地区发展的综合体制机制，促进城市规划、基础设施和公共服务之间的互补性，促进城市和农村地区的公平交流，公共资源的均衡分配，在城市和农村农民之间建立新的就业关系。农民工职业技能培训资金、农民工劳动保障服务资金以及农民工子女教育额外扶助资金国家都会进行相关补贴。同时，也针对农民工设立相应的住房保障体系，农民工更多的权益得到保障，从而使得农民工更好地流动，缩小了城乡差距。

第二，改善农村地区的教育条件使农民工的子女能够接受更高的教育水平。知识可以改变命运，国家对农村地区的教育进行扶助，帮助改善农村地区的教育水平，农民工子女享有更好受教育机会。要想实现这样的计划，资金要充裕，所以以农村为重点建立义务教育经费保障机制，同时农村中学也加强先进实用农业技术的教育，促进农村和城市地区义务教育的均衡发展。为了增强农村、农民的竞争力，增加培训项目的投入，丰富专业的技能培训方案，多渠道高效率地提升其整体的综合素质。最后，农民工子女所获得教育水平的提升，也使得一大批新生代的农民综合素质得到提升，以便更好地发展乡村、建设乡村，从而减小城乡差距，减轻农村和城市的发展不平衡。

第三，政府完善社会保障制度的落实加快农民工市民化进程。积极促进农村居民市民化发展。就要加强更充分和更高质量的就业机制实施，建立全面的终身教育制度，建立包容性的社会保障制度，加强体制保障，以改善人民的健康，坚决消除贫穷，建立解决相对贫困的长效机制。就要加强对农村地区教育水平的改善，确保农民工子女有受教育的机会；对农民工开展技术培训，稳定当地的人才，引进外地人才。农民工身体健康、居住条件、劳动就业等都得到一定的保障和改善。同时政府对于社会保障的管理也要改进，从而更有效率地实施相关制度。农村劳动力的市民化进程加快，城乡差距进一步缩小，农民工城市融入进入新的阶段。

第四章　教育和健康人力资本对农民工城市融入影响研究的理论基础

第一节　人力资本理论

人力资本理论既是经济增长理论的重要组成部分也是描述教育—收入之间关系的最基础理论，依据人力资本理论的主要思想，教育或者培训可以提高劳动生产率，劳动生产率越高个人收入就会越高，这一过程可以概括为教育—人力资本—劳动生产率—收入。人力资本理论的观点符合现代科技发展的背景下生产力高速发展的需求。

一、人力资本理论的主要内容

舒尔茨（Schultz）主要是从宏观层面对人力资本的体系进行分析。舒尔茨将人力资本投资划分为健康、教育、培训、迁移四种类型，他指出资本可以体现在劳动者身上，这种体现形式既不是物质的也不是有形的。舒尔茨认为投资教育可以在根本上减少收入分配不平等、社会发展不均衡等现象，这是因为教育差距会造成收入差距。但是教育差距引起的收入差距不会持续增大，反而会逐渐减小。最初的高等教育为一部分人进入高技能、高收入的行业提供了机会，教育的普及使得拥有高质量人力资本的劳动者总数不断增加，最终收入分配不均等的趋势会减缓。例如我国部分月嫂收入超过部分大学生，学者把这种现象称为"脑体倒挂"。

贝克尔（Becker）建立的人力资本投资均衡模型的特别之处在于，他首次运用了传统的微观均衡分析方法。贝克尔将利益最大化原理和人力资本投资相结合，从微观角度对人力资本投资均衡模型进行建构。贝克尔从效用理论和成本理论视角出发，对家庭生育行为的选择性决策进行剖析，对家庭生活中孩子的投资成本、市场活动，以及资源配置的相关概念进行界定。他为人力资本理论体系的完善，以及教育和培训等其他人力资本研究方法的总结均做出重大贡献。在贝克尔的所有理论专著中的，都是将效用最大化、市场均衡，以及稳定偏好作为主要侧重点进行阐述。

贝克尔认为在人力资本上进行的投资会带来劳动者未来收入的变化。在假设每个家庭（或个人）都追求效用最大化的基础之上，贝克尔通过一系列的论证分析，证明了在人的生命周期的某个阶段，人力资本投资的均衡条件为：当前对人力资本进行投资的边际成本的价值，要等于未来收益在目前情况下的价值。在人力资本投资的各种形式中，贝克尔认为需要针对在岗职业培训进行重点研究，他将在岗职业培训分成特殊性培训和常规性培训两种类型进行研究。贝克尔研究认为企业提供的一般培训对市场上其他企业都是有用的，在提供这种培训的企业中，大多数一般培训会提高工人未来边际生产力，也会增加许多其他企业的边际产品。这样，在提供一般培训的企业边际产品的增加大于工资率时，他们才能获得培训的部分收益，完全一般性培训在许多企业中都是同样有用的，而且在所有这些企业中，边际产品都按同样的幅度增加。

贝克尔提出家庭所能获取的资源是有限的，通常需要在给孩子们进行训练、教育，以及消费之间做出决策。他研究认为发达国家生育率下降，一方面是因为生产技术飞速发展使得投入到生产中的时间价值增高，已婚妇女不愿将时间投入到家庭使得孩子的数量减少，但是孩子的质量有相应的提高。另一方面是随着社会经济迅猛发展，对孩子的投资回报率也在增长。人力资本投资回报率增加，会鼓励家长对孩子多进行投资。针对如何降低发展中国家过高的人口增长率问题，贝克尔认为除了采取措施降低每个普通家庭对孩子的投资成本的同时，还应该完善工资制度，例如可以拉大拥有不同技术水平的劳动者的工资差距，刺激人们改变投资选择。

关于人力资本投资的回报，贝克尔认为对人力资本投资的量应遵循的原则是：其回报不能小于利率和物质资本的回报。许多国家的实践经验表明，企业、工人之间都存在竞争，如果竞争使工人收入高于实际生产力的水平，社会就会降低收入水平；在工人的收入低于实际生产力水平时，政府就会采取措施提高工人的收入，企业也会通过奖金或其他形式为工人再分配利润。当然如果工人生产力低于收入，将会出现相反情况。可见，追求最大利润的途径，应是设法促使收入和生产力趋向平衡。贝克尔曾用方程式来进一步说明这一问题，他还用多重回归的方法估算社会投资回收率的值。

明瑟尔（Mincer）对劳动经济学的贡献突出地体现在他于 20 世纪 50 ~ 70 年代对人力资本理论进行的研究。明瑟尔主要是从两个方面对人力资本理论进行探讨，包括人力资本投资与劳动市场的关系，以及技术发展与人力资本需求的关系。他认为在市场允许自由选择的情况下，劳动者提升人力资本质量的目的是获得更多的收入，从而决定了他们之间不同的收入分配状况。明瑟尔明确提出，劳动者所接受的正规学校教育，以及在工作中积累的工作经验，这两项被明瑟尔统称为人力资本的投资才是劳动者收入差异的决定因素。他在 1958 年发表的题为《人力资本投资与个人收入分配》一文中首次进行了建立个人收入分配与其接受培训量之间关系的经济数学模型的尝试。其后，在他的另一篇开拓性论文《在职培训：成本、收益与某些含义》中，又根据对劳动者个体收益差别的研究，估算出美国对在职培训的投资总量和在这种投资上获得的个人收益率。明瑟尔还是最早提出"收益函数"的经济学家之一,他用收益函数揭示了劳动者收入差别与劳动者所受教育和他所获得工作经验年限长短的关系。

二、人力资本内生化理论

罗默(Romer)认为人力资本作为知识的载体,同知识一样不仅能自身形成递增的收益,而且能使资本、劳动等其他要素投入也产生递增收益,最终会影响整个经济的规模收益,递增的收益保证了长期的经济增长。卢卡斯(Lucas)认为劳动者的技能水平可以代表人力资本,技能可以通过专门学习获得,也可以在边干边学过程中不断积累。卢卡斯还提出了人力资本外部效应:内部效应是指人力资本收益对个人或家庭带来的增值;外部效应是指人力资本会从一个人扩散到其他人身上,从旧产品传递到新产品,从家庭的旧成员传递到新成员,进而使产出生产具有递增收益。而正是这种源于人力资本外在效应的递增收益,使人力资本成为"增长的发动机"。

柯布-道格拉斯(Cobb-Douglas)生产函数中包括了劳动投入,但是看不出不同质量或不同技术熟练程度的劳动的投入,也看不出对于产量的作用会存在什么差别。宇泽(Hirofumi Uzawa)1965年在《经济增长总量模型中的最优技术变化》一文中运用两部门模型结构,研究了企业雇佣的劳动力总量与追求企业利益最大化之间的关系。宇泽模型的重要贡献是为解释内生技术变化提供了一个尝试,他的这个研究是卢卡斯的人力资本积累增长模型以及罗默所提出的内生技术变化模型的重要理论基础。

为了寻求一种新的经济发展机制,卢卡斯(1988)将舒尔茨和贝克尔提出的人力资本的概念引入到了自己的研究中,对宇泽的技术方程做了修改,建立了一个以人力资本的外部效应为核心思想的模型。卢卡斯模型中的人力资本投资,尤其是人力资本的外部效应,使生产具有递增效应,而正是这种源于人力资本外部效应的递增收益使人力资本成为"增长的发动机"。

人力资本是劳动者的技能水平，拥有更高的技能会提高劳动者个人的生产率。卢卡斯模型由两个模型组成。第一个是"两时期模型"，第二个是"两商品模型"。在"两时期模型"中，卢卡斯采用类似罗默的单部门模型，认为专业化的人力资本才是促进经济增长的真正动力。以专门化投入培育人力资本的情况为例，假设在一个完全封闭的竞争性的市场中，存在许多相同的、理性的经济主体。在 t 时有 $N(t)$ 的人口或等值的人口进入市场，且他们以常数率 λ 增长。令 $c(t)$（$t \geq 0$）为单个商品的实际人均消费，对人均消费的偏好为：

$$\int_0^\infty \frac{1}{1-\sigma}(c^{1-\sigma}-1)Ne^{-\rho t}\mathrm{d}t \tag{4-1}$$

其中，ρ 是时间偏好率，σ 是跨时期替代弹性的倒数。令 $h(t)$ 表示一个典型工人的一般技能水平（人力资本水平）。假设 N 个工人的技能水平从 0 到无穷大不等，技能水平为 h 的工人有 $N(h)$ 个。则 $N = \int_0^\infty N(h)\mathrm{d}h$。进一步地，可定义平均的技能或人力资本水平为：

$$h_0 = \frac{\int_0^\infty hN(h)\mathrm{d}h}{\int_0^\infty N(h)\mathrm{d}h} \tag{4-2}$$

该公式指出，这样的人力资本不仅具有内部效应，即对自己的生产率有影响。

假定所有工人都是一样的，且每一工人投入 $u(t)$ 份额的非闲暇时间用于产品生产，$1-u(t)$ 的非闲暇时间投入人力资本积累。那么，经济中的产出 Y 就取决于资本存量 K，有效劳动 uNh，以及工人的平均技能水平 h。卢卡斯以 $u(h)$ 表示一个具有技能水平 h 的劳动者将其非闲暇的时间用于最终产品生产的比例，在此基础上构造了最终产品的总量生产函数：

$$
\begin{aligned}
Y(t) &= N(t) \cdot c(t) + K(t) = A \cdot K(t) \\
&= A \cdot K(t)^\beta \cdot [u(t) \cdot h(t) \cdot N(t)]^{1-\beta} \cdot h_a(t)^\gamma \tag{4-3}
\end{aligned}
$$

其中，$c(t)$ 是时点 t 上的人均消费，$K(t)$ 是整个经济中的资本总存量，$K(t)$ 是其单位时间增量，A 是技术水平，卢卡斯的模型假设他为常数。这个生产函数中还假设所有的劳动者都用同样的技能水平 h，并且所有的劳动者都选择了同样的时间配置 u。而因子 $h_a(t)^\gamma$ 则体现了人力资本的外部效应。卢卡斯上述模型中的人力资本生产函数是以每人人力资本的形式设计的：

$$h(t) = \frac{\mathrm{d}h(t)}{\mathrm{d}t} = h(t) \cdot \delta \cdot (1 - u(t)) \qquad (4-4)$$

卢卡斯使用了最优控制理论中的汉密尔顿函数，以解出最优增长路径。这个最优增长路径给出了对 $K(t)$、$h(t)$、$H_a(t)$、$c(t)$ 和 $u(t)$ 的选择，以在家庭预算约束和人力资本生产函数下最大化效用函数。由这个最优选择可得消费与人均资本共同的增长率为：

$$k = \left(\frac{1-\beta+\gamma}{1-\beta} \right) \cdot g \qquad (4-5)$$

其中，g 为个人的人力资本的增长率。卢卡斯模型中人力资本的均衡增长率为：

$$g = \frac{1 - \beta[\delta - (\rho - \lambda)]}{\sigma(1-\beta+\gamma) - \gamma} \qquad (4-6)$$

而其最优增长率则为：

$$g^* = \sigma^{-1} \left[\delta - \frac{1 - \beta(\rho - \lambda)}{1-\beta+\lambda} \right] \qquad (4-7)$$

两者的差别可以由多种因素引起的，如外部效应 γ，若 $\gamma = 0$，则 $g = g^*$，若 $\gamma > 0$，则 $g < g^*$。在式（4-4）、式（4-6）中，人力资本增长率越高、人力资本投资的有效程度 δ 值越大，随贴现率 ρ 的增加而减少。而且，值得注意的是，该模型与新古典增长模型不同，即使劳动力增长率为 0，增长仍是可能的，因而卢卡斯模型解决了如果没有人口增长就没有经济增长这一问题。

三、人力资本外部性理论

一个经济系统要产生持续增长，必须有可持续的"发动机"维持其经济体运转所需成本，必须克服回报递减实现生产要素的边际回报递增。新增长理论的核心旨在探寻这种内生增长机制，其中三类观点具有代表性：第一类观点是墨菲（Murphy）、施莱弗（Shleifer）和维什尼（Vishny）的策略性互补和需求外溢模型，该类模型的主要论点是在发展中国家，如果想在短时间内拉动投资需求迅速上升，最便捷的方式就是借助政府行为，此时政府干预和需求外溢可使得资本积累速度加快摆脱贫困陷阱，但这无法形成长期技术进步的源泉，并且该理论缺乏实证基础，也难以解释这类政府推进政策在许多国家的失败；第二类观点是基于边干边学和技术扩散模型的相关理论；第三类观点指出企业所创造的新技术虽然使该企业最先收益，但对于周边企业的生产效率仍会存在正外部性。

按人力资本的传导机制划分，人力资本外部性的表现主要是生产方面的外部性和消费方面的外部性。这是由于人力资本的所有者必然与他周围的环境存在互动，因此劳动者个体人力资本的积累不仅会给自身带来收益，还会对他所在的组织产生效应。在其他生产要素不变的情况下，劳动者相隔的距离越小、外部性作用越大，劳动者之间的交流也会增加整个社会的效益，进而提高个体就业收入。人力资本的消费外部性指个体通过商品和服务的多样化消费，会提高生活在该地区的劳动者的工资，从事家务的高机会成本会促使其将家务活动等消费型服务外包给从事家政、餐饮等低技能劳动力。

据莫瑞蒂（Moretti）估计，城市中每增加1个高技能岗位，就会增加5个消费型服务业的岗位，另外3个岗位则是从事餐饮服务以及收银员等低技能需求的岗位，充分发挥人力资本外部性的前提是有充足的、具有可以满足生产的人力资本的劳动力。因为只有城市规模扩大才会使劳动分工与劳动者之间的频繁交流成为必然，人力资本集聚后掌握生产技术的劳动者总量会增多，所带来的直接影响是生产效率的提高，经济状况和就业收入也得以不断增长。关于工资收入与城市规模的关系，福克斯（Fuchs）和格莱泽（Glaeser）等人发现城市劳动者的名义工资随城市规模的扩大而增加，大城市的劳动者的工资比中小城市的更高。

四、简要评价

西方经济社会发展的背景下，西方人力资本理论力图从传统的经济理论中解脱出来。因此人力资本这一学派理论的创立，充实了西方经济学的基本理论。有的西方人士称之为经济理论的一场革命。人力资本理论强调教育会在经济增长中产生作用，这正是这理论之所以能够推广传播的根本动因。人力资本理论强调提高人口质量和劳动质量，这都有助于提高社会生产率。人力资本理论把教育视为生产性投资，也打破了传统的教育观念，有助于我们重新认识并理解教育。但是从人性角度分析这个理论，它把一切都资本化了，把人等同于资本，贬低了人的价值，因此它具有阶级局限性的一面。

教育—人力资本（认知水平）—劳动生产率—收入的完整链条发挥作用存在诸多必要条件，如产品市场和劳动力市场完全竞争，教育投资具有低风险性以及劳动生产率提高创造的产出增加要与劳动收入同比例上升等，而对这些条件的违背便造成了现实中人力资本回报的扭曲。但是尽管有筛选理论等其他理论，其都无法完全推翻人力资本理论中通过教育可以提高认知水平的基本假设，反对理论都集中于在现有制度和社会经济环境下，教育未必提升劳动生产率，劳动生产率也无法与收入同比例增长这两点上。

人力资本外部性表明，城市的规模越大的情况下，就业机会越多、就业收入越高，低技能劳动力就业机会明显增多，其从人口规模中获益高于高技能劳动者，人口规模增大与人口集聚的过程往往会伴随着居民实际收入的提高。因此大城市有助于提高教育回报率，数值应该高于小城市，即人口集聚过程剧烈的城市会使得教育回报率高于其他城市。从各国的经济增长看，除劳动力投入与资本投入贡献外，其余全部被归结为代表劳动力质量以及各项制度的全要素生产率。从个人收入增长看，完全竞争市场体系下，人力资本理论表明教育可以提高劳动生产率，带动社会整体的经济增长。更进一步，劳动力的资源禀赋是影响个人收入的一个方面，禀赋的回报率又是另外一个方面，给定资源禀赋水平，资源回报可能很低。

私人化的教育回报代表了个体在劳动力市场的价格，在完全竞争市场体制下，这个价格由整个经济市场的状况共同决定。实际情况表明，由于各地政策不同会使得各地工资并不相同。譬如各地区中有一项重要的收入调节政策——最低工资标准，然而各地经济发展状况和生活需求不同，因此各地区的最低工资不尽相同。这也意味着，即使受教育程度相同，但是由于劳动者在不同地方工作，他们最终的收入是不一样的。尤其对于仅能拿到最低工资的低学历、低技能劳动力群体而言，收入的地域差异尤其明显，受人力资本外部性的影响，这类人群在不同地区的工资收入存在明显的差距。

第二节　健康需求理论

健康经济学作为应用经济学的一个年轻的分支，仅有四十多年的历史，但已经在学界获得了不可忽视的地位。美国教授迈克尔（Michael）提出的医疗需求理论弥补了人力资本理论的不足，丰富了其在健康方面的应用。健康作为人力资本的一个组成部分，健康状况越好劳动力质量越高。对健康的投资主要体现在劳动者在患病时寻求医疗服务、接受治疗时投入的时间和金钱，通过投资健康使消费者获得身体健康的时间。消费者也可以通过投入更多的时间提高健康素质，进而提升自身人力资本质量。

一、健康生产函数

在提高劳动者个人生产能力上，健康与教育的作用是同样重要和必不可少的，通过提高对教育与健康的投资能够间接改善一个人的收入状况。健康不仅保证了个人的生命质量和良好的生活状态，劳动者的身体状况还直接影响个人是否能参与市场劳动，从而影响收入水平。健康需求理论的发展依据人力资本理论。为了提高个人生产能力，教育与培训是十分必要的。贝克尔将厂商生产函数的概念用到家庭生产、消费活动中。接着，格罗斯曼（Grossman）将该观念应用到健康部门，提出健康生产函数。下面是其一般表达式：

$$H = f(M, \ LS, \ E, \ T) \tag{4-8}$$

其中，H 表示健康，M 是医疗卫生服务，LS 是生活方式，E 表示教育，T 是其他影响因素。健康生产函数说明了各变量对健康状况的影响，并且医疗服务不是影响健康状况的唯一因素。

二、贝克尔健康需求模型

消费者行为理论着重分析在一系列约束条件下，消费者为满足自身效用最大化会如何进行选择。在运用该理论分析实际问题时，不能忽视该理论背后的假设条件，即消费者是通过购买商品获得自身的满足。然而，在现实中有许多"消费品"无法从市场上直接购买到，却能给消费者带来效用，例如健康。1956 年贝克尔提出了家庭生产函数的概念，区分了物品与消费品的概念。他指出，物品是能够在市场上直接购买得到，并结合消费者时间进行生产，满足自身效用。下面是消费者效用函数与收入约束等一系列函数表达式：

$$U = U(H, \ Z) \tag{4-9}$$

$$H = G_1(M, \ T_h; \ E) \tag{4-10}$$

$$Z = G_2(X, \ T_z; \ E) \tag{4-11}$$

$$P_m M + P_X X = R = N + WT_w \tag{4-12}$$

$$T = T_{w+} T_{h+} T_Z \tag{4-13}$$

其中，U 和 H 分别表示效用和健康。Z 是能带来效用的消费品，X 是其他物品消费量，M 表示医疗卫生，G_1 表示消费者通过购买医疗服务以及就医时间产生的效用，G_2 表示其他消费产生的效用。T_h 是生产健康耗费的时间，E 是环境因素，T_w 表示工作时间，T_2 表示消费者用于生产其他消费品的时间，T 表示消费者可利用的总时间，可支配收入用 R 表示，P_m 和 P_X 分别是单位医疗服务和物品 X 的价格。W 是小时工资率，N 是工资外的收入。根据上式看出，医疗服务需求是健康的引致需求。再将时间与医疗服务要素的比例固定，经过一系列推导得到消费者的医疗服务需求函数。另外，时间成本也会影响消费者的选择与资源配置情况。

三、格罗斯曼健康需求模型

格罗斯曼在 1972 年根据人力资本理论相关内容，建立了健康需求理论。健康给人带来效用水平，主要体现在以下两种路径：第一，健康作为一种消费品，直接增加了消费者的效用水平。第二，将健康看作投资品，视为能带来效益的资本，在市场信息完全条件下，消费者根据健康生产函数得到均衡解，确定健康需求模型。往后的学者在此基础上继续相关研究，完善了健康需求模型并进行了相应的实证分析，通过对假设条件的改变扩展丰富了模型的内容。与贝克尔健康需求模型不同，格罗斯曼认为消费者在某一时点的选择同时影响着当期与未来效用。因此，他考虑了消费者终身效用状况，并联系家庭生产函数，分析对健康的投资数量。格罗斯曼在模型中探讨了健康与医疗保健之间的关系，分析得出劳动者对医疗服务的需求主要是为了让自己的身体健康，从而列出如下关联等式：

$$I_i = I_i(M_i, T_{hi}; E_i) \qquad (4-14)$$

$$Z_i = Z_i(X_i, T_{hi}, T_i; E_i) \qquad (4-15)$$

其中，I_i 代表第 i 期的毛投资，M_i 表示购买的医疗卫生服务数量，它是健康的一种派生需求。X_i 是用于生产物品 Z 所需的投入要素，健康投

资需要时间 T_{hi}，T_i 是生产物品 Z 所投入的时间，E_i 是人力资本存量。Z_i 表示消费者从市场购买医疗服务，加上自己的时间来投资生产健康，而人力资本存量的改变则会影响消费者生产健康的效率。通过对健康需求模型增加条件和改变假设，格罗斯曼进一步扩展了该模型。例如，加入对消费者决策的限制：一是传统消费者理论的收入限制；二是时间约束。最后，他得出这样的结论：在个人健康需求效用最大化时健康资本的边际收益等于他的边际成本。格罗斯曼在研究健康需求模型时，考虑更多的是消费者长期的效用，这与我国的外来务工人员进城务工的性质不约而同。消费者在某一时间段内所作的选择，不只会影响到现阶段的效用，也会影响到未来各期的效用。根据格罗斯曼的分析，健康生产函数主要从健康消费的需求角度来衡量，它包括两个方面：第一，健康是一种消费品，健康与否是效用函数的根本，健康的消费者会有满足感、产生正效用，生病则会带来负效用；第二，健康是一种投资品，它可以决定生产者从事市场活动的时间和强度。所以当健康作为消费品时，消费者需要从市场上购买医疗服务。购买医疗服务跟收入密切相关，收入水平高则可以购买医疗保险、社会保险、商业保险等，患病的时候得以治愈的概率较大，以及日常生活中购买保健品、营养品等行为会较多。而当健康作为一种投资品时，健康地工作又可以带来一定的收入，来进行健康地消费。一旦患病，则正常参与市场活动的收入、预期的休闲时间等都会变成患病成本。

根据格罗斯曼理论可知，个人健康状况会受到收入、医疗保险等因素的影响。格罗斯曼健康需求模型阐述了以下重要的理论意义：首先，消费者对医疗卫生的需求源于人们追求健康。其次，消费者通过花费时间和金钱不断改善健康。最后，健康兼顾投资品与消费品的角色。健康一方面给人们带来直接效用，如精神状态的维持，另一方面作为投资品的健康则增加了人们的工作时间，提高了效用水平，获得更高收益。收入水平的高低也影响着健康投资的数量，收入高的群体往往更愿意投资健康。因为他们能享受通过健康投资带来的高收益。另外，教育也从某种程度上改善了健康资本投资。相对于学历较低的群体而言，受教育程度高的人投资健康的成本较低，从而激发了对健康资本投资的追加。

四、简要评价

贝克尔模型与格罗斯曼模型的差别，主要是在于贝克尔模型只考虑一期，是属于静态模型的概念，且他的分析构架为纯消费模型；格罗斯曼模型，则是一种考虑多期效用的动态模型。健康需求理论弥补了消费行为理论在模型假设上的不足，消费者对生活状态的满足不仅来源于物质需要，还有一些是无法从市场上直接购买到的，如家庭团聚与健康等。健康需求函数模型对于价格与收入以外因素的改变，也进行了更加合理的处理分析。

研究健康需求理论可以指导劳动者的实践活动。消费者为了拥有健康的体魄、满足自身效用会选择购买医疗服务，健康生产函数也向我们表明医疗服务需求是健康的派生需求。与其他消费品一样，价格越高的情况下人们对医疗服务的需求越低，即西方经济学中的需求定理在这里依然成立。经济学中，生产要素之间具有替代性，每种生产要素的价格弹性也不相同。因此，政府可以根据弹性大小，适度调整价格，从而使消费者选择最低成本的生产要素组合，实现效用最大化。

第三节　理性选择理论

亚历山大（Alexander）指出，有关人的行为的理性和非理性二分法涉及的内容主要有：人到底是自私（理性）的还是唯意志主义（非理性）的；人对待世界的态度到底是纯粹工具性（理性）的还是规范和道德

（非理性）的；人到底是根据效用最大化行动（理性）还是被感情和无意识的欲望所支配（非理性）。

一、理性选择理论的主要内容

理性选择又可称为效用最大化，理性选择理论的前提假设是每个人都追求自身利益最大化，面对现实生活人们的行为选择不止一个，这些选择会导致不同的结果。人们在追逐自我利益的过程中，市场效用最终会使整个社会的财富增加。新古典经济学家基于理性人假设对人的行为进行了以下的假设：个体的行动决定是合乎理性的（指为达到目的而选择的手段）；个体可以获得足够充分的有关周围环境的信息（完全信息假定）；以及个体根据所获得的各方面信息进行计算和分析，从而按最有利于自身利益的目标选择决策方案，以获得最大利润。

格雷鲁维特（Granovetter）认为主流社会学强调宏观社会结构对人的行为的决定性作用的分析典范占据支配地位。社会学侧重于解释人们为什么不做出选择，理性选择模式有逐步兴盛的迹象。20 世纪 60 年代兴起的部分学者的研究也是基于该假设，例如奥尔森（Olson）用于分析集体行动，贝克尔用于分析政治和法律、犯罪与惩罚以及婚姻和家庭等社会现象。科尔曼（Coleman）以理性选择理论为立足点，发展出新的社会行动理论，成为社会学中理性选择理论的代表人物。

科尔曼提出的关于理性选择理论的主要观点是，行动者的社会行动遵循成本最小化和收益最大化的前提假设，基于理性考量做出决策。同时假定个体行动者可以在市场上自由选择，那么消费者就会按照自身偏好做出决策，但是考虑到个体需要在群体和社会中生活，群体生活需要依赖社会选择理性。根据个体行动者追求层次高低，理性行动可以分为生存理性、经济理性和社会理性三个方面。农民工流动和选择工作时必然考虑人力资本和社会资本，选择合理的职业类型和适宜的打工城市。

二、有限理性模型

完全理性理论的假设脱离实际，不可能指导实际中的决策。赫伯特·西蒙（Herbert Simon）在新的发展情况下提出用"社会人"取代"经济人"，大大拓展了决策理论的研究领域，产生了有限理性决策理论。西蒙认为，手段—目标链不是一个科学的、界定清晰的系统，组织活动和基本目的之间的联系常常是复杂且模糊的，这些基本目的也是个不完全系统，这些基本目的内部和达到这些目的所选择的各种手段内部，也存在着冲突和矛盾。

西蒙认为实际情况中决策者追求理性，但又不是最大限度地追求理性，他只要求有限理性。这是因为人的知识有限，决策者既不可能掌握全部信息，也无法认识决策的详尽规律。比如说，人的计算能力有限，即使借助计算机，也没有办法处理数量巨大的变量方程组；人的想象力和设计能力有限，不可能把所有备选方案全部列出；人的价值取向并非一成不变，目的时常改变；人的目的往往是多元的，而且互相抵触，没有统一的标准。因此，作为决策者的个体，其有限理性限制他做出完全理性的决策，他只能尽力追求在他的能力范围内的有限理性。

在决策过程中，决策者往往在决策中追求"满意"标准，而非最优标准。决策者往往是定下一个最基本的要求，然后考察现有的备选方案。找到满足最基本的要求的方案就意味着决策者实现了"满意"标准，他就不愿意再去研究或寻找其他更好的方案了。西蒙认为一方面是因为人们往往不愿发挥继续研究的积极性，仅满足于已有的备选方案；另一方面是由于决策者本身自身能力只能完成"满意"的任务，所以在现实生活中，人们往往可以得到比较满意的方案，而非最优的方案。

三、简要评价

理性选择理论在纯粹工具的意义上理解理性，并通过将其与追求个人利益结合起来分析政治现象和政治过程，使理性选择理论试图建立起具有完美逻辑的模型。尽管理性选择理论模型精致而完整，但是并不能充分解释现实，甚至与现实多有抵触，其关键在于充分理性的前提假设。充分理性的假设下单独一个人的行为，不可能达到任何较高程度的理性。由于他必须频繁寻找备选方案，他为评价这些方案所需的信息也会很多，因此，即使是近似的客观理性，也令人难以置信。现实状况的复杂性使得理性人假设受到来自不同学科和角度的广泛的指责和批评。

理性选择理论被广泛用于讨论民主制度的运行，打破了个人自利行为自动推动社会发展的传统的自动均衡论。但是理性选择理论在处理不确定性问题上，却陷入了一种尴尬的境地，其一方面认识到了现实的不确定性，另一方面，却仍试图用理性思维来解释不确定性，这种努力的一个必然的结果就是将理性的含义无限扩充，最终导致理性的外延过于繁杂，反而失去了概念的解释力，从而使理论模型受到广泛质疑。

第四节　劳动力市场分割理论

劳动力市场分割是指，由于社会和制度性因素的作用，形成劳动力市场的部门差异；不同人群会通过不同的渠道去获得劳动力市场信息，也会通过不同渠道进入劳动力市场，导致不同人群在就业部门、职位以及收入模式上的明显差异，比较突出的如在种族、性别与移民之间的分层等。我国自建立社会主义市场经济体制之后的劳动力市场就处于两种状态，城市居民和农民工、本地劳动者与外来劳动者、不同地区和不同行业的劳动者的劳动条件和收入水平差异很大。

一、劳动力市场分割理论的主要内容

劳动力市场分割理论可追溯至约翰·穆勒（John Mill）和凯恩斯

（Keynes），二者均反对亚当·斯密（Adam Smith）所持有的劳动力市场具有完全竞争性质的观点，均认为非竞争性质才是现实社会劳动力市场的典型特征。皮奥里（Piore）建立了二元结构下的劳动力市场模型，成为早期劳动力市场分割的基础理论。劳动力市场分割理论认为教育会决定个体在何种劳动力市场工作，即教育—劳动力市场—收入。从这一点来说，劳动力市场分割理论与筛选理论有一致性。另外，劳动力市场分割理论认为避免失业或提高收入的最好办法是投资教育。

在次要劳动力市场中，劳动力市场分割理论认为教育程度不影响劳动者的工资收入。由于生产计划与执行相互分离，生产任务被最大限度分割后，每一环节变得简单化和标准化，降低了工人技能的需求程度，以往熟练工人的工作可以由半熟练或非熟练工人承担，进入这种劳动力市场后，教育高低与否难以发挥作用，教育水平的提高只能造成过度教育现象频发，低收入劳动力境况不会发生明显改善。因此，尽管世界各国大力发展教育，但由于大量劳动力被困于次级劳动力市场，教育—收入的传导路径受到扭曲，大力执行教育政策也无济于事。劳动力市场分割理论并不完全否认教育会对收入产生作用，他认为除了教育会对收入产生影响，国家出台的政策以及劳动者个人的工作积极性都会影响收入水平。

劳动力市场分割理论认为导致劳动力市场分割的主要原因是产品市场和歧视。首先是产品市场的影响。在消费者对于企业产品需求稳定的情况下，占市场份额相对稳定的企业愿意加大生产规模，以形成资本密集型生产，会创造出含有就业保障条款在内的一级市场；如果产品市场不稳定或难于预测，企业就不会从事大型项目投资，转而看好劳动密集型生产方式，从而在二级市场从事生产活动。其次是歧视。有些人长期从事较差的工作，并不是因为人力资本含量不足，而是由歧视所致。很多一级市场的工作只具备较低的技能就足够了，而二级市场上的某些工作却需要较高的工作技能。许多工作技能并不是寻求就业的先决条件，而是通过在职培训获得的。一级市场的工作条件通常讲究与现有就职群体的信赖关系以及群体之间的相容性，而不讲究工作技能的高低。

现代劳动力市场分割理论提出不同劳动力市场上失业的原因是不同的。该理论认为一级市场的工资是由议价机制或效率工资决定的。议价机制是指工资是由雇主和工会代表谈判决定的，这往往是因为企业更换工人需要成本，所以议价工资往往高于竞争性市场上的工资水平，这也导致一级市场存在高工资和失业并存现象。效率工资则对两个市场的失业问题都能做出解释：一级市场为防止偷懒，自愿支付高于完全竞争市场的工资水平，且保持就业稳定能减少监督成本，因而一级市场就业相对稳定，劳动力一旦失业其保留工资也会较高，由此会产生自愿失业。二级市场的工作岗位竞争性强、工资低，企业生产需求波动大的产品有成本优势，因而二级市场劳动力需求变动频繁，劳动者易受需求冲击和摩擦性失业的影响。

二、刘易斯二元制劳动力市场理论

刘易斯二元劳动力市场理论与当时经济发展的情况紧密结合，相关理论构成了该模式的微观基础。刘易斯认为经济发展落后的国家的经济主要是由两个部门组成的：一是大量的维持生计的经济部门，主要是乡村的传统农业；二是占极小比例的资本主义部门，主要是现代工业部门。刘易斯二元经济结构模式主要有以下三大论点。第一，传统部门和现代部门的劳动生产率存在差别。传统部门的技术常年基本不变，很少使用资本，生产率低下；而现代部门则技术进步很快，大量使用资本，生产率较高。第二，生产目的和行为不同。传统部门主要是小农经济，仅仅能够维持生存、自给自足；而现代工业部门则是受资本家追逐利润所驱使。第三，分配原则不同。由于传统农业下劳动力的边际生产力极其低下，劳动者的工资水平不能由其边际生产力决定，而是根据农民的平均产品决定，是一种古典主义经济学的分享原则；而现代资本主义部门的生产目的是资本家的利润最大化，因此劳动力的报酬是根据其边际生产力来决定的，这是一种

第四章 教育和健康人力资本对农民工城市融入影响研究的理论基础

新古典主义的分配原则。

事实上，刘易斯二元劳动力市场划分实质是，传统部门是古典经济学的世界，而现代部门是新古典经济学的世界。除了对二元经济结构作了明确的划分以外，刘易斯还对劳动力供给条件进行了设定，其目的在于解释英国等国家工业化初期高速的资本积累，其分析建立在下述几个假设前提之上。第一，传统农业部门的边际生产力很低，甚至等于零或负数，存在大量的剩余劳动力。第二，刘易斯假定劳动力市场是完全竞争的，劳动力是同质的。因此农村和城市部门的工资差距不可能维持很大的数额。他认为城市工资水平只能高出30%，这30%的部分是农村剩余劳动力迁移到城市的费用，即农村收入水平加上转移成本等于城市收入水平；此外，若工业对农业贸易条件恶化会使得工业成本上升，从而城市物价上涨使得城市生活费用上升，导致生存工资上升。第三，若农村剩余劳动力没有完全转移到现代化的工业部门，现代部门和传统部门的工资水平差距就是不变的。这意味着城市工业部门的劳动供给曲线是一条水平线，具有无穷大的劳动供给弹性。第四，城市现代工业部门的扩张过程中要素比例不变，即资本积累和就业创造同比例增长。第五，刘易斯假定剩余劳动力只存在于农村，城市现代部门处于充分就业状态。

在刘易斯模式中，二元经济的转型和经济增长可以分成两个阶段：第一阶段，劳动无限供给阶段。在这一阶段农村的剩余劳动力不断地融入城市的现代化工业部门，劳动的无限供给条件、现代部门中性技术创新特征和竞争的劳动市场，保证了现代部门超常的资本积累，决定二元经济转型的速度和成败。第二阶段，劳动力变得稀缺且昂贵。当剩余劳动力转移完成之后，劳动力就成为了稀缺性生产要素，现代部门要继续获得劳动力供给必须提高工资水平，劳动力供给曲线开始向上倾斜。从此，劳动和资本开始共同分配增长的利益，资本积累回归到正常水平，劳动力市场成为统一的新古典世界。这两个阶段交接的交点被称为"刘易斯转折点"，标志着二元经济转变的完成。

三、简要评价

传统经济理论把个人偏好看成是一定的，将公共政策看成是未定的，而劳动力市场分割理论却将二者均看成内生变量。劳动力市场分割理论认为劳动力与工作岗位不匹配使得劳动力市场处于动态的过程；飘浮不定的工作经历，使二级市场的离职率很高；青年人和已婚妇女长期滞留于二级市场是一种不得已的选择，这种选择与家庭和社会中的从属地位有关。这种分析、研究与传统理论相比，其范畴大幅度扩展了，理论说服力更强。

劳动力市场分割理论更加接近现实生活，可以为国家有关劳动力政策的出台提供理论支撑。然而，劳动力市场分割理论也有其缺陷性，缺乏足够的实证检验支持，在受到其他理论质疑时解释力度不足。例如，主流经济学认为，二级劳动力市场的工人之所以工资水平低是因为其工作技能水平低，该现象可以从劳动力市场中的竞争角度进行解释，因此与劳动力市场是否分割没有关系。舒尔茨与明瑟尔等人主张受教育程度是提高人力资本的有效方法，然而劳动力市场分割理论认为教育仅仅是一种选择的信号作用，这种观点与以上理论相反，而且与现实也不符。

第五节　治理理论

20 世纪 90 年代以来治理理论成为西方学术界探讨的理论热点问题，以治理为研究对象的著述大量涌现，我国的学术界也深受影响，我国现代化发展与治理理论紧密相连。结合中国特色国情，我国学者对治理理论进行了立足本土、借鉴国外的分析，形成了中国治理理论。中国治理理论研究主要涉及国家与社会、政府与市场的关系，呈现出研究领域不断扩展、研究方法日益多样、研究成果实践性强等特点。

第四章　教育和健康人力资本对农民工城市融入影响研究的理论基础

一、整体性治理理论

整体性治理主要是对治理层级过多、职能不清、权责不明及信息管理系统等碎片化问题进行有机协调与整合，整体化、系统化有所提升。整体性治理理论建立在新公共管理理论的基础上，新公共管理提出的背景是经济全球化的推进对效率的要求，当时官僚体制的结构和运作方式由于繁文缛节和低效率而遭到普遍诟病。因此，新公共管理所强调的绩效、结果、分权以及解制、效率、重塑政府等都反映了当时现实世界的要求。

而整体性治理理论的主要论点是政府部门的整体性运作，其背景是信息时代的来临，使新公共管理的一些治理方式被终止或被改革。新公共管理的市场化、分权化与解制使政府机构破碎化，极大地增加了决策系统的复杂性。信息技术的发展倒逼政府对公共事务进行系统化和整体化的管理，在登力维看来，信息时代下治理的核心在于强调服务的重新整合，整体性的服务体系和电子化政务信息服务平台是现代化社会政府必备的资源。此外，与新公共管理要打破官僚制的努力不同，整体性治理是以官僚制作为基础的。

整体性治理的目标是改善政府提供公共服务的体系，为我们提供低成本高质量的服务。整体性治理努力为治理中复杂而且常常分散化的各机构实现共同的目标：满足公众高质量的生活需求。波利特（Pollit）将该目标归纳为：消除不同政策间的矛盾，汇集各个部门的力量共同提高公民对国家政策实施的满意度；通过消除不同项目间的矛盾和重复来更好地使用资源；他要求一个政策涉及到的所有的部门及部门内部要沟通交流、要合作完成共同的目标，由此产生工作的"协同或增强作用"。

此外，整体性治理理论还强调政府与私人部门、非营利部门的合作。主要包括三大部分，一是公 – 私关系的新模式，二是组织间的"更平等"

关系，三是应对由于先前不同功能之间的模糊的边界带来的各种关系的新方法。威尔金斯（Wilkins）认为，对于组织分化的一种回应就是建立统管全局的力量，即通常所说的"政府的整体的"计划和报告安排，提供"一站式服务"模式，即将联邦、州、地方政府和非政府的人员并入到同一个组织中，协同政府创新要求充分考虑各种伙伴关系中的多种关系。

整体治理理论模式的组织结构是官僚制，权力仍是政府行动的基础，这点也是与新公共管理所不同的。库柏认为权力甚至是原始的政治权力是行动的基础，从权力转向合同并不意味着政府部门的终结。戈德史密斯（Goldsmith）则认为，网络化治理的一个巨大的障碍是：科层制在政府根深蒂固，与网络化政府模式不相适应。邓拉维（Dunlavey）也强调信息时代的社会治理仍然是以官僚制作为基础的，官僚仍然是数字时代的治理的一个组织载体，这既与新公共管理有了一个重要的区别，也与一些新公共服务有了一个重要的区别。希克斯（Hicks）提出信息技术的发展必然会影响各行各业各个单位的管理层次和结构，必须重视整体性治理，进行机构的整合与协调，加强各部门的交流与合作的同时重视电子化信息服务平台的建设。

二、多中心治理理论

奥斯特罗姆（Ostrom）夫妇团队最早提出多中心治理理论是为了解决发展中国家农村社区公共池塘资源问题，让乡村内部的自主性力量在公共事务领域充分发挥基础性作用，缩小政府的直接管理范围。这样既可以降低政府的行政成本，减少政府管理职能膨胀和失效现象，也让人民行使了基层自治的权利，让社会内部充满了活力。多中心治理是在多中心概念的基础上发展而来的。多中心是指借助多个而非单一权力中心和组织体制治理公共事务，使得提供公共服务的主体多元化。多中心治理即把相互制约但具有一定独立性的权力分配给不同的负责单位，所有公共治理主体的分管事务和权力是独立的、互不干扰的，没有任何团体或个人作为最终的和全能的权威凌驾于法律之上。

由奥斯特罗姆等人提出的多中心治理，是意在构建由多中心秩序构成公共服务的体制。多中心秩序也可以理解为一种多中心的政治体制。多中心意味着有许多在形式上互相独立的决策中心，他们在竞争性关系中签订合约，并从事合作性的活动，或者利用新机制来解决冲突。因此，多中心体制的建立形成了多个权力中心共同提供公共物品和公共服务，并且相互展开有效竞争，一定程度上可以降低政府办事成本，解决政府办事效率不高、公共服务质量差的困境。

多中心治理提出了第三方主体治理公共事务的新的可能性，认为"多中心"是自主治理的根本前提。同时多中心体制强调主体能动性的发挥，自发性的属性可以看作是多中心的额外的定义性特质。实践经验表明，第三部门作用的发挥有利于提高公民参与公共治理的积极性，并给公民提供了发挥作用的渠道。第三部门组织的发展壮大与治理水平、治理能力之间存在着比较明显的正相关关系。同时，由于第三部门具有的特性使得由它们来提供部分公共服务能够解决政府和市场解决不了的问题；第三部门还具备相对的灵活性和适应能力；另外，由于更贴近基层，第三部门更能切实有效地解决许多急迫的公共服务需求。

三、简要评价

在我国追求高质量发展的背景下，广大人民群众更加重视自身权益的维护，社会组织不断发展壮大。社会的发展不仅需要国家和市场的力量的参与，还必须更多依靠人民群众，重视社会组织的积极作用。在政府与市场关系上，治理研究一方面强调不断深化政府自身改革，减少不必要的微观管理和直接干预，在有效弥补市场失灵的同时，强调政策对市场作用发挥的保障性作用；另外一方面重视市场机制对于社会治理的积极作用，扩大公共服务市场开放范围，政府和市场一起解决政府单方面力量处理不好的问题。

但是治理理论并不是万能的，其内在存在许多局限。一是合作与竞争的矛盾，二是开放与封闭的矛盾，三是原则性与灵活性的矛盾，四是责任与效率的矛盾。针对这些局限，出现了"善治"这一理论。善治理论对我国的政府体制改革仍然具有极其重要的启示意义，我国致力于转变政府职能，建立机构精简、办事高效、人民满意的政府；充分发挥党组织和人大、政协的整合、启蒙作用，增强政府的治理能力和治理效能。

第六节　本　章　小　结

农民工的城市融入水平受制于自身人力资本质量的高低。首先，受教育年限显著影响了流动人口在城市社会的融入状况，受教育年限和健康状况每增加一个层次，流动人口在城市社会的融入的质量就会有相应的提升。其次，健康状况也显著影响了流动人口在政治、经济、心理方面的城市融入状况。此外健康的身体也降低了医疗费用支出的比例和金额，节省下来的钱就能够被用来享受更好的生活。为了研究教育和健康人力资本对农民工城市融入的影响，需要了解相关的理论基础。本书分析了人力资本理论、人力资本外部性理论、健康需求理论、理性选择理论，以及劳动力市场分割理论，从中收获思想与启发。

第一，人力资本理论奠定了健康和教育人力资本对农民工城市融入影响研究的理论基础。舒尔茨、贝克尔等一批经济学家使人力资本理论从经济学中独立出来，逐渐形成一套完备、系统的理论体系。他们将资本的概念扩展到人，打破了人们的传统思维。受该理论启发，我们认识到经济增长有助于消灭贫困，减少收入分配不平等的根本途径是投资教育。劳动者接受教育能够增加自身人力资本积累，逐步提高劳动生产率，凭借人力资本积累提高自身收入水平。

第二，人力资本外部性理论的发展为促进农民工教育水平和技能水平提供了方法论。人力资本外部性强调个体积累的人力资本不仅可以对自身产生作用，对他所在的组织与社会也会产生效益，不仅能够提高个体就业收入，还能提高整个组织与区域的劳动生产率，高人力资本劳动者的消费促使生活在该区域的劳动者的工资水平提高。私人化的教育回报代表了个体在劳动力市场的价格，此价格受到地区宏观经济以及政策因素的影响。同等受教育程度的劳动者的工资存在地区性差异，尤其对于仅能拿到最低工资的低学历、低技能劳动力群体而言，收入的地域差异尤其明显。

第三，健康需求理论为我们分析健康对农民工城市融入的影响提供了理论基础。人们购买医疗卫生服务、投入时间锻炼的目的是对自己的身体进行健康管理。格罗斯曼将人力资本概念应用到健康领域，并提出了健康生产函数的概念，为后续研究奠定基础。格罗斯曼和贝克尔的健康需求模型认为医疗服务需求是人们追求健康而带来的另一个需求，健康兼顾投资品与消费品两种角色。

第五章 教育和健康人力资本
对农民工城市居留
意愿的影响

第一节 引 言

随着我国工业化和城镇化程度越高，越来越多的农民工进入城市就业和生活。国家统计局（2021）最新发布的全国农民工监测调查报告显示，2020 年全国农民工总量达 2.8 亿人。通过工农"剪刀差"来推进城市高速蜕变，农村在此过程中处于补偿城市发展地位（马云献，2012；梅亦、龙立荣，2013；朱明宝、杨云彦，2016；刘艳萍、张卫国，2018；黄佳鹏，2019；淦未宇、肖金萍，2020）。农民工群体对我国城市化进程贡献巨大，正是大量农民工从农村涌入城市，推动我国城市高速发展（刘红斌、王建浩，2016；石智雷等，2016；俞玮奇，2017；郝演苏、周佳璇，2020）。钱龙（2021）认为在乡村振兴战略和健全城乡融合发展的背景下，加快农村发展需要紧抓三农问题，其中农民工群体城市居留质量是热门的研究问题。但当前我国农民工城市融入情况欠佳，城市融入度、融入质量有待提高是主要问题（张延吉，2020；钱龙，2021）。

国外学者对人口流动和劳动力迁移进行了广泛研究。詹森（Jason，

2018）和格雷格等（Gregg et al.，2020）对人口流动的讨论集中在对人口迁移的研究，该过程被分为人口迁移决策和"永久性迁移"决策两个阶段。20 世纪末大部分研究中的人口迁移为狭义的概念，表现为人口的居住地发生永久性改变，戈德斯坦（Goldstein，1999）提出常住地未发生永久变化的人口迁移为大部分学者所忽视。近年来，学者们对发展中国家循环流动的研究十分活跃。查克拉瓦蒂等（Chakravarty et al.，2021）以国际移民作为研究对象，研究具有暂住性的循环流动，其中较少地涉及循环流动者在城镇的居留意愿问题。英柯万（Inkwan，2019）提出人口循环流动使得流动人口的收入来源扩大，拥有了更多的就业机会并缓解家庭生计问题。但是纳姆（Nam，2019）和雷恩等（Ren et al.，2019）却提出流动者在迁入地往往存在就业不稳定，缺少养老和失业保险、福利等问题。雨果（Hugo，2012）认为这些研究强调的是循环流动者的目的，他们对于迁入地和迁出地的性质在影响程度上不同于狭义的人口迁移者。查克拉瓦蒂等（2021）从年龄、教育、婚姻和土地四个方面运用相关指标定量分析个人、社会关联因素对于劳动力转移的影响。

国内对人口流动的研究主要分为两个阶段。早期的研究侧重于对流动人口居留的整体性描述，重点关注流动人口选择在城市定居的比例、流动群体表现出的居留意愿的结构性差异（冯晓英，2003；张时玲，2006；朱考金、刘瑞清，2007；陈斯诗，2009）。随后研究关注点转向对影响农民工城市居留意愿因素的探讨，包括从人口、社会、经济等理论视角并采用各种模型方法进行分析（石智雷等，2016；俞玮奇，2017；郝演苏、周佳璇，2020）。此后，对教育与人力资本对农民工居留意愿的影响的研究数量逐步增加。以教育和培训为主要形式的人力资本对农民工的城市融入起积极促进作用。健康、教育人力资本是农民工实现低层次融入向高层次融入的关键要素（方聪龙、芮正云，2018；耿风，2018；黄佳鹏，2019；淦未宇、肖金萍，2020）。钱泽森和朱嘉晔（2021）对农民工居留意愿进行研究后发现，提升农民工健康人力资本积累水平，会显著提升农民工城市居留意愿。

关于流动人口居留意愿影响因素方面，相关学者从个体特征、经济特征、家庭状况、人力资本和社会网络等方面进行了多角度的研究。杨巧等（2017）研究家庭化迁移背景下家庭发展能力对新生代农民工城镇居留意愿的影响，数据分析发现新生代农民工城市居留意愿强于老生代，经济能力、社会交往能力、子女现居地、住房属性和养老保险对新生代农民工城市居留意愿的影响强于老生代。刘玉萍（2019）使用中国流动人口动态监测数据中户籍地为四川的样本进行分析，发现从土地的影响看，有地的农民工相对于无地的农民工具有更低的城市居留意愿，且土地对新生代农民工城市居留意愿的影响要显著低于老一代农民工。俞林和印建兵（2021）依据中国流动人口动态监测调查数据系统测算自雇行为与农民工市民化状态间的联系，研究发现自雇农民工比受雇农民工具有更强烈的城市居留意愿，但其城市身份认同感和归属感普遍偏低。城市身份认同感、归属感的缺乏是制约农民工在城市扎根的重要因素（谢秋山，2019；祝仲坤等，2020；周建华等，2021）。

以流动人口职业培训提升人力资本数量和质量，是推动农民工市民化进程的重要政策举措。但系统考察流动人口职业培训对城市社会融入影响的研究仍比较匮乏。耿风（2018）提出职业培训是提升农民工人力资本、提高收入的一条重要途径，教育是影响农民工工资收入的主要因素，但是职业培训对于收入提高的作用并不显著。钱龙（2021）在此基础上提出技能培训是影响农民工正规就业更为直接和有效的人力资本要素，其作用远远高于正规教育。但王建（2017）、魏万青（2019）和奥康（AoChon，2021）发现技能培训相对于正规教育的作用优势存在着明显的代际差异和职业分化特征。提升流动人口流入前的人力资本，强化流动后的工作经验积累，对于流动人口的全面融入至关重要（杨菊华等，2016；周世军等，2016）。万思齐等（2020）借助《中国农村居民综合调查（2019）》数据刻画流动人口职业培训对城市融入的影响，发现职业培训显著提升流动人口经济、社会、心理维度融入水平，应进一步完善职业培训政策体系。

面向农民工提供城市公共卫生服务是政府维护农民工健康权益的重要路径，这能够有效推进农民工的城市融入与社会融合（洪俊杰，2020；李勇辉等，2021）。健康权益可及性对农民工市民化意愿产生显著影响，这种影响具有区域异质性，主要体现为东部地区影响的显著性高于中西部地区。健康档案的建立会显著提升农民工的市民化意愿，拥有非流入地医疗保险对农民工的市民化意愿具有显著抑制作用，而是否接受健康教育对农民工市民化意愿的影响并不显著（乔楠等，2017；邓睿，2019；喻开志等，2021）。郝演苏和周佳璇（2020）提出代际层面上，建立健康档案对老一代农民工可行能力的正向影响更明显，提供健康教育对新生代农民工可行能力的提升作用更大。

回顾已有文献发现，虽然学术界对农民工城市居留意愿的影响因素研究已较为丰富，但是仍存在两方面的不足：第一，针对健康和教育人力资本对农民工城市居留意愿影响效应的研究较少。农民工作为推动城镇化进程的关键主体，良好的健康状况和较高的受教育水平是农民工在城市安家落户的重要条件。第二，已有文献关于健康和教育人力资本对农民工城市居留意愿的影响缺乏系统性的实证研究。已有文献更多是用规范分析方法对农民工城市居留意愿的影响因素进行分析，实证研究较为匮乏且不够系统。因此，本书基于健康和教育人力资本视角，对健康和教育人力资本对农民工城市居留意愿的影响进行实证研究。

第二节　变量定义及描述性统计

本书研究数据来源于 2017 年全国流动人口卫生计生动态监测调查。此调查数据采取多种抽样方式相结合的办法，总计得到 168407 个样本，覆盖全国 31 个省（区、市）和新疆生产建设兵团（不包含港澳台地区）。

新型城镇化进程中教育和健康人力资本对农民工城市融入的影响研究

调查内容涵盖流动人口多方面信息，包括家庭成员和收支状况、流动和就业、居留和落户意愿，以及婚育和卫生计生服务。本书拟检验城镇职工医疗保险对农民工落户意愿的影响。基于本研究客观需要，事先对微观数据进行了筛选和处理，将户口性质限定为农业户口，以确保接受调查的对象为农民工群体；设置年龄为 16~59 岁，保证是适龄工作的农民工群体。最终选取 127643 个有效数据。本书被解释变量是农民工城市落户意愿，在今后一年内愿意继续居住在本地的受访者占有效样本比重为 81.50%，表明农民工在未来一段时间内整体居留意愿较积极。本书选取的核心解释变量为受访者的受教育程度、健康水平、健康档案、疾病史、健康教育活动，其中受访者学历为小学、初中、高中及中专、大专及以上的比例分别为 18.45%、49.03%、21.04%、11.48%，身体健康的调查对象比例为 83.55%，建立居民健康档案的比例为 26.05%，参加健康教育的比例为 66.03%，新生代农民工占比 60.46%。

本书将纳入模型的控制变量划分为个体特征、就业特征，流动特征三个方面。个体因素中，男性被访者多于女性，占比约 52.22%；各年龄段农民工占比分比为 22.19%、37.32%、44.25%、34.46%；已婚的农民工占比为 81.86%；受教育程度变量中占比最大的为初中，为 49.03%，而大专及以上的占比仅为 11.48%。农民工就业特征中，个体工商户占比最大，为 56.82%，其次为私营企业，占比 27.22%，此外国有单位、外资企业、其他各占比 6.22%、3.98%、5.77%；签订劳动合同的比例为 29.64%，工资的均值为 3482.32 元；农民工住房性质中私租房占比最大，为 60.34%，其次为自购房和廉租房。在流动范围中，跨省流动的农民工占比最多，为 51.31%，其次分别为跨市、跨县；本次居留时间平均为 6.20 年，流动的时间整体水平较长；区域变量中，东部、中部、西部地区各占比 41.73%、21.89%、36.38%，东部地区占比最大，中部地区最少。具体变量的描述性统计如表 5-1 所示。

第五章 教育和健康人力资本对农民工城市居留意愿的影响

表 5－1   变量定义与描述性统计

变量名		定义	均值	标准差	最小值	最大值
居留意愿1		受访者愿意继续留在打工地，不愿意＝1，没想好＝2，愿意＝3	2.7898	0.4653	1	3
居留意愿2		受访者愿意继续留在打工地，愿意＝1，不愿意＝0	0.8150	0.3883	0	1
个体特征	性别	受访者性别，男＝1，女＝0	0.5222	0.4995	0	1
	年龄 16～26 岁	是＝1，否＝0	0.2219	0.4156	0	1
	27～36 岁	是＝1，否＝0	0.3732	0.4837	0	1
	37～46 岁	是＝1，否＝0	0.2671	0.4425	0	1
	47～59 岁	是＝1，否＝0	0.1377	0.3446	0	1
	婚姻状况	受访者婚姻现状，已婚＝1，未婚＝0	0.8186	0.3853	0	1
	受教育程度 小学及以下	受访者受教育程度为小学及以下，是＝1，否＝0	0.16	0.36	0	1
	初中	受访者受教育程度为初中，是＝1，否＝0	0.44	0.49	0	1
	高中或中专	受访者受教育程度为高中或中专，是＝1，否＝0	0.33	0.47	0	1
	大专及以上	受访者受教育程度为大专及以上，是＝1，否＝0	0.071	0.26	0	1
	健康水平	受访者健康水平，健康＝1，否＝0		0.4420	0	1
	健康档案	受访者在居留地建立居民健康档案，是＝1，否＝0	0.2605	0.4389	0	1
	疾病史	受访者在过去一年内是否患有发烧等，是＝1，否＝0	0.6099	0.4878	0	1
	健康教育	受访者过去一年在居留地接受过职业病防治、生殖健康、避孕方面、结核病防治、控制吸烟、慢性病防治、心理、突发公共事件自救方面健康教育，是＝1，否＝0	0.6603	0.4736	0	1

新型城镇化进程中教育和健康人力资本对农民工城市融入的影响研究

变量名		定义	均值	标准差	最小值	最大值
个体特征	健康教育活动	受访者在居留地通过讲座、宣传栏、咨询活动、微信、短信、个体化面对面咨询接受健康教育活动，是＝1，否＝0	0.6323	0.4821	0	1
	新生代农民工	受访者为新生代农民工，是＝1，否＝0	0.6046	0.489	0	1
就业特征	单位性质 国有单位	受访者在国有及其控股企业/集体企业/机关/事业单位工作＝1，否＝0	0.0622	0.2415	0	1
	私营单位	受访者在私营/股份/联营/民办组织工作＝1，否＝0	0.2722	0.4451	0	1
	个体工商户	受访者为个体工商户＝1，否＝0	0.5682	0.4953	0	1
	外资企业	被访者在港澳台/外商独资/中外合资企业工作＝1，否＝0	0.0398	0.1954	0	1
	其他	受访者在国有/私营/个体工商户/外资企业以外的单位工作＝1，否＝0	0.0577	0.2331	0	1
	劳动合同	受访者同雇主签订了劳务合同＝1，未签订＝0	0.2964	0.4567	0	1
	工资	受访者上月工资收入（元）	3482.3170	3550.3821	-180000	200000
住房性质	私租房	受访者现居住在整租/合租房＝1，否＝0	0.6034	0.4891	0	1
	公租房	受访者现居住在单位/雇主/公租/借住/非正规居所＝1，否＝0	0.1546	0.3615	0	1
	自购房	受访者现居住在自购商品房/自购保障性住房/自购小产权房＝1，否＝0	0.2419	0.4282	0	1
流动特征	流动范围 市内跨县	受访者本次流动范围为市内跨县，是＝1，否＝0	0.1723	0.1723	0	1
	省内跨市	受访者本次流动范围为省内跨市，是＝1，否＝0	0.3145	0.3145	0	1
	跨省	受访者本次流动范围为跨省，是＝1，否＝0	0.5132	0.4998	0	1

续表

变量名		定义	均值	标准差	最小值	最大值
流动特征	本次居留时间	截至调查时点，被访者在本地已居住的时间（年）	6.1974	5.978	0.1667	47.1667
	区域 东部	被访者东部地区打工＝1，否＝0	0.4173	0.4931	0	1
	区域 中部	被访者中部地区打工＝1，否＝0	0.2189	0.4135	0	1
	区域 西部	被访者西部地区打工＝1，否＝0	0.3638	0.4811	0	1

第三节　理论框架和计量模型

　　期望效用理论（expected utility theory）是20世纪50年代冯·诺依曼和摩根斯坦（Von Neumann and Morgenstern）在公理化假设的基础上，运用逻辑和数学工具，建立了不确定条件下对理性人（rational actor）选择进行分析的框架。后来，阿罗和德布鲁（Arrow and Debreu）将其吸收进瓦尔拉斯（Walras）均衡的框架中，成为处理不确定性决策问题的分析范式，进而构筑起现代微观经济学及由此展开的包括宏观、金融、计量等在内的解释范式。农民工群体考虑继续居留打工地的期望效用，以决定是否继续居留在打工地。居留在打工地的期望效用值大于回到老家所在地的期望效用值，则农民工更愿意居留在城市。健康、教育人力资本水平更高的农民工，更容易在城市获取供自身发展的资源，获得更好的发展、生存，因而更愿意居留在城市。

$$U(x) = E[u(x)] \qquad (5-1)$$

$$E[u(x)] = P_1 u(x_1) + P_2 u(x_2) + \cdots + P_n u(x_n) \qquad (5-2)$$

$$U(x) = P_1 u(x_1) + P_2 u(x_2) + \cdots + P_n u(x_n) \qquad (5-3)$$

　　式（5-1）中，$E[u(x)]$ 表示关于影响农民工居留意愿的解释变量 x 期望效用，$U(x)$ 称为期望效用函数，又叫作冯·诺依曼—摩根斯坦效用函数（VNM 函数）。式（5-2）中 P_1 表示解释变量 x 的取之可能性。如果某个解释变量 X 以概率 P_i 取值 x_i，$i=1$，2，$\cdots$，n，得到农民工解释变量取值为 x_i 时的效用为 $u(x_i)$，将多个解释变量效应累加得到期望效用 $E[u(x)]$。将二式结果带入式（5-1）中，得到式（5-3），即农民工期望效用函数表达式。

$$Y^* = x'\beta + \varepsilon \qquad (5-4)$$

$$y = \begin{cases} 1, & 若\ y^* \geqslant 2 \\ 0, & 若\ y^* = 1 \end{cases} \qquad (5-5)$$

$$P(y=1 \mid x) = P(\varepsilon > -x'\beta \mid x) = P(\varepsilon < -x'\beta) = F_\varepsilon(x'\beta) \qquad (5-6)$$

本书将农民工居留意愿分别作为二值、多值被解释变量，采用 Probit 模型和 Ordered Probit 模型，对影响农民工居留意愿的影响因素进行分析。如式（5-4）所示，其中 Y^* 代表农民工城市的居留意愿，x' 代表影响农民工城市居留意愿的影响矩阵，β 代表矩阵影响系数值，ε 则代表随机扰动项。式（5-5）中 y 代表本书 Probit 模型中使用的居留意愿二分变量，若 y^* 大于等于 2，则赋值为 1，否则 y 等于 0。式（5-6）为农民工居留意愿 Probit 模型推导，$F(x'\beta)$ 代表 ε 服从 $N(0, z^2)$ 分布。Ordered Probit 模型将被解释变量农民工居留意愿依据居留意愿强弱划分为三分变量，分别为 1、2、3，如式（5-7）所示。式（5-8）表示农民工居留意愿为 1，即不愿意居留在打工地的分布情况。同理，式（5-9）、式（5-10）分别代表农民工居留意愿为不清楚是否居留在打工地和愿意居留在打工地的分布。根据分布函数可以写出样本的似然函数，从而得到 MLE 估计量，即农民工居留意愿的 Ordered Probit 模型。

$$y = \begin{cases} 1, & 若\ y^* = 1 \\ 2, & 若\ y^* = 2 \\ 3, & 若\ y^* = 3 \end{cases} \qquad (5-7)$$

$$P(y=1 \mid x) = P(x'\beta + \varepsilon \leqslant r_0 \mid x) = |\phi(r_0 - x'\beta) \qquad (5-8)$$

$$P(y=2 \mid x) = P(r_0 < y^* \leqslant r_1 \mid x) = \phi(r_1 - x'\beta) - \phi(r_0 - x'\beta) \qquad (5-9)$$

$$P(y=3 \mid x) = P(r_1 < y^* \leqslant r_2 \mid x) = \phi(r_2 - x'\beta) - \phi(r_1 - x'\beta)$$

$$(5-10)$$

第四节　实　证　结　果

一、Probit 和 Ordered Probit 模型回归结果

（一）Probit 模型回归结果

表 5-2 为教育和健康人力资本对农民工居留意愿影响的 Probit 模型的回归结果。依次加入个体特征、就业特征和流动特征三类特征变量进行 Probit 回归，依次记为模型（5.1）~模型（5.3）。关于区域变量对农民工城市居留意愿的影响分析主要有以下几点。第一，在三个模型中，中部地区和西部地区对农民工城市居留意愿影响系数均为负，且均在 1% 水平显著。第二，与东部地区相比较，流动地在中部、西部地区对农民工居留意愿均为负向影响。其中东部地区最高，中部地区次之，西部地区再次。东部地区发展机会更多，对农民工"拉力"效应更为显著。第三，随着更多解释变量的纳入，三个模型间各区域对农民工产生居留意愿影响具有共同趋势。中部区域影响系数从大到小为模型（5.1）、模型（5.2）、模型（5.3），西部地区具有同样趋势。

关于农民工的受教育程度，本书做如下分析：第一，在单个模型中相关系数均为正。与对照组受教育程度为小学及以下群体相比，受教育程度为初中、高中及中专、大专及以上的农民工，城市居留意愿相关系数在三个模型中均为正，受教育程度和农民工城市居留意愿呈正相关，即受教育程度越高农民工城市居留意愿越强。更高学历的农民工更倾向

于居留发展机会更多的城市，谋求更好的发展机会。第二，从三个模型中各受教育程度的农民工来看，受教育程度对农民工居留意愿的影响均在1%水平上显著，表明教育程度对农民工城市居留意愿的影响效应十分显著。受教育程度作为教育人力资本中的重要构成部分对农民工城市居留意愿无疑有显著影响。第三，横向比较三个模型中受教育程度，随着模型中纳入更多的解释变量系数值会有所变化，但不同模型间各受教育程度相关系数值变化处于共同趋势。更高的受教育程度依然保持着更高的城市居留意愿。

表 5 - 2   健康和教育人力资本对农民工城市居留意愿的

影响：Probit 模型回归结果

居留意愿2			模型（5.1）		模型（5.2）		模型（5.3）	
			系数值	标准差	系数值	标准差	系数值	标准差
个体特征	性别		0.0010	0.0084	0.0081	0.0094	-0.0013	0.0095
	年龄（对照组：16~26岁）	27~36岁	0.0829***	0.0125	0.0771***	0.0141	0.0525***	0.0187
		37~46岁	0.0307	0.0442	0.0292	0.0482	-0.0269	0.0484
		47~59岁	-0.0213	0.0463	-0.0206	0.0505	-0.0901	0.0507
	婚姻状况		0.2986***	0.0123***	0.2156***	0.0137	0.2258***	0.0141
	受教育程度（对照组：小学及以下）	初中	0.1144***	0.0113	0.0874***	0.0126	0.0902***	0.0127
		高中或中专	0.2496***	0.014	0.1779***	0.0156	0.1786***	0.0157
		大专及以上	0.4275***	0.0176	0.2770***	0.0239	0.2812***	0.0201
	新生代农民工		0.0114*	0.0436	0.0128**	0.0473	0.0262*	0.0475
	健康水平		0.0954***	0.0093	0.1328***	0.0115	0.1453***	0.0111
	健康档案		0.1631***	0.0103	0.1360***	0.0114	0.1323***	0.0115
	健康教育		-0.0170**	0.0247	-0.0026*	0.0278	-0.0599**	0.0279
	健康教育活动		0.1058***	0.0244	0.1020***	0.0275	0.1078***	0.0276
	疾病史		0.1966***	0.0084	0.1761***	0.0093	0.1613***	0.0093

续表

居留意愿2			模型 (5.1)		模型 (5.2)		模型 (5.3)	
			系数值	标准差	系数值	标准差	系数值	标准差
就业特征	单位性质（对照组：国有单位）	私营单位	—	—	-0.1271***	0.0220	-0.1139***	0.0221
		个体工商户	—	—	-0.1387***	0.0225	-0.1345***	0.0226
		外资企业	—	—	-0.1106***	0.0313	-0.0943***	0.0314
		其他	—	—	-0.2013***	0.0274	-0.1893***	0.0275
	劳动合同		—	—	0.1032***	0.0126	0.0810***	0.0119
	工资		—	—	0.0146***	0.0167	0.037***	0.0175
	当前住房性质（对照区：私租房）	公租房	—	—	-0.1122**	0.0122	-0.0971***	0.0123
		自购房	—	—	0.4298***	0.013	0.3738***	0.0132
流动特征	流动城市数		—	—	—	—	0.0274***	0.0041
	流动范围（对照组：市内跨县）	省内跨市	—	—	—	—	-0.0209**	0.0142
		跨省	—	—	—	—	-0.1282***	0.0141
	本次居留时间		—	—	—	—	0.0189***	0.0008
	区域（对照组：东部）	中部	-0.0646***	0.0112	-0.0937***	0.0125	-0.1329***	0.0137
		西部	-0.1261***	0.0094	-0.1460***	0.0109	-0.1690***	0.0113
常数项			-0.0466	0.0588	-0.0847	0.0697	-0.1214***	0.0713
N			127643					

注：***、**和*分别表示在1%、5%和10%的水平上显著。

对本书另一个核心解释变量健康相关变量的分析如下：第一，健康水平对农民工居留意愿的影响系数值为正，健康水平对农民工居留意愿有正向促进作用，均在1%水平上显著。第二，为农民工建立健康档案对农民工城市居留意愿影响为正相关，建立健康档案有利于提升农民工居留意愿，在三个模型中均在1%水平上显著。第三，健康教育对农民工城市居留意愿的影响系数均为负，三个模型分别在5%、10%、5%水平上显著。

健康教育对农民工居留意愿产生一定负向作用，在此过程中农民工和打工地城市居民缺乏互动。加之有限的、不系统的健康教育对农民工健康意识无异于杯水车薪。在此过程中农民工产生抵触情绪，从而会有一定负向作用，不利于增进其城市融入感。第四，健康教育活动对农民工产生居留意愿有正向效应，三个模型中均在1%水平显著。与城市居民一起参与健康教育活动会增加农民工在城市生活的归属感，从而提升其继续居留在城市的意愿。第五，疾病史对农民工城市居留意愿有促进效应，三个模型中均在1%水平显著。主要由于患病农民工更加需要完备、及时的医疗体系、设备，而城市在这点上恰好满足了这部分群体需求。

此外，关于 Probit 模型中其他个体特征变量的分析如下：第一，性别在三个模型中对农民工城市居留意愿的影响均不显著。随着社会逐步发展，性别特征对于农民工城市居留意愿的影响越来越小，甚至没有影响。第二，个人特征中年龄组为 27~36 岁的农民工群体居留意愿影响在三个模型中均在1%水平显著，其他年龄组对城市居留意愿影响均不显著，27~36 岁年龄组对农民工城市居留意愿影响更显著。年龄在该分组内的农民工更年轻，在城市寻求发展机会的意愿更强。第三，婚姻状况在三个模型中对农民工城市居留意愿有正向促进作用，均在1%水平显著。已婚的农民工群体家庭关系更为稳定，在城市寻求发展的渴求更为强烈，因此居留意愿更为显著。第四，新生代农民工在三个模型中对农民工城市居留意愿影响分别在10%、5%、10%水平显著。年龄更小的新生代农民工群体更倾向于在城市谋求发展机会，在城市居留意愿更为强烈。

关于就业特征的分析如下：第一，相较就业单位为国有单位的农民工，工作单位为私营单位、个体工商户、外资企业、其他的农民工的负向影响效应，在后两个模型中均在1%水平显著。其中国有单位工作的农民工在城市获得感、融入感更强，因而更愿意居留在城市。第二，劳动合同对农民工城市居留影响在后两个模型中均在1%水平显著，劳动合同对农民工城市居留意愿影响均为正。与用人单位签订劳动合同会增加工作的稳定性，提升农民工安全感，从而提高其城市居留的意愿。第三，工资在两个模型中对农民工城市居留意愿有正向促进作用，均在1%水平显著。工资越高农民工可支配收入越多，更愿意居留在城市。第四，以私租房作为对照组，公租房影响系数为负，因为相较私租房而言住房条件变差，会削弱农民工城市居留意愿。自购房与私租房而言影响系数为正，相较私租房而言更能够给予农民工城市居留的安全感和归属感，促进居留意愿，两者均在1%水平显著。

关于流动特征的分析如下：第一，流动城市数对农民工城市居留意愿影响系数为正，且在1%水平显著。流动城市数越多，在当前打工的城市居留意愿越强。流动打工地数量越多的农民工更厌倦居无定所和烦琐的城市流动过程，渴望获得城市安全感并定居。第二，在流动范围中，与市内跨县相比，省内跨市和跨省流动对农民工城市居留意愿影响系数均为负，分别在5%、1%水平显著。较之市内跨县的农民工而言，省内跨市和跨省流动的农民工流动范围更远。由于地缘差异和文化差异，居留在该地适应成本更高，对农民工城市居留意愿有负向影响。且农民工流动距离越远，对居留意愿负向效应更大。第三，在当前打工地居留时间对农民工城市居留意愿影响系数为负，且在1%水平显著。在当前打工地城市居留时间越长，对该地适应性越强，该城市对农民工的"拉力"越强，更倾向于居留在该地，因此对农民工居留意愿有正向影响。

（二）Ordered Probit 模型回归结果

本书另一个主要模型为 Ordered Probit 模型，将居民居留意愿作为有序变量，引入农民工个体特征进行回归记为模型（5.4），再引入就业特征、流动特征进行回归记为模型（5.5），如表 5 - 3 所示。Ordered Probit 模型中关于区域变量对农民工城市居留意愿的影响分析主要有以下几点。第一，相较参照组东部地区而言，中部、西部地区对农民工居留意愿的影响均为负，均在1%水平显著。相较发展机会更多的东部地区，中西部地区对农民工城市居留意愿负向影响更大。第二，三地区对农民工城市居留意愿负向影响从大到小依次为东部、中部、西部地区。西部地区相比中部地区发展条件更差，所以农民工居留意愿相对较低。第三，两个模型内中西部地区对农民工居留意愿影响系数值有差异，但总体趋势一致，这部分报告结果与以上 Probit 模型报告结果基本一致。

表 5 – 3　　　　　健康和教育人力资本对农民工城市居留意愿的
影响：Ordered Probit 模型回归结果

居留意愿		模型（5.4）		模型（5.5）	
		系数值	标准差	系数值	标准差
个体特征	性别	0.0003	0.0083	− 0.0199	0.0087
	年龄（对照组：16 ~ 26 岁）　27 ~ 36 岁	0.0878 ***	0.0123	0.0437 ***	0.0125
	37 ~ 46 岁	0.0452	0.0433	− 0.0308	0.0439
	47 ~ 59 岁	− 0.0255	0.0454	− 0.1019	0.0460
	婚姻状况	0.2790 ***	0.0119	0.2190 ***	0.0122
	受教育程度（对照组：小学及以下）　初中	0.1182 ***	0.0110	0.1008 ***	0.0112
	高中或中专	0.2478 ***	0.0137	0.1900 ***	0.0140
	大专及以上	0.4127 ***	0.0172	0.2809 ***	0.0180
	新生代农民工	0.0230	0.0427	0.0371	0.0433
	健康水平	0.0940 ***	0.0091	0.1152 ***	0.0093
	健康档案	0.1523 ***	0.0101	0.1235 ***	0.0103
	健康教育	− 0.0084	0.0240	− 0.0454	0.0243
	健康教育活动	0.1046 ***	0.0237	0.1061 ***	0.0240
	疾病史	0.1758 ***	0.0083	0.1507 ***	0.0084
就业特征	单位性质（对照组：国有单位）　私营单位	—	—	− 0.1022 ***	0.0215
	个体工商户	—	—	− 0.1278 ***	0.0219
	外资企业	—	—	− 0.0924 ***	0.0305
	其他	—	—	− 0.0802 ***	0.0231

续表

居留意愿		模型（5.4）		模型（5.5）	
		系数值	标准差	系数值	标准差
就业特征	劳动合同	—	—	0.0772 ***	0.0116
	工资	—	—	0.1683 ***	0.0890
	当前住房性质（对照组：私租房）公租房	—	—	− 0.0995 ***	0.0113
	自购房	—	—	0.3892 ***	0.0116
流动特征	流动城市数	—	—	0.0101 ***	0.0021
	流动范围（对照组：市内跨县）省内跨市	—	—	− 0.0240 **	0.0126
	跨省	—	—	− 0.1404 ***	0.0126
	本次居留时间	—	—	0.0173 ***	0.0008
	区域（对照组：东部）中部	− 0.0523 ***	0.0109	− 0.1360 ***	0.0124
	西部	− 0.1138 ***	0.0092	− 0.1805 ***	0.0102
N		127643			

注：*** 、** 和 * 分别表示在 1% 、5% 和 10% 的水平上显著。

对本书核心解释受教育程度的分析如下：第一，两个模型内受教育程度对农民工居留意愿影响均为正，均在 1% 水平显著。受教育程度越高，其对农民工居留意愿正向影响越大。随着受教育程度越来越大，农民工在打工地获取发展机会和资源更多，因此更愿意在打工地居留。第二，随着解释变量数量变多，受教育程度对居留意愿系数值正向影响变小。模型（5.5）中引入流动特征、就业特征之后，受教育程度为初中、高中及中专、大专及以上对居留意愿影响系数值有所下降，但仍然为正。两个模型内系数值有所差异，但保持着共同趋势。即在各自模型内，随着教育程度提升，其对农民工居留意愿正向影响越大。在 Ordered Probit 模型内受教育程度对农民工居留正向意愿影响较为显著。

对本书另一核心解释变量健康相关变量的分析如下：第一，健康水平对农民工居留意愿的影响系数值为正，健康水平对农民工居留意愿有正向促进作用，均在1%水平上显著。第二，为农民工建立健康档案对农民工城市居留意愿影响正相关，建立健康档案有利于提升农民工居留意愿，两个模型内均在1%水平上显著，建立健康档案提升农民工对自身健康状况记录的能力，会更有利于健康。第三，健康教育对农民工城市居留意愿的影响并不显著。这点值得关注，与Probit模型汇报结果有差异。本书认为这是由于Ordered Probit模型将被解释变量居留意愿作三分变量，将不清楚是否留在打工地的农民工划分出来。由于这部分群体差异，导致Probit模型中本不显著的健康教育变量变得不再显著。第四，健康教育活动对农民工产生居留意愿均有正向促进效应，两个模型均在1%水平显著。该汇报结果与Probit模型中相同。第五，疾病史在两个模型中对农民工城市居留意愿为正向效应，均在1%水平显著，与Probit模型汇报结果相同。

关于个体特征的分析主要有以下几点：第一，两个性别在两个模型内对农民工居留意愿影响均不显著。年龄组27～36岁对农民工城市居留意愿的影响在两个模型中影响系数均为正，均在1%水平显著，与Probit模型汇报一致。年龄越小的农民工越向往城市发展机会，倾向于在城市居留。第二，婚姻状况在两个模型内对农民工居留意愿影响系数值为正，引入就业特征、流动特征后系数值稍稍下降，与Probit模型汇报一致。已婚对农民工影响效应为正，他们倾向在城市打拼获取发展资源，而没想好是否进城的居民则会受已婚"推力"。第三，新生代农民工在两个模型中影响效果均不显著，新生代农民工对城市居留意愿与老一代差异不显著，得到的结果与Probit模型一致。

关于就业特征的分析如下：第一，相较就业单位为国有单位的农民工，工作单位为私营单位、个体工商户、外资企业、其他的农民工的负向效应在模型中均在1%水平显著。国有单位工作的农民工在城市获得的生存条件更稳定、心理融入感更强，因而更愿意居留在城市，与Probit模型汇报结果相同。第二，劳动合同对农民工城市居留意愿影响为正，在1%水平显著。稳定的工作为农民工带来更稳定的收入源、更大融入感，与

Probit 模型汇报结果相同。第三，工资对农民工城市居留意愿有正向促进作用，在 1% 水平显著。工资越高农民工可支配收入越多，会更愿意居留在城市，与 Probit 模型汇报结果相同。第四，以私租房作为对照组，公租房和自购房对农民工城市居留意愿的影响在 1% 水平显著。公租房影响系数为负，而自购房较私租房而言影响系数为正，与 Probit 模型汇报结果一致。

关于流动特征的分析如下：第一，流动城市数对农民工城市居留意愿影响系数为正，且在 1% 水平显著。流动打工地数量越多的农民工更厌倦居无定所和烦琐的城市流动过程，渴望获得城市安全感并定居，结果与 Probit 模型汇报一致。第二，流动范围中，与市内跨县相比，省内跨市和跨省流动对农民工城市居留意愿影响系数均为负，分别在 5%、1% 水平显著。由于地缘差异和文化差异，居留在该地适应成本更高，对农民工城市居留意愿的负向影响更大，与 Probit 模型汇报一致。第三，在当前打工地居留时间对农民工城市居留意愿有负向影响，在 1% 水平显著。在当前打工地城市居留时间越长，对该地适应性越强，该城市对农民工的"拉力"越强，更倾向于居留在该地，这与 Probit 模型汇报一致。

二、异质性分析

（一）对性别的异质性分析

对农民工城市居留意愿的性别异质性进行分析，即对男性女性农民工居留意愿分别进行 Probit 回归，依次记为模型（5.6）、模型（5.7），如表 5-4 所示。从区域条件分析，第一，相较东部地区而言，中部地区和西部地区男性、女性城市居留意愿相关系数均为负，居留意愿由大到小依次为东部、中部、西部地区。由于东部地区可供发展的资源更多，因此东部地区农民工的居留意愿要显著高于中部地区和西部地区。第二，模型间居留意愿性别差异性比较。中部地区男女农民工对比东部地区系数值差异性较小，即中部地区男女间居留意愿差异不显著，而西部地区女性居留意愿显著低于男性。第三，模型内同性别的区域差异化。中部、西部地区男性居留意愿差异不大，西部地区女性居留意愿显著低于中部地区。由于传统文化观念和生理差异，女性在基础设施较差的西部地区居留意愿较低。

表 5－4　　　健康和教育人力资本对农民工进城落户意愿影响：
Probit 模型估计结果（性别异质性）

居留意愿			男性农民工		女性农民工	
			模型（5.6）		模型（5.7）	
			系数值	标准差	系数值	标准差
个体特征	年龄（对照组：16～26 岁）	27～36 岁	0.0364 **	0.0198	0.0549 ***	0.0175
		37～46 岁	−0.0534	0.0612	0.0268	0.0711
		47～59 岁	−0.1197 **	0.0641	−0.0174	0.0745
	婚姻状况		0.1779 ***	0.0184	0.2736 ***	0.0186
	受教育程度（对照组：小学及以下）	初中	0.0669 ***	0.0173	0.1024 ***	0.0164
		高中或中专	0.1233 ***	0.0209	0.2282 ***	0.0212
		大专及以上	0.1992 ***	0.0275	0.3360 ***	0.0264
	新生代农民工		−0.0234	0.0595	0.1367 **	0.0706
	健康水平		0.1548 ***	0.0147	0.0865 ***	0.0137
	健康档案		0.1200 ***	0.0153	0.1481 ***	0.0152
	健康教育		−0.0637 ***	0.0366	−0.0132	0.0366
	健康教育活动		0.1489 ***	0.0363	0.0594 ***	0.036
	疾病史		0.1644 ***	0.0123	0.1719 ***	0.0127
就业特征	单位性质（对照组：国有企业）	私营单位	−0.1198 ***	0.0281	−0.1388 ***	0.0358
		个体工商户	−0.1120 ***	0.029	−0.1946 ***	0.0362
		外资企业	−0.0694 ***	0.0417	−0.1422 ***	0.0485
		其他	−0.1972 ***	0.0354	−0.0947 ***	0.0372

续表

居留意愿		男性农民工		女性农民工	
		模型（5.6）		模型（5.7）	
		系数值	标准差	系数值	标准差
就业特征	劳动合同	0.1032***	0.0164	0.0779***	0.0181
	工资	0.1061***	0.0234	0.1306***	0.0304
	当前住房性质（对照组：私租房）公租房	−0.1020***	0.0163	−0.0814***	0.0176
	自购房	0.4024***	0.0173	0.4036***	0.0168
流动特征	流动城市数	0.0084***	0.0024	0.0349***	0.0046
	流动范围（对照组：市内跨县）省内跨市	−0.0098*	0.0189	−0.0431**	0.0185
	跨省	−0.0899***	0.0187	−0.1817***	0.0187
	本次居留时间	0.0178***	0.0011	0.0202***	0.0013
	区域（对照组：东部）中部	−0.1418***	0.018	−0.1400***	0.0186
	西部	−0.1550***	0.015	−0.2102***	0.0153
常数项		−0.1798	0.0928	0.005	0.0992
N		66665		60978	

注：***、** 和 * 分别表示在 1%、5% 和 10% 的水平上显著。

本书核心解释变量受教育程度分析如下：第一，关注两个模型内男女农民工间比较。相较受教育程度为小学及以下的农民工，受教育程度为初中、高中及中专、大专及以上，对农民工居留意愿系数值均为正。即随着受教育程度上升，男性和女性居留意愿都会更强。学历更高的农民工在居留地更能谋求适合自身的发展的条件，因而会有更强的城市居留意愿。第二，关注模型间男女农民工间的差异。比较模型（5.6）和模型（5.7）内同一受教育程度的男女农民工，教育程度对女性农民工居留意愿影响系数值会比男性更高，即女性农民工城市居留意愿更强烈。在同等受教育情况下，女性农民工更加渴望在城市得到发展并居留，寻求更好的发展机遇和方向。当代女性农民工学历更高、思想新潮，在城市谋求自身发展的意愿前所未有的强烈，因而居留意愿会显著强于男性。

对本书另一类核心解释变量健康的分析如下：第一，健康水平对男性和女性的居留意愿影响系数为正，其对男性农民工影响系数大于女性农民工，均在1%水平显著。男性农民工在城市中工作的强度较女性更高，健康水平对男性农民工影响更大。第二，健康档案对二者居留意愿影响系数均为正，其对男女影响系数差异较小，均在1%水平显著。第三，健康教育对男性农民工教育意愿系数为负，且在1%水平显著，而对女性农民工不显著。健康教育本意为提升农民工健康意识，限于形式刻板，其对男性农民工居留有显著的负向影响，而其对女性不显著。第四，健康教育活动对男性和女性居留意愿影响系数均为正，其对男性影响系数大于女性，且均在1%水平显著。健康教育活动较健康教育而言农民工参与感更强，该形式更易被农民工所接受，会促进农民工居留意愿。男性农民工对参与感更强的活动会产生更强的居留意愿。第五，疾病史对二者居留意愿影响系数均为正，其对男女影响系数差异较小，均在1%水平显著。有疾病史农民工更渴望居留在城市，获取优质医疗资源。

对农民工个体特征的分析如下：第一，分组为27~36岁的男性、女性农民工城市居留意愿系数均为正，分别在5%、1%水平显著。该年龄组居留意愿较16~26岁农民工更强，且女性农民工比男性农民工居留意愿系数更大，在该年龄组女性居留意愿比男性更大。年龄组为47~59岁的男性农民工城市居留意愿呈负向影响，且在5%水平显著。该年龄组男性农民工受传统故居的思想影响，对城市居留意愿积极性不强。第二，婚姻状况对男性和女性农民工居留意愿影响系数均为正，且均在1%水平显著，即婚姻会增加农民工城市居留意愿。婚姻对女性农民工居留意愿影响大于其对男性农民工影响。第三，新生代农民工中女性农民工对居留意愿影响系数为正，且在5%水平显著，即新生代女性农民工城市居留意愿更积极。随着当代女性农民工受教育程度变高和思想活跃，其对居留在城市的渴望越发强烈。

第五章　教育和健康人力资本对农民工城市居留意愿的影响

对就业特征的比较分析如下：第一，单位性质为私营企业、个体工商业、外资企业和其他相较国有企业而言，对男性、女性农民工居留意愿影响系数均为负，且均在1%水平显著。相较更稳定的国有企业工作性质其他工作性质会对其居留意愿产生负向效应，且这种负向效应对女性更为强烈，即女性对工作单位性质要求更高。第二，劳动合同对两性农民工居留意愿影响系数均为正，对男性影响系数更大，且在1%水平显著。签订劳动合同对男性农民工城市居留意愿提升大于女性，男性农民工承担家庭责任更重，更需要一份稳定的工作，对签订合同需求更大。第三，工资对男性、女性农民工城市居留意愿影响系数均为正，且对女性农民工居留意愿影响大于男性，均在1%水平显著。女性对工资的期望大于男性，女性相对缺乏安全感，工资水平对女性影响更大。第四，当前住房性质为公租房、自购房相较对照组自租房而言对农民工居留意愿影响系数分别为负、正，均在1%水平显著。住房条件由高到低依次为自购房、自租房、公租房，住房条件越高居留意愿越高。

就农民工流动特征的分析如下：第一，流动城市数对男性、女性农民工城市居留意愿影响为正，对女性影响系数大于男性，均在1%水平显著。女性农民工对安全感需求更多，流动的城市数越多，流动城市数对其城市居留意愿促进效应大于男性。第二，流动范围为省内跨市、跨省的农民工相较市内跨县的农民工而言，对居留意愿影响系数为负，省内跨市显著性水平分别为10%、5%，跨省二者均为1%。流动范围越大其对农民工居留意愿负向影响越大。在同一流动范围，女性居留意愿比男性更低，即女性更倾向于小范围流动，大范围流动对女性影响居留意愿负向影响远大于男性。第三，居留时间对男性、女性农民工居留意愿影响系数均为正，其对女性影响系数大于男性，均在1%水平显著。在当前打工地居留时间越长，该地对女性的黏性较男性而言更强。

（二）对代际的异质性检验

对农民工居留意愿代际的异质性进行分析，对新生代、老一代农民工城市居留意愿进行 Probit 回归，分别记为模型（5.8）、模型（5.9），如表 5 - 5 所示。从区域条件分析。第一，相较东部地区而言，中部、西部地区对两代农民工居留意愿影响系数均为负，且均在 1% 水平显著。第二，模型内分析。中部、西部地区较东部地区对两代农民工居留意愿影响均为推力，即两代农民工居留意愿由大到小排列均为东部、中部、西部地区。东部地区对两代农民工的拉力无疑都是最大的。第三，模型间比较分析。对应地区对新一代农民工居留意愿影响系数均大于老一代农民工，即同一地区内新生代农民工居留意愿均高于老一代农民工。新生代农民工思想更加前卫，较老一代农民工而言更愿意在中部、西部地区居留。老一代农民工思想更加保守，更愿意在发展条件更好的地区发展，在西部、中部地区发展意愿都较差。

表 5 - 5　　　　健康和教育人力资本对农民工进城落户意愿
影响：Probit 模型估计结果

居留意愿			新生代农民工		老一代农民工	
			模型（5.8）		模型（5.9）	
			系数值	标准差	系数值	标准差
个体特征	性别		- 0.4052 ***	0.0117	- 0.0523 **	0.0117
	年龄		0.0006	0.0014	- 0.0072 ***	0.0013
	婚姻状况		0.2818 ***	0.0148	- 0.01	0.03
	受教育程度（对照组：小学及以下）	初中	0.1252 ***	0.0197	0.0706 ***	0.0146
		高中或中专	0.2071 ***	0.0214	0.1018 ***	0.0231
		大专及以上	0.3310 ***	0.0241	0.1703 ***	0.0508
	健康水平		0.1369 ***	0.0157	0.0957 ***	0.0123
	健康档案		0.1560 ***	0.014	0.1030 ***	0.0161
	健康教育		- 0.0644 **	0.0341	- 0.0509 *	0.0371
	健康教育活动		0.0991 ***	0.0337	0.1260 ***	0.0365
	疾病史		0.2003 ***	0.0113	0.1213 ***	0.0135

续表

居留意愿			新生代农民工		老一代农民工	
			模型（5.8）		模型（5.9）	
			系数值	标准差	系数值	标准差
就业特征	单位性质（对照组：国有企业）	私营单位	− 0. 0745 ***	0. 0281	− 0. 1827 ***	0. 036
		个体工商户	− 0. 1107 ***	0. 0289	− 0. 1934 ***	0. 036
		外资企业	− 0. 0378 **	0. 0376	− 0. 1718 ***	0. 0608
		其他	− 0. 0689 **	0. 0302	− 0. 1359 ***	0. 0383
	劳动合同		0. 0869 ***	0. 0151	0. 0815 ***	0. 0197
	工资		0. 0816 ***	0. 1211	0. 0673 ***	0. 1341
	当前住房性质（对照组：私租房）	公租房	− 0. 1074 ***	0. 015	− 0. 0543 ***	0. 0190
		自购房	0. 4096 ***	0. 0162	0. 3852 ***	0. 0174
流动特征	流动城市数		0. 0295 ***	0. 0036	0. 0047 *	0. 0047
	流动范围（对照组：市内跨县）	省内跨市	− 0. 0301	0. 0168	− 0. 0114	0. 0204
		跨省	− 0. 1293 ***	0. 0169	− 0. 1507 ***	0. 0221
	本次居留时间		0. 0219 ***	0. 0014	0. 0166 ***	0. 0010
	区域（对照组：东部）	中部	− 0. 1046 ***	0. 0167	− 0. 2002 ***	0. 0198
		西部	− 0. 1570 ***	0. 0137	− 0. 2377 ***	0. 0162
常数项			− 0. 1843 **	0. 0823	0. 7006 ***	0. 0956
N			77167		50476	

注： ***、 ** 和 * 分别表示在1%、5%和10%的水平上显著。

对本书核心解释变量受教育程度对新老两代农民居留意愿影响进行分析如下：第一，受教育程度为初中、高中及中专、大专及以上对农民工居留意愿影响系数均为正，且均在1%水平显著。第二，比较新老两代农民工模型内差异性。对新生代和老一代农民工而言所受教育程度越高，在城市居留意愿均越强。农民工受教育程度越高，谋求发展机会能力越强、思维方式更加前卫，吸纳社会资源扞能力越强，因而更加愿意在城市居留。第三，对模型间新老两代农民工的组间居留意愿差异比较。相同受教育程度新生代农民工城市居留意愿显著高于老一代农民工，且受教育程度越高，新生代农民工城市居留意愿和老一代农民工差距越大。新生代农民工思想更活跃、生理机能更强，更渴望对发展机会的探寻，因而相同学历下新生代农民工居留意愿显著更强。

对本书另一核心解释变量健康人力资本相关异质性分析如下：第一，健康水平对两代农民工城市居留意愿的影响系数为正，新生代农民工大于老一代农民工。且均在1%水平显著。新生代农民工通常更加重视身体健康，身体健康状况是新生代农民工重要考量要素。第二，健康档案对两代农民工居留意愿影响系数为正，新生代农民工大于老一代，且均在1%水平显著。新生代农民工重视健康的记录、分析，对健康档案的建立需求显著高于老一代农民工。第三，健康教育对两代农民工居留意愿影响系数均为负，且新生代高于老一代，分别在5%、10%显著。两代农民工对参与感较差的健康教育倾向较差，而新生代农民工对形式的健康教育更反感。第四，健康教育活动对两代农民工居留意愿影响系数均为正，老一代农民工高于新生代，均在1%水平显著。老一代农民工身体水平较差，对参与度较高且能提高健康水平的教育活动比新生代意愿更高。第五，疾病史对两代农民工居留意愿影响系数均为正，新生代大于老一代，均在1%水平显著。新生代农民工的劳动强度更大，患有疾病史对其影响更大，疾病史对其影响程度大于老一代农民工。

对两代农民工个体特征的差异进行分析如下：第一，性别对两代农民工居留意愿影响系数均为负，且新生代农民工大于老一代农民工，分别在1%、5%水平显著。两代农民工男性对城市居留意愿均低于女性，且新生代男性农民工城市居留意愿比老一代农民工更低。新生代农民工中女性居留意愿更强，而老一代农民工中男性居留意愿更强。第二，年龄对新生代农民工居留意愿影响不显著，新生代农民工居留意愿受年龄因素影响不显著。而年龄对老一代农民工居留意愿影响系数值为负，在1%水平显著。年龄越大的老一代农民工更不倾向于居留在城市。第三，婚姻状况对新生代农民工居留意愿影响系数为正，在1%水平显著，即婚姻对新生代农民工居留意愿有正向促进作用。而婚姻状况对老一代农民工影响并不显著。新生代农民工婚姻重视度较老一代农民工更高，因而婚姻对其影响更加显著。

对农民工就业特征进行分析如下：第一，单位性质为私营单位、个体工商业、外资企业、其他相对参照组国有企业而言，对农民工居留意愿影响系数值均为负，显著性水平良好。国有企业在所有单位性质中对两代农民工拉力最大，相较而言老一代农民工对工作单位性质的要求更高。年轻的新生代农民工对工作单位性质意识不如老一代农民工强烈。第二，劳动合同对两代农民工居留意愿影响系数值均为正，且在1%水平显著。签订劳动合同对两代农民工居留意愿均为正向促进效应，两者差异性不大。第三，工资对两代农民工居留意愿影响系数值均为正，且新生代农民工大于老一代农民工，均在1%水平显著。新生代农民工更为年轻，对生活压力、生活成本相对较高，因而对工资要求高于老一代农民工。第四，两代农民工当前住房性质为群租房、自购房相对自租房，对新老两代农民工居留意愿影响系数值分别为负、正，均在1%水平显著。群租房对新生代农民工负向影响大于农民工，而自购房对新生代农民工促进影响高于老一代农民工。由此可见新生代农民工对住房条件要求高于老一代农民工。

对农民工流动特征的分析如下：第一，流动城市数对新老两代农民工居留意愿影响系数值均为正，且新生代农民工高于老一代农民工，分别在1%、10%水平显著。新生代农民工工作选择更多，流动城市数越多对新生代农民工居留意愿影响大于老一代农民工，因而流动城市数对其居留意愿影响更大。第二，流动范围为省内跨市流动对新老生代农民工居留意愿影响较跨县流动不显著，可能由于跨市流动距离较跨县而言差异性不大。而跨省流动相较跨县而言对新老两代农民工居留意愿影响均为负，且老一代农民工大于新生代农民工，均在1%水平显著。跨省流动对老一代农民工居留意愿负向影响大于新生代农民工，老一代农民工适应能力较差，更不倾向于远距离流动。第三,居留时间对两代农民工居留意愿影响系数值为正,且新生代农民工大于老一代农民工,均在1%水平显著。新生代农民工适应能力更强,相同时间积累的基础更强,当前居留城市产生的拉力更强,因而居留时间对新生代农民工影响系数值更大。

(三) 对地区的异质性检验

对农民工城市居留意愿的地区异质性分析如表5-6所示。对本书核心解释变量受教育程度进行分析主要有以下几点:第一,相较受教育程度为小学的农民工而言,三个地区受教育程度为初中、高中及中专、大专及以上对农民工居留意愿影响系数值均为正,均在1%水平显著。三者的受教育程度越高均会在居留地更强烈的居留意愿。第二,比较模型内不同受教育程度对农民工居留意愿影响大小差异。在三个地区受教育程度越高,对城市居留意愿正向促进作用均越强。第三,比较模型间的地区差异性。相同教育程度对东部地区的农民工促进效应显著高于中部、西部地区的农民工。东部地区拥有最多的资源,对同一受教育程度的农民工的拉力最强,中西部地区资源较少,难以产生类似东部地区的强拉力。中部和西部地区对相同受教育程度的农民工拉力差异不大,中部地区由于自身资源受限,虽资源配置优于西部地区,但西部地区拥有更好的政策配置,二者整体相差较小。

对本书关注的另一类核心解释变量与健康相关的解释变量进行分析如下:第一,健康水平对三地区的农民工居留意愿影响系数值均为正,由大到小依次为东部、中部、西部地区,均在1%水平显著。东部地区对身体健康的农民工拉力高于中部和西部,身体健康的农民工留在东部地区的意愿更强。第二,健康档案对三地区的农民工居留意愿影响系数值均为正,由大到小依次为西部、东部、中部地区,均在1%水平显著。西部地区拥有的医疗卫生资源相对较差,因而健康档案对该地区农民工更加重要。而东部地区虽然拥有众多医疗资源,但看病成本更高,农民工需要健康档案来维护自身健康水平。第三,健康教育对东部地区农民工居留意愿影响不

第五章　教育和健康人力资本对农民工城市居留意愿的影响

显著，对中、西部地区影响系数值均为负，分别在10%、5%水平显著。参与度不高的健康教育对东部地区农民工居留意愿影响不显著。类似地，缺乏参与度的健康教育对中西部农民工居留意愿产生隔离感，达不到促进居留意愿目的。第四，健康教育活动对三地区的农民工居留意愿影响系数值均为正，由大到小依次为中部、西部、东部地区，均在1%水平显著。健康教育活动中农民工参与度较高，中西部地区农民工更愿意参与其中。第五，疾病史对三地区的农民工居留意愿影响系数值均为正，三地区差异不显著，均在1%水平显著。

表 5 - 6　　　健康和教育人力资本对农民工进城落户意愿影响：

Probit 模型估计结果 （地区异质性）

居留意愿		东部地区		中部地区		西部地区	
		模型 （5.10）		模型 （5.11）		模型 （5.12）	
		系数值	标准差	系数值	标准差	系数值	标准差
个体特征	性别	- 0. 0125	0. 0142	- 0. 0637 ***	0. 0194	- 0. 0071	0. 0144
	年龄（对照组：16~26岁）27~36 岁	0. 0680 ***	0. 0199	0. 0195	0. 0288	0. 0053	0. 0207
	37~46 岁	- 0. 1286 **	0. 0685	0. 1067	0. 1039	- 0. 0542	0. 0738
	47~59 岁	- 0. 1585 **	0. 0722	0. 0445	0. 1081	- 0. 1129	0. 0771
	婚姻状况	0. 2375 ***	0. 0198	0. 3075 ***	0. 0292	0. 1906 ***	0. 0238
	受教育程度（对照组：小学及以下）初中	0. 1356 ***	0. 0191	0. 0706 ***	0. 0275	0. 0757 ***	0. 0172
	高中或中专	0. 2263 ***	0. 0237	0. 1112 ***	0. 0325	0. 2013 ***	0. 0224
	大专及以上	0. 3703 ***	0. 0302	0. 2379 ***	0. 0412	0. 2312 ***	0. 0293
	新生代农民工	0. 1056 ***	0. 0674	- 0. 2634 ***	0. 1021	0. 0374	0. 0727
	健康水平	0. 1488 ***	0. 0166	0. 1053 ***	0. 0201	0. 1010 ***	0. 0145
	健康档案	0. 1281 ***	0. 0184	0. 0714 ***	0. 0205	0. 1943 ***	0. 0168
	健康教育	0. 0094	0. 0418	- 0. 1059 *	0. 0629	- 0. 0877 **	0. 0366
	健康教育活动	0. 0661 ***	0. 0417	0. 1627 ***	0. 0625	0. 1141 ***	0. 0356
	疾病史	0. 1690 ***	0. 0135	0. 1538 ***	0. 0188	0. 1780 ***	0. 0141

居留意愿		东部地区		中部地区		西部地区	
		模型 (5.10)		模型 (5.11)		模型 (5.12)	
		系数值	标准差	系数值	标准差	系数值	标准差
就业特征	单位性质（对照组：国有企业） 私营单位	−0.1437***	0.0352	−0.2003***	0.0542	−0.0311*	0.0346
	个体工商户	−0.1628***	0.0373	−0.2392***	0.0539	−0.0831***	0.0338
	外资企业	−0.0973**	0.0422	−0.2260***	0.0848	−0.2491**	0.1276
	其他	−0.0743**	0.0388	−0.1720***	0.0568	−0.0707**	0.0359
	劳动合同	0.0678***	0.0176	0.0657***	0.0276	0.0985***	0.0205
	工资	0.1498***	0.0124	0.1039***	0.0396	0.0856***	0.0295
	当前住房性质（对照组：私租房） 公租房	−0.1183***	0.0172	−0.0740***	0.0266	−0.0437**	0.0205
	自购房	0.5314***	0.0253	0.3914***	0.0228	0.3510***	0.0174
流动特征	流动城市数	0.0108***	0.0035	0.0170***	0.0052	0.0176***	0.0032
	流动范围（对照组：市内跨县） 省内跨市	0.1025***	0.0323	−0.0612***	0.0211	−0.0207*	0.0193
	跨省	0.0677**	0.0296	−0.2032***	0.0248	−0.1846***	0.0188
	本次居留时间	0.0218***	0.0013	0.0191***	0.0018	0.0137***	0.0013
常数项		−0.2394**	0.1065	−0.155	0.1437	−0.0709	0.1019
N		53260		27946		46437	

注：***、**和*分别表示在1%、5%和10%的水平上显著。

对农民工个体特征地区异质性进行分析如下：第一，性别对东部、西部地区农民工居留意愿影响不显著，中部地区农民工城市居留意愿的影响系数值为负，在1%水平显著。东部地区地区发展资源丰富，西部地区政策支持更多，对两性的居留意愿影响的差异不大，而中部地区由于资源、政策均不占优，较难实现男性农民工对自身发展的需求，因而对居留意愿产生负向影响。第二，年龄对中部、西部地区农民工居留意愿影响不显著。27～36岁相较16～26岁的农民工而言居留意愿为正，37～46岁、47～59岁居留意愿为负，分别在1%、5%、5%水平显著。27～36岁的东部农民工发展意愿相较更强，更愿意在城市居留。而其他两组农民工受身心状况影响，在城市居留意愿相较更弱。第三，婚姻状况对三地区农民工居留意愿影响系数值均为正，由大到小依次为中部、东部、西部地区，均在1%水平显著。婚姻状况对中部地区农民工居留意愿促进效应更显著，由于中部地区生活资料相较西部地区更丰富，而生存成本较东部地区更低，因而农民工群体更愿意居留在城市。新生代农民工对西部地区农民工居留意愿影响不显著，而对东部地区影响系数值为正，对中部地区农民工居留意愿影响系数值为负。新生代农民工更愿意到发展机会更多的东部地区进行发展，而对中部地区居留意愿不如老一代农民工。

对农民工就业特征进行分析如下：第一，就业单位，对比对照组的国有企业，私营企业、个体工商户、外资企业及其他对三地区农民工居留意愿影响系数值均为负，相较工作岗位更为稳定的国有企业，其他单位的农民工居留意愿都为负。第二，劳动合同对三地区的农民工居留意愿影响系数值均为正，西部地区农民工大于东部和中部地区，均在1%水平显著。西部地区工作机会相对较少，农民工对象征工作稳定的合同的心理需求较大，因而对居留意愿影响更大。第三，工资对三地区农民工居留意愿影响系数值均为正，从大到小依次为东部、中部、西部地区，均在1%水平显著。生活成本从大到小依次为东部、中部、西部，相应的东中部地区农民工对工资的期望值更高，工资对其居留意愿影响更大。第四，住房性质相较私租房而言，公租房对三地区农民工居留意愿影响系数值为负，自购房为正，均在1%水平显著。东部地区农民工对住房条件要求更高，自购房对其居留意愿促进效应显著高于中西部地区，而住房条件更差的群租房对其居留意愿负向效应也大于中西部地区农民工。

对农民工流动特征进行分析如下：第一，流动城市数对三地区农民工居留意愿影响系数值均为正，中西部地区大于东部地区，且均在1%水平显著。东部地区就业就会更多，流动城市数对农民工影响显著性较低，而流动城市数对中西部地区农民工影响系数值较大。第二，流动范围相对市内跨县流动的农民工而言，省内跨市、跨省流动对农民工居留意愿影响系数值均为负，流动范围越大，对居留意愿负向效应越大。而跨市、跨省较跨县流动对农民工居留意愿影响系数值为正，由于东部地区就业机会更多，农民工对远距离流动接纳度更高，但跨省流动对其挑战远大于跨市，因而跨省流动影响系数值小于跨市流动。第三，本次居留时间对三地区农民工居留意愿影响系数值均为正向，由大到小为东部、中部、西部地区，均在1%水平显著。东部地区适应成本更高，东部城市对农民工拉力更大，类似的中部地区对西部地区同理。适应成本越高地区农民工相同居留时间下，居留意愿更强。

三、稳健性检验

（一） 对 Probit 模型的检验

采用 Logit 模型，对农民工教育和健康人力资本对农民工城市居留意愿的影响 Probit 模型进行稳健性检验，逐步引入个体特征、就业特征、流动特征对农民工居留意愿进行回归，依次记为模型（5.13）至模型（5.15），如表 5－7 所示。结果显示，第一，Probit 模型中，本书关注的 CEV 受教育程度对农民工居留意愿影响依然在 1% 水平显著，影响系数值均为正。随着受教育程度水平上升，农民工居留意愿逐渐上升，Logit 模型回报结果与 Probit 模型一致。第二，关于健康教育相关解释变量对农民工居留意愿影响与 Probit 模型比较。健康水平、健康档案、健康教育活动、疾病史对农民工居留意愿影响系数值为正，均在 1% 水平显著，与 Probit 模型显示结果相同。健康教育对农民工居留意愿影响的显著性水平与 Probit 模型略有出入，影响系数值均为负，对居留意愿效应正负相同。本书健康、教育两类核心解释变量汇报结果保持稳健。

表 5 – 7   健康和教育人力资本对农民工城市居留意愿的

影响：Logit 模型估计结果

居留意愿2			模型（5.13）		模型（5.14）		模型（5.15）	
			系数值	标准差	系数值	标准差	系数值	标准差
个体特征	性别		0.0051	0.0150	– 0.0222	0.0157	– 0.0406 ***	0.0159
	年龄（对照组：16 ~ 26 岁）	27 ~ 36 岁	0.1482 ***	0.0223	0.1174 ***	0.0225	0.0665 ***	0.0226
		37 ~ 46 岁	0.0581	0.0788	0.0101	0.0795	– 0.0853	0.0799
		47 ~ 59 岁	– 0.0317	0.0825	– 0.0633	0.0832	– 0.1726 **	0.0836
	婚姻状况		0.5153 ***	0.0213	0.412 ***	0.0218	0.4088 ***	0.0218
	受教育程度（对照组：小学及以下）	初中	0.1958 ***	0.0198	0.1583 ***	0.0200	0.1637 ***	0.0201
		高中或中专	0.4341 ***	0.0248	0.3264 ***	0.0252	0.3280 ***	0.0253
		大专及以上	0.7553 ***	0.0320	0.5045 ***	0.0333	0.5095 ***	0.0334
	新生代农民工		0.0228	0.0777	0.0215	0.0784	0.0439	0.0787
	健康水平		0.1663 ***	0.0163	0.1823 ***	0.0166	0.2051 ***	0.0166
	健康档案		0.2948 ***	0.0188	0.2509 ***	0.0190	0.2437 ***	0.0191
	健康教育		– 0.0298 *	0.0428	– 0.0435	0.0432	– 0.0985 **	0.0434
	健康教育活动		0.1847 ***	0.0423	0.1817 ***	0.0427	0.1889 ***	0.0429
	疾病史		0.3471 ***	0.0150	0.3259 ***	0.0151	0.2988 ***	0.0152
就业特征	单位性质（对照组：国有单位）	私营单位	—	—	– 0.2487 ***	0.0405	– 0.2257 ***	0.0406
		个体工商户	—	—	– 0.2849 ***	0.0411	– 0.2764 ***	0.0412
		外资企业	—	—	– 0.2180 ***	0.0568	– 0.1882 ***	0.0570
		其他	—	—	– 0.1969 ***	0.0433	– 0.1753 ***	0.0435
	劳动合同		—	—	0.1334 ***	0.0211	0.1425 ***	0.0212
	工资		—	—	0.0440 ***	0.0105	0.0484 ***	0.0106
	当前住房性质（对照组：私租房）	公租房	—	—	– 0.1794 ***	0.0201	– 0.1550 ***	0.0202
		自购房	—	—	0.8258 ***	0.0219	0.7348 ***	0.0223

续表

居留意愿2		模型（5.13）		模型（5.14）		模型（5.15）	
		系数值	标准差	系数值	标准差	系数值	标准差
流动特征	流动城市数	—	—	—	—	0.0274 ***	0.0041
	流动范围（对照组：市内跨县）省内跨市	—	—	—	—	− 0.0461 **	0.0232
	跨省	—	—	—	—	− 0.2525 ***	0.0230
	本次居留时间	—	—	—	—	0.0322 ***	0.0015
	区域（对照组：东部）中部	− 0.1122	0.0199	− 0.1705 ***	0.0207	− 0.2574 ***	0.0226
	西部	− 0.2202	0.0167	− 0.2794 ***	0.0176	− 0.3298 ***	0.0184
常数项		− 0.1578	0.1035	0.0088	0.1125	− 0.0418	0.1150
N		127643					

注：*** 、** 和 * 分别表示在1%、5%和10%的水平上显著。

关于其他一些解释变量与 Probit 的比较分析如下：第一，个体特征中性别在两个模型中均不显著。年龄组为 27 ~ 36 岁的农民工对城市居留意愿影响系数值为正，且在 1% 水平显著，Logit 模型与 Probit 模型显示结果相同，即该年龄段会对农民工城市居留意愿产生显著促进效应。在两个模型中婚姻状况对农民工影响系数值为正，且都在 1% 水平显著。新生代农民工对居留意愿影响均不显著。第二，就业特征中参照国有单位，其他几类单位对农民工居留意愿影响系数值均为负，且在 1% 水平显著。两类模型内工资、劳动合同对农民工居留意愿影响系数值均为正，均在 1% 水平显著。住房性质中公租房、自购房相较私租房影响系数值分别为正、负，在 1% 水平显著。第三，流动特征中，Logit 模型内流动城市数、流动范围、本次居留时间对农民工城市居留意愿影响系数值正负性与 Probit 模型相同。第四，区域对农民工居留意愿影响系数正负性与 Probit 模型相同，且西部地区系数值大于中部地区。

第五章　教育和健康人力资本对农民工城市居留意愿的影响

（二）对 Ordered Probit 模型的检验

采用 Ordered Logit 模型，对农民工教育和健康人力资本对农民工城市居留意愿的影响 Order Probit 模型进行稳健性检验，模型（5.16）引入个体特征包含本文核心解释变量，模型（5.17）进一步引入就业特征、流动特征，分别对农民工居留意愿进行回归。结果显示，第一，Ordered Logit 模型中，本书关注的核心解释变量受教育程度对农民工居留意愿影响依然在 1% 水平显著，影响系数值均为正。随着受教育程度水平上升，农民工居留意愿逐渐上升，Ordered Logit 模型回报结果与 Ordered Probit 模型一致。第二，关于健康教育相关解释变量对农民工居留意愿影响与 Ordered Probit 模型比较。健康水平、健康档案、健康教育活动、疾病史对农民工居留意愿影响系数值为正，均在 1% 水平显著。健康教育对农民工居留意愿影响的显著性水平与 Ordered Probit 模型略有出入，影响系数值均为负，对居留意愿效应正负相同。本书健康、教育两类核心解释变量汇报结果保持稳健，结果如表 5－8 所示。

表 5－8　　　健康和教育人力资本对农民工城市居留意愿的
影响：Ordered Logit 模型估计结果

居留意愿		模型（5.16）		模型（5.17）	
		系数值	标准差	系数值	标准差
个体特征	性别	0.0050	0.0149	−0.0199 ***	0.0087
	年龄（对照组：16~26 岁）27~36 岁	0.1536 ***	0.0222	0.0437 ***	0.0125
	37~46 岁	0.0684	0.0785	−0.0308	0.0439
	47~59 岁	−0.0350	0.0821	−0.1019 **	0.0460
	婚姻状况	0.5068 ***	0.0211	0.2190 ***	0.0122
	受教育程度（对照组：小学及以下）初中	0.2018 ***	0.0197	0.1008 ***	0.0112
	高中或中专	0.4379 ***	0.0247	0.1900 ***	0.0140
	大专及以上	0.7545 ***	0.0320	0.2809 ***	0.0180

续表

居留意愿		模型 (5.16)		模型 (5.17)	
		系数值	标准差	系数值	标准差
个体特征	新生代农民工	0.0302	0.0774	0.0371	0.0433
	健康水平	0.1683 ***	0.0162	0.1152 ***	0.0093
	健康档案	0.2904 ***	0.0188	0.1235 ***	0.0103
	健康教育	− 0.0259	0.0425	− 0.0454 **	0.0243
	健康教育活动	0.1873 ***	0.0421	0.1061 ***	0.0240
	疾病史	0.3381 ***	0.0149	0.1507 ***	0.0084
就业特征	单位性质（对照组：国有单位）私营单位	—	—	− 0.1022 ***	0.0215
	个体工商户	—	—	− 0.1278 ***	0.0219
	外资企业	—	—	− 0.0924 ***	0.0305
	其他	—	—	− 0.0802 ***	0.0231
	劳动合同	—	—	0.0772 ***	0.0116
	工资	—	—	0.1683 ***	0.0890
	当前住房性质（对照组：私租房）公租房	—	—	− 0.0995 ***	0.0113
	自购房	—	—	0.3892 ***	0.0116
流动特征	流动城市数	—	—	0.0101 ***	0.0021
	流动范围（对照组：市内跨县）省内跨市	—	—	− 0.0240 **	0.0126
	跨省	—	—	− 0.1404 ***	0.0126
	本次居留时间	—	—	0.0173 ***	0.0008
	区域（对照组：东部）中部	− 0.1053 ***	0.0199	− 0.1360 ***	0.0124
	西部	− 0.2143 ***	0.0166	− 0.1805 ***	0.0102
N		127643			

注：***、** 和 * 分别表示在1%、5%和10%的水平上显著。

关于其他解释变量与 Ordered Probit 模型的比较分析如下：第一，个体特征中性别在引入就业特征、流动特征后在1%水平显著，对居留意愿有负向影响，与 Ordered Probit 模型结果一致。年龄组为 27～36 岁的农民

工对城市居留意愿影响系数值为正，且在 1% 水平显著，Logit 模型与
Probit 模型显示结果相同，即该年龄段会对农民工城市居留意愿产生显著
促进效应。在两个模型中婚姻状况对农民工影响系数值为正，且都在 1%
水平显著。新生代农民工对居留意愿影响均不显著。第二，就业特征中参
照国有单位，其他几类单位对农民工居留意愿影响系数值均为负，且在
1% 水平显著。两类模型内工资、劳动合同对农民工居留意愿影响系数值
均为正，均在 1% 水平显著。住房性质中公租房、自购房相较私租房影响
系数值分别为正、负，在 1% 水平显著。第三，流动特征中，Ordered Logit
模型内流动城市数、流动范围、本次居留时间对农民工城市居留意愿影响
系数值正负性与 Ordered Probit 模型相同。第四，区域对农民工居留意愿
影响系数正负性与 Ordered Probit 相同，西部地区系数值大于中部地区。

（三）对性别异质性的检验

采用 Logit 模型分别对男女性农民工居留意愿异质性进行分析，依次
记为模型（5.18）、模型（5.19），如表 5 - 9 所示。分析对比 Probit 模
型、Logit 模型中汇报结果的差异，结果如下：第一，Logit 模型中受教育
程度中初中、高中及中专、大专及以上对农民工居留意愿影响系数值均为
正，与 Probit 模型一致，均在 1% 水平显著。两种模型内，对男女两性农
民工而言，随着受教育程度上升，居留意愿均逐渐上升。第二，对 Logit
模型中另一类核心解释变量健康进行两种模型的比较分析得出，健康水
平、健康档案、健康教育活动、疾病史四个健康解释变量对两性农民工居
留意愿影响系数值为正，均在 1% 水平显著。健康水平、健康教育活动对
男性农民工影响程度大于女性，健康档案、疾病史对女性农民工影响程度
大于男性农民工。健康教育对女性农民工影响不显著，对男性农民工影响
系数值为负，与 Probit 模型显示结果相同。

表 5 - 9　　　　健康和教育人力资本对农民工城市居留意愿的

影响：Logit 模型估计结果（性别异质性）

居留意愿			男		女	
			模型（5.18）		模型（5.19）	
			系数值	标准差	系数值	标准差
个体特征	年龄（对照组：16~26岁）	27~36岁	0.0423	0.0335	0.1017 ***	0.0311
		37~46岁	-0.1522	0.1032	0.0488	0.1282
		47~59岁	-0.2492 ***	0.1080	-0.0224	0.1338
	婚姻状况		0.3339 ***	0.0303	0.4665 ***	0.0323
	受教育程度（对照组：小学及以下）	初中	0.1393 ***	0.0285	0.1740 ***	0.0287
		高中或中专	0.2631 ***	0.0349	0.3942 ***	0.0375
		大专及以上	0.4264 ***	0.0474	0.5900 ***	0.0478
	新生代农民工		-0.0946	0.1004	0.2376 **	0.1273
	健康水平		0.2505 ***	0.0233	0.1528 ***	0.0239
	健康档案		0.2167 ***	0.0266	0.2700 ***	0.0275
	健康教育		-0.1656 ***	0.0594	-0.0248	0.0638
	健康教育活动		0.2658 ***	0.0588	0.1026 ***	0.0630
	疾病史		0.2938 ***	0.0209	0.2998 ***	0.0223
就业特征	单位性质（对照组：国有企业）	私营单位	-0.2037 ***	0.0515	-0.2591 ***	0.0664
		个体工商户	-0.2064 ***	0.0525	-0.3594 ***	0.0669
		外资企业	-0.1269 *	0.0755	-0.2726 ***	0.0881
		其他	-0.2641 ***	0.0570	-0.1821 ***	0.0689
	劳动合同		0.1702 ***	0.0282	0.1346 ***	0.0322
	工资		0.1061 ***	0.0234	0.0720 ***	0.0304
	当前住房性质（对照组：私租房）	公租房	-0.1627 ***	0.0272	-0.1373 ***	0.0303
		自购房	0.7100 ***	0.0313	0.7486 ***	0.0318
流动特征	流动城市数		0.0148 ***	0.0044	0.0702 ***	0.0094
	流动范围（对照组：市内跨县）	省内跨市	-0.0173	0.0323	-0.0806 **	0.0334
		跨省	-0.1886 ***	0.0318	-0.3288 ***	0.0334

续表

居留意愿			男		女	
			模型（5.18）		模型（5.19）	
			系数值	标准差	系数值	标准差
流动特征	本次居留时间		0.0304 ***	0.0019	0.0362 ***	0.0023
	区域（对照组：东部）	中部	−0.2623 ***	0.0310	−0.2459 ***	0.0332
		西部	−0.2912 ***	0.0254	−0.3639 ***	0.0269
常数项			−0.1346	0.1533	−0.0633	0.1779
N			66665		60978	

注：***、**和*分别表示在1%、5%和10%的水平上显著。

对两种模型中其他解释变量的比较分析如下：第一，对两个模型中个体特征的比较得出，Logit模型中年龄组为27～36岁对女性农民工居留意愿影响系数值为正，在1%水平显著。婚姻状况对两性农民工居留意愿影响均为正，且对女性农民工影响程度大于对男性农民工。新生代男性农民工对居留意愿影响不显著，而对女性影响为负，在5%水平显著，与Probit模型中汇报结果一致。第二，对就业特征的比较分析得出，单位性质中相较国有企业，其他就业单位对农民工居留意愿影响为负。劳动合同、工资水平对两性农民工居留意愿影响系数均为正，男性农民工对劳动合同的需求更大，而女性农民工对工资的期望值更高。住房性质中公租房对农民工居留意愿负向影响更大，自购房对女性正向影响更大。第三，就流动特征进行比较分析得出，流动城市数对男性农民工正向效应大于女性。流动范围中省内跨市较市内跨县而言，对男性农民工居留意愿影响不显著，对女性有负向效应。跨省流动对女性农民工负向影响大于对男性的影响，与Probit模型中汇报结果相同。

（四）对代际异质性的检验

采用Logit模型对新老两代农民工居留意愿异质性进行分析，记新老两代农民工分别为模型（5.20）、模型（5.21），如表5-10所示。第一，就本书核心解释变量受教育程度对两代农民工影响异质性分析得出，受教育程度对新生代农民工居留意愿影响，随受教育程度越高，居留意愿越高，对老一代农民工而言，大专及以上学历对老一代农民工影响程度小于高中及中专，这是由于老一代农民工教育程度为大专及以上工作性质更稳定，与Probit模型汇报相同。第二，就本书另一核心解释变量健康相关的解释变量的比较分析得出，健康水平对新生代农民工城市居留意愿影响系数值大于老一代农民工，新生代农民工更愿意居留在城市。同样的健康档案对新生代农民工居留意愿影响系数值大于老一代农民工，新生代农民工工作压力更大，对健康档案需求更大。健康教育活动对老一代农民工居留意愿影响系数值大于新生代农民工，由于老一代农民工健康状况相对较差，更愿意参与健康教育活动。疾病史对新生代农民工居留意愿影响系数值更大，新生代农民工工作压力更大，对疾病史更为关注。

表5-10　　　　健康和教育人力资本对农民工城市居留意愿
影响：Logit模型估计结果（代际异质性）

居留意愿			新生代农民工		老一代农民工	
			模型（5.20）		模型（5.21）	
			系数值	标准差	系数值	标准差
个体特征		性别	-0.0913***	0.0210	0.0439**	0.0245
		年龄	0.0010	0.0024	-0.0125***	0.0023
		婚姻状况	0.4872***	0.0259	-0.0112	0.0516
	受教育程度（对照组：小学及以下）	初中	0.2139***	0.0342	0.1185***	0.0253
		高中或中专	0.3538***	0.0374	0.3580***	0.0415
		大专及以上	0.5754***	0.0429	0.3106***	0.0942
		健康水平	0.2458***	0.0275	0.1642***	0.0212
		健康档案	0.2896***	0.0256	0.1817***	0.0287

续表

居留意愿		新生代农民工		老一代农民工	
		模型（5.20）		模型（5.21）	
		系数值	标准差	系数值	标准差
个体特征	健康教育	− 0.1148 **	0.0598	− 0.0919 *	0.0634
	健康教育活动	0.1714 ***	0.0590	0.2199 ***	0.0626
	疾病史	0.3554 ***	0.0201	0.2114 ***	0.0235
就业特征	单位性质（对照组：国有企业） 私营单位	− 0.1452 ***	0.0519	− 0.3361 ***	0.0654
	个体工商户	− 0.2096 ***	0.0533	− 0.3528 ***	0.0655
	外资企业	− 0.0817	0.0685	− 0.3225 ***	0.1097
	其他	− 0.1329 ***	0.0558	− 0.2503 ***	0.0694
	劳动合同	0.1541 ***	0.0269	0.1426 ***	0.0347
	工资	0.1060 ***	0.0234	0.0720 ***	0.0271
	当前住房性质（对照组：私租房） 廉租/公租房	− 0.1820 ***	0.0259	− 0.0927 ***	0.0326
	自购房	0.7748 ***	0.0313	0.6985 ***	0.0319
流动特征	流动城市数	0.0555 ***	0.0068	0.0083 *	0.0048
	流动范围（对照组：市内跨县） 省内跨市	− 0.0579 **	0.0303	− 0.0222	0.0362
	跨省	− 0.2381 ***	0.0304	− 0.2696 ***	0.0353
	本次居留时间	0.0399 ***	0.0026	0.0293 ***	0.0018
	区域（对照组：东部） 中部	− 0.1876 ***	0.0300	− 0.3478 ***	0.0347
	西部	− 0.2701 ***	0.0244	− 0.4107 ***	0.0284
常数项		− 0.4217 ***	0.1455	1.1573 ***	0.1673
N		77167		50476	

注：***、** 和 * 分别表示在 1%、5% 和 10% 的水平上显著。

　　对其他解释变量的比较分析如下：第一，个体特征相关的解释变量分析。男性新生代农民工对城市居留意愿影响系数值为负，由于新生代女性农民工综合素质提高，对城市居留意愿较男性更高，而老一代女性农民工思想更保守，城市居留意愿不如男性。年龄对新生代农民工影响不显著，对老一代农民工影响效应为负。婚姻状况对新生代农民工影响系数为正，而婚姻对老一代农民工影响不显著，与 Logit 模型结果相同。第二，就业特征的比较分析。单位性质对农民工影响效应与 Probit 模型相同。劳动合同、工资对两代农民工影响均为正向，且对新生代农民工大于老一代农民工。住房性质中，群租房、自购房对新生代农民工居留意愿负向影响更大，新生代农民工对住房条件要求更高。第三，就流动特征比较分析。流动城市数对新生代农民工居留意愿正向影响更大，新生代农民工适应能力更强，跨城市流动成本更高。流动范围相较市内跨县流动而言省内跨市、跨省流动对农民工居留意愿影响系数值为负与 Probit 模型结果相同。本次居留时间对农民工城市居留意愿影响系数值为正，新生代农民工大于老一代农民工。新生代农民工城市适应成本更高，居留意愿也更强。

（五）对地区异质性的检验

采用 Logit 模型对三地区农民工城市居留意愿异质性进行分析，记东部、中部、西部地区依次为模型（5.22）至模型（5.24），如表 5 - 11 所示。分析比较相关变量对三地区农民工居留意愿的差异，就本书的核心解释变量受教育程度对三地区农民工居留意愿影响的差异分析如下：第一，初中、高中及中专、大专及以上对农民工居留意愿影响均为正向，且随着三地区农民工受教育程度越高，农民工居留意愿也越高，相同受教育程度对三地区农民工影响大小从大到小依次为东部、中部、西部地区。第二，关于本书关心的另一核心解释变量健康教育相关的解释变量。健康水平对三地区农民工居留意愿正向影响从大到小依次为东部、中部、西部地区。健康档案对三地区农民工正向影响从大到小依次为西部、东部、中部地区。健康教育活动对三地区农民工正向影响从大到小依次为中部、东部、西部地区。疾病史对三地区农民工居留意愿正向影响从大到小依次为西部、东部、中部地区。健康教育对东部地区农民工居留意愿影响不显著，对中部、西部地区农民工居留意愿影响为负，与 Probit 模型显示结果相同。

第五章　教育和健康人力资本对农民工城市居留意愿的影响

表 5 – 11　　　　　　　健康和教育人力资本对农民工城市居留意愿

影响：Logit 模型估计结果（地区异质性）

居留意愿		东部地区		中部地区		西部地区	
		模型（5.22）		模型（5.23）		模型（5.24）	
		系数值	标准差	系数值	标准差	系数值	标准差
个体特征	性别	– 0. 0247	0. 0254	– 0. 1122 ***	0. 0346	– 0. 0122	0. 0251
	年龄（对照组：16 ~ 26 岁）　27 ~ 36 岁	0. 1188 ***	0. 0353	0. 0390	0. 0514	0. 0143	0. 0362
	37 ~ 46 岁	– 0. 2296 **	0. 1213	0. 1982	0. 1941	– 0. 0905	0. 1282
	47 ~ 59 岁	– 0. 2789 **	0. 1280	0. 0950	0. 2010	– 0. 1906	0. 1338
	婚姻状况	0. 4065 ***	0. 0344	0. 5298 ***	0. 0504	0. 3276 ***	0. 0344
	受教育程度（对照组：小学及以下）　初中	0. 2321 ***	0. 0335	0. 1295 ***	0. 0482	0. 1271 ***	0. 0297
	高中或中专	0. 3865 ***	0. 0421	0. 1900 ***	0. 0573	0. 3487 ***	0. 0392
	大专及以上	0. 6487 ***	0. 0553	0. 4181 ***	0. 0739	0. 4022 ***	0. 0523
	新生代农民工	– 0. 1905 ***	0. 1197	0. 4692 **	0. 1910	0. 0641	0. 1262
	健康水平	0. 2572 ***	0. 0290	0. 1884 ***	0. 0353	0. 1762 ***	0. 0250
	健康档案	0. 2367 ***	0. 0338	0. 1245 ***	0. 0369	0. 3510 ***	0. 0302
	健康教育	0. 0213	0. 0742	– 0. 1924 *	0. 1093	– 0. 1515 **	0. 0622
	健康教育活动	0. 1114	0. 0741	0. 2883 ***	0. 1079	0. 1950 ***	0. 0606
	疾病史	0. 2983 ***	0. 0241	0. 2754 ***	0. 0334	0. 3091 ***	0. 0245
就业特征	单位性质（对照组：国有企业）　私营单位	– 0. 2675 ***	0. 0652	– 0. 3780 ***	0. 1014	– 0. 0715	0. 0627
	个体工商户	– 0. 3059 ***	0. 0683	– 0. 4413 ***	0. 1008	– 0. 1603 ***	0. 0610
	外资企业	– 0. 1851 ***	0. 0774	– 0. 4322 ***	0. 1524	0. 4631 **	0. 2490
	其他	– 0. 1294 *	0. 0719	– 0. 3193 ***	0. 1063	– 0. 1445 **	0. 0646
	劳动合同	0. 1145 ***	0. 0314	0. 1120 **	0. 0494	0. 1773 ***	0. 0362
	工资	0. 1498 ***	0. 0269	0. 0512	0. 0396	0. 0276 ***	0. 0295
	当前住房性质（对照组：私租房）　公租房	– 0. 2045 ***	0. 0299	– 0. 1233 ***	0. 0459	– 0. 0718 ***	0. 0349
	自购房	1. 0439 ***	0. 0521	0. 7305 ***	0. 0429	0. 6403 ***	0. 0311

新型城镇化进程中教育和健康人力资本对农民工城市融入的影响研究

续表

居留意愿		东部地区		中部地区		西部地区	
		模型（5.22）		模型（5.23）		模型（5.24）	
		系数值	标准差	系数值	标准差	系数值	标准差
流动特征	流动城市数	0.0188***	0.0064	0.0303***	0.0097	0.0350***	0.0066
	流动范围（对照组：市内跨县） 省内跨市	0.1857***	0.0576	−0.1124***	0.0380	−0.0412	0.0343
	跨省	0.1247***	0.0524	−0.3629***	0.0437	−0.3301***	0.0331
	本次居留时间	0.0391***	0.0025	0.0345***	0.0034	0.0241***	0.0022
常数项		−0.4959***	0.1884	−0.3593	0.2636	−0.1831	0.1771
N		53260		27946		46437	

注：***、**和*分别表示在1%、5%和10%的水平上显著。

对其他变量的比较分析如下：第一，就个体特征变量分析比较。在Logit模型中，性别对东部、西部地区影响不显著，对中部地区影响为负。27~36岁的东部地区三个年龄组对农民工居留意愿的影响为正，而另两个年龄组对农民工居留意愿影响为负。年龄分组对中部、西部地区影响均不显著。新生代农民工对东部、中部地区农民工居留意愿的影响为负。第二，对就业特征的分析比较。单位性质相较国有单位而言，其他几类就业单位对农民工居留意愿影响均为负，中部地区相对东部、西部地区农民工对工作性质要求更高，劳动合同、工资对三地农民工居留意愿促进作用均为正，劳动合同的正向影响西部显著大于东部、中部地区，而工资的影响效应对农民工居留意愿影响从大到小依次为东部、中部、西部地区。公租房对东部地区农民工城市居留意愿影响为负，自购房对农民工居留意愿为正，东部农民工对住房条件要求相对更高。第三，就流动特征而言，流动城市数对三地区农民工正向影响从大到小依次为西部、中部、东部地区。流动范围省内跨市、跨省流动相对市内跨县流动对东部地区影响为正向，而对中西部地区影响为负向。本次流动时间对农民工居留意愿正向影响从大到小依次为东部、中部、西部地区。

第五节　本 章 小 结

第一，受教育程度对农民工城市居留意愿有显著的正向影响。在对 Probit 模型、Ordered Probit 进行回归后，我们发现农民工受教育程度越高，在城市居留意愿通常越强。对特定农民工群体受教育程度对农民工城市居留意愿影响的异质性分析如下：受教育程度对女性农民工居留意愿正向效应大于男性，当代女性农民工发展意愿空前高涨，在相同受教育水平下女性农民工城市居留意愿更强。受教育程度对新生代农民工正向效应大于老一代农民工，新生代农民工思想前卫，更愿意在城市发展。受教育程度对东部地区农民工正向效应大于中西部地区，东部地区发展机会更多，相同受教育程度下，农民工更愿意居留在城市。受教育程度对不同群体的农民工居留意愿影响具有特异性，因而在制定政策时应有所针对。

第二，农民工医疗保障可及性、可得性不足，健康档案覆盖率有待提升。针对农民工医疗保障水平不足，会使部分农民工患病后无法得到及时、可负担的救助来抵御疾病风险。健康水平、健康档案、疾病史对农民工居留意愿有显著正向影响。农民工倾向于获得更高的健康水平、建立系统的健康档案、获取更多的医疗资源，以期获得更高水平的健康人力资本，获得更好的城市发展、居留所需的条件。关于健康变量的异质性分析结论如下：首先，男性农民工对医疗资源需求更大；女性农民工对健康档案、医疗资源的需求更大。其次，新生代农民工相较老一代农民工，对健康档案、医疗资源期望值更高。最后，东部地区农民工对健康状况期望值更高；西部地区农民工对健康档案、医疗资源需求更多。充分发挥健康教育活动在农民工与城市居民间的"桥梁"作用，增进农民工城市居留意愿。

第三，参与健康教育活动对农民工居留意愿有显著正向影响。健康教育本意在提升农民工健康意识，增加农民工健康知识储备。但由于农民工在接受健康教育过程中，健康教育知识传播路径是机械的，缺乏与当地城市居民互动，农民工对获取健康知识缺乏应有的积极主动。此外，有限的、不系统的健康教育对农民工健康意识提升无异于杯水车薪，健康教育知识传播缺乏有章可循的逻辑，更像是形式主义的做法。在本章中对健康教育进行检验时出现健康教育变量对农民工居留意愿影响不显著的现象，也是对这一现象的验证。有别于机械的健康教育，参与健康教育活动对农民工居留意愿则有显著正向影响。在参与健康教育活动时农民工参与度更高，面对面获取健康知识效果往往更好。本章认为健康教育活动是对健康教育机械模式的拓展和延伸，对健康知识传导有效性和农民工居留意愿提升效果更佳。在异质性方面，特征为男性、老一代、中西部地区的农民工对健康教育活动需求更大。

第四，就业保护、住房条件改善对农民工居留意愿有显著正向影响。对农民工就业保护不足，农民工得不到适宜自身发展所需的条件，城市居留的期望效用值小于等于其留家的期望效用值，较大程度阻碍农民工城市居留意愿。就业保护不足表现为缺乏对劳动关系、工资合法性的监督以及住房环境的关怀。在住房环境中，私租房、自购房相比公租房而言，住房条件更好，对农民工城市居留意愿有显著正向影响，农民工城市居留的期望效用值会有所上升，形成将农民工推向城市的"力"。当前针对农民工的就业保护、住房条件改善度依然不足，切实关注农民工群体在城市就业和发展中的可持续性，是提升其城市居留意愿的重要路径。

第六章 教育和健康人力资本 对农民工进城落户 意愿的影响

第一节 引 言

据国家统计局报告显示，2020 年我国拥有农民工约 2.86 亿人，其中外出农民工约 1.70 亿人，年末在城镇居住的进城农民约 1.31 亿人（国家统计局，2021）。如此大规模的农村劳动力流动，缓解了城市要素市场的结构性矛盾，满足了地区经济发展的用工需求，促进了城镇化水平的提高，尤其对城市社会发展做出了巨大贡献（周心怡等，2021）。然而，受"显性户籍墙"（即传统二元户籍制度）制度抑制和与"隐性户籍墙"（即二元户籍制度所衍生的就业、教育、补贴、社保等系列权益制度）的权利不平等安排，农民工真正实现进城落户的数量不多，大量农民工游离在城镇社会和农村社会的边缘，其工作性质、居住分布、经济地位等生存状态面临"被边缘化"风险（张吉鹏等，2020）。近年来随着户籍制度改革的深化，"显性户籍墙"的约束明显减弱，"隐性户籍墙"日益成为农民工转化户籍身份的主要制度障碍，此外，职业身份与权益不对等、城市归属感和安全感不足、缺乏生计资本等问题同样阻碍了农民工市民化的决策，削弱了其进城落户的意愿（吴珊珊、孟凡强，2019；罗楚亮、董永良，2020；黎红，2021；Katharina，2021）。因此，探究不同因素对农民工进城落户意愿的影响及其内在影响机理，对促进农民工进城落户，推动城镇化进程具有重要意义。

学术界关于农民工进城落户意愿的影响因素的研究较多。早期研究侧重于城乡二元分割户籍制度如何阻碍城乡劳动力要素流动，并通过削弱农民工进城落户意愿进而阻碍城镇化进程，认为解冻和松绑户籍制度能够加速市民化进程（蔡昉，2013；黎红，2021）。此后，城乡户籍制度逐渐放开，但常住人口城镇化率和户籍城镇化率之差却持续扩大，户籍城镇化率明显低于常住人口城镇化率（王媛玉，2020），大量农民工进城务工却不愿意进城落户的"半城镇化"问题凸显（郭芹、高兴民，2018；汤青等，2018）。对此，不少研究认为户籍制度并不能解释农民工进城落户的全部规律，其他因素同样发挥着不可替代的作用（张敏等，2018；李勇辉等，2019；喻开志等，2020；梁土坤，2020；Ahmad，2019；Yu，2021；Chakravarty，2021）。例如，农民工的个体特征、家庭特征、社会心理、社交网络等主观因素，以及农民工就业特征、流动特征、打工地特征和城市认知等客观因素同样对农民工进城落户的决策产生很大影响（唐超等，2020；陈典、马红梅，2019；Fletcher et al.，2018；Chu et al.，2019；Jaehyun，2019；Herbes，2021）。

此外，区别于城镇化新政或城乡一体化等宏观层面的战略部署，农民工市民化更侧重从微观视角关注农民工的生存权和发展权，强调在尊重农民工自主选择意愿的基础上，结合城市农民工群体特征、生存状态与心理诉求，适度引导农民工行为取向和市民化需求，促进农民工进城落户（何鹏杨等，2021；谷玉良，2021）。当前农民工群体分化和新老更替特征明显，相较于改革开放以前出生的老一代农民工，1980年以后出生的新生代农民工的社会与家庭成长环境、社会认知与家乡认同、工作生活期望与城市适应性等方面已经发生较大变化，这使得代际差异成为制度因素之外，另一影响农民工进城落户意愿的重要因素（胡军辉，2015；王蕾蕾，2020）。实际上，新生代农民工的文化水平和生活追求更高，其知识技能、生活习惯及价值观念的可塑性更强，其与现代市民相近的生活方式增强了城市环境的适应能力，他们作为"城镇化新政"的重要对象主体，通过城市就业实现自我价值的诉求也更加强烈，其进城落户的意愿也相应较高（黄敦平、王高攀；2021；王蕾蕾，2021；Çakar et al.，2021）。如姚植夫和薛建宏研究了资本存量和认知水平对新生代农民工进城落户的影响，结果表明，相较于老一代农民工，较高的个体资本、家庭资本、个体发展认知和城市生活境遇认知更能增强新生代农民工进城落户的意愿，对务工动机、农村生活、社会身份以及对城市生活境遇的认知显著影响新生代农民工进城落户的意愿。王蕾蕾研究发现，年龄越大、受教育程度以及工资收入越高、子女随迁数量越多，越能促进新生代农民工进城落户，而较长的城市生活时间则会阻碍其进城落户。

也有研究发现农民工进城落户意愿必须关注"同伴效应"，认为外来农民工作为城市资源获取的弱势群体，其就业信息等城市资源的获取更多依赖个体间的社会互动，进城落户决策也将受到同群者行为决策的影响，其结果使得个体决策更倾向于同集体行为保持一致（何军、于洁，2021）。此外，农民工个体条件适应城市需要和农民工城市生计得到有效保障是推动农民工市民化进程的关键，个体特征、制度环境和经济因素均会影响农民工进城落户的意愿（朱纪广等，2020；Zhou，2018；Carsten，2021）。例如，受到农民工群体间（内）相对经济剥夺感受差异的影响，经济相对剥夺感越强，其市民化意愿越强烈（胡军辉，2015）。未超时劳动、接受过技能培训、参加本地城镇职工医疗保险以及签订劳务合同等获得较好劳动权益保障的农民工更倾向于将户口迁入打工城市（王晓峰、温馨，2016；降雪辉，2021）。

回顾相关文献发现，虽然学界对农民工进城落户意愿的影响因素研究已较为丰富，但对农民工健康资本和教育资本的关注较少。农民工作为推动城镇化进程的关键主体，健康和教育是农民工取得城市体面安居的基础条件。因此，本书基于健康和教育人力资本视角，重点考察健康和教育人力资本对农民工进城落户意愿的影响。

第二节　理论框架与模型设定

农民工是否进城落户，取决于户籍转换后的农民工的效用能否得到改善，关键是衡量农民工取得城镇户口的期望收益与放弃农村户口的机会成本之间的大小，只有期望收益大于机会成本时，农民工才会选择进城落户。取得城镇户口的期望收益主要包括：享受更加便利和优质的医疗卫生、子女教育、文化体育、信息咨询等基础公共服务，更多潜在的就业与培训机会，更加丰富多元的收入获取渠道，更好的个人发展空间，以及潜在社会地位或声望的满足等。放弃农村户口的机会成本主要包括：放弃家庭耕地承包权、宅基地的使用权以及可能存在的集体分红，较低的农村生活成本，大部分的家乡社会关系网络，以及正在享受的农民社保项目等其他福利。

为了分析都有哪些因素会显著影响农民工进城落户的成本—收益比较和意愿选择，本书选用随机效用模型加以具体描述。该模型认为，所有的备选方案中，每一种方案都具有各自的效用，理性决策人最终选择的某种方案必然是能够带来效用最大化的方案。其模型标准形式为：

$$U^y = \beta_y X + \varepsilon_y \; ; \quad U^n = \beta_n X + \varepsilon_n \qquad (6-1)$$

其中，U 表示农民工某种决策的效用。X 为影响农民工进城落户意愿的影响因素，包括个体特征、家庭特征、就业特征、流动特征和城市归属感特征。个体特征包括农民工性别、年龄、婚姻状况、健康水平和受教育程度；家庭特征包括农民工家庭人口、家庭人均月收入，以及是否拥有家庭承包地或家庭宅基地；就业特征包括农民工就业单位的性质、是否签订劳务合同、月工资收入以及当前住房性质；流动特征包括本地流动的范围和在本地居留的时间；城市归属感特征包括农民工业余交往、是否参加本地组织的活动、社区管理参与度、志愿活动参与度、居住地认同和卫生习惯。此外，本书还加入地区虚拟变量以控制不同区域政策及发展水平对农民工进城落户意愿选择的可能性影响。β 为待估参数，ε 为随机误差，角标 y 和 n 分别代表农民工愿意进城落户和不愿意进城落户。

考虑到被解释变量"农民工进城落户意愿"为离散变量，农民工只有"愿意进城落户""不愿意进城落户"和"未想好是否进城落户"三种选择，此时基于式（6-1）线性概率模型估计结果较为粗略，需要借助专门处理二值或多值选择的模型，包括 Logit 模型和 Mlogit 模型，或者 Probit 模型和 MProbit 模型。本书采用 Logit 模型和 Mlogit 模型估计健康和教育人力资本对农民工进城落户的影响分析，采用 Probit 模型和 MProbit 模型进行变量影响的稳健性分析。

首先考虑构建 Logit 模型。假定农民工进城落户的选择只有"愿意进城落户"和"不愿意进城落户"两种。当农民工选择愿意进城落户时，表明 $U^y > U^n$，此时将该个体赋值为 1；反之，当农民工选择不愿意进城落户时，表明 $U^y \leq U^n$，此时将该个体赋值为 0。此时，可将式（6-1）转化为符合两点分布的概率模型，即式（6-2）：

$$\begin{cases} P(y=1 \mid x) = F(x, \beta) \\ P(y=0 \mid x) = 1 - F(x, \beta) \end{cases} \quad (6-2)$$

由于本书选用的样本数量较大，因此可假定 $F(\beta, x)$ 满足正态分布，则：

$$P(y=1 \mid x) = F(x, \beta) = \phi(x'\beta) = \int_{-\infty}^{x'\beta} \phi(t)\,\mathrm{d}t \quad (6-3)$$

该模型即被称为 Probit 模型。若 $F(x, \beta)$ 为"逻辑分布"的累积分布函数，则：

$$P(y=1 \mid x) = F(x, \beta) = \Lambda(x'\beta) = \frac{\exp(x'\beta)}{1 + \exp(x'\beta)} \quad (6-4)$$

该模型称为 Logit 模型。其中 β 值表示解释变量每增加一个单位，被解释变量发生的概率对数的变化。

其次，考虑农民工决策过程的复杂性，本书结合样本抽取技术文件，构建 MLogit 模型进行参数估计。将农民工进城落户的意愿选择重新划分成不愿意进城落户、未想好是否进城落户和愿意进城落户 3 种。类似地，当农民工选择不愿意进城落户时，将该个体赋值为 1；当农民工选择未想好是否愿意进城落户时，将该个体赋值为 2；当农民工选择愿意进城落户时，将该个体赋值为 3。显然，农民工选择各项方案的概率和等于 1，即 $\sum_{j=1}^{3} P(y = j \mid x) = 1$。由此，可将式（6 - 4）转化为多值选择模型，即农民工选择方案 j 的概率为：

$$P(y = j \mid x) \begin{cases} \dfrac{1}{1 + \displaystyle\sum_{j}^{3} \exp(x'\beta)} (j = 1) \\ \dfrac{\exp(x'\beta)}{1 + \displaystyle\sum_{j}^{3} \exp(x'\beta)} (j = 2、3) \end{cases} \qquad (6-5)$$

其中，$j = 1$ 所对应的方案为参照方案。此模型称为多项 Logit 模型，即 MLogit 模型。

第三节　数据来源与描述性统计

本书数据源自国家卫生和计划生育委员会 2017 年开展的全国流动人口卫生计生动态监测调查数据。调查地包括全国 31 个省（区、市）和新疆生产建设兵团（不包含港澳台地区）。调查对象是在流入地居住一个月及以上非本区（县、市）户口的 15 岁及以上流入人口。共调查 169889 人，其中包括 132555 个外来农民工和 37334 个城—城流动人口。我们根据研究需要选取了 15 ~ 59 岁的外来农民工作为分析样本，最终使用样本数量为

102308 个。

　　观察样本中，若符合落户条件，愿意将户口迁入本地的农民工占比34.57%。男性农民工的比例为57.85%。农民工人力资本存量较低，16.76%的农民工为小学及以下学历，初中学历农民工占比高达49.36%。农民工家庭月均收入的均值为2528.93元。超过一半比例的农民工拥有家庭承包地或宅基地。不超过11%的样本农民工在国有性质或外资性质的单位就业，这可能与国有单位和外资企业招聘的条件有关。签订劳务合同的农民工的比例为36.40%，月工资收入的均值为4308.24元。居住在私租房的农民工比例为61.04%。农民工在本地居留时间的均值为6.09年。仅32.48%的样本农民工较多同本地人业余交往。多数农民工流动范围是跨省流动，占比52.74%，市内跨县流动的农民工的比例仅16.37%。被访者在东部地区打工的比例为44.69%，中部为21.75%，西部为33.55%。更多统计性描述如表6-1所示。

表6-1　　　　　　　　　变量选取与描述性统计

变量名			定义	均值	标准差	最小值	最大值
落户意愿1			若符合落户条件，愿意将户口迁入本地=1，不愿意=0	0.3457	0.4756	0	1
落户意愿2			若符合落户条件，不愿意将户口迁入本地=1，未想好=2，愿意=3	1.9669	0.8506	1	3
个体特征	性别		男性=1，女性=0	0.5785	0.4938	0	1
	年龄	16~26岁	是=1，否=0	0.2131	0.4095	0	1
		27~36岁	是=1，否=0	0.3794	0.4852	0	1
		37~46岁	是=1，否=0	0.2746	0.4463	0	1
		47~59岁	是=1，否=0	0.1330	0.3395	0	1

变量名		定义	均值	标准差	最小值	最大值
个体特征	新生代农民工	被访者在1980年及以后出生=1，其他=0	0.6022	0.4895	0	1
	婚姻	被访者已婚=1，未婚=0	0.8068	0.3948	0	1
	健康水平	不健康=1，基本健康=3，健康=3	3.8400	0.3985	1	4
	受教育程度·小学及以下	被访者受教育程度为小学及以下=1，否=0	0.1676	0.3735	0	1
	受教育程度·初中	被访者受教育程度为初中=1，否=0	0.4936	0.5000	0	1
	受教育程度·高中/中专	被访者受教育程度为高中/中专=1，否=0	0.2169	0.4121	0	1
	受教育程度·大专及以上	被访者受教育程度为大专及以上=1，否=0	0.1219	0.3271	0	1
家庭特征	家庭人口	被访问者同住家庭成员数（人）	3.1559	1.2092	1	10
	家庭人均月收入	家庭年均月总收入/家庭人口（元）	2528.93	1998.75	125	100000
	承包地	被访者老家有承包地=1，否=0	0.5492	0.4976	0	1
	宅基地	被访者老家有宅基地=1，否=0	0.7153	0.4513	0	1
就业特征	就业单位性质·国有单位	被访者在国有及其控股企业/集体企业/机关/事业单位工作=1，否=0	0.0641	0.2450	0	1
	就业单位性质·私营企业	被访者在私营/股份/联营/民办组织工作=1，否=0	0.2817	0.4498	0	1
	就业单位性质·个体工商户	被访者为个体工商户=1，否=0	0.5543	0.4970	0	1
	就业单位性质·外资企业	被访者在港澳台/外商独资/中外合资企业工作=1，否=0	0.0416	0.1997	0	1
	就业单位性质·其他	被访者在国有/私营/个体工商户/外资企业以外的单位工作=1，否=0	0.0583	0.2343	0	1

续表

变量名			定义	均值	标准差	最小值	最大值
就业特征	当前住房性质	劳务合同	被访者同雇主签订了劳务合同 =1，未签订 =0	0.3640	0.4811	0	1
		工资	被访者上月工资收入（元）	4308.24	3157.40	1120	50000
		私租房	被访者现住住在整租/合租房 =1，否 =0	0.6104	0.4877	0	1
		廉租/公租房	被访者现居住在单位/雇主/公租/借住/非正规居所 =1，否 =0	0.1716	0.3771	0	1
		自购房	被访者现居住在自购商品房/自购保障性住房/自购小产权房 =1，否 =0	0.2180	0.4129	0	1
流动特征	本次流动范围	市内跨县	被访者的工作地点在市内县外 =1，否 =0	0.1637	0.3700	0	1
		省内跨市	被访者的工作地点在省内市外 =1，否 =0	0.3088	0.4620	0	1
		跨省	被访者的工作地点在省外 =1，否 =0	0.5274	0.4993	0	1
		本次居留时间	截至调查时点，被访者在本地已居住的时长（年）	6.0925	5.9121	0.17	45.42
城市归属感特征		业余交往	被访者在本地和本地人业余交往 =1，否 =0	0.3248	0.4727	0	21
		参与本地活动	被访者参与本地组织的活动 =1，未参与 =0	0.4504	0.4975	0	1
		参与社区管理	被访者监督或给所在单位/社区/村提建议的频度。没有 =1，偶尔 =2，有时 =3，经常 =4	1.1049	0.3966	1	4
		参与志愿活动	被访者主动参与捐款、献血等志愿活动的频度。没有 =1，偶尔 =2，有时 =3，经常 =4	1.4934	0.7476	1	4
		居住地认同	被访者对喜欢现居地的看法完全不同意 =1，不同意 =2，基本同意 =3，完全同意 =4	3.3643	0.5671	1	4

续表

	变量名		定义	均值	标准差	最小值	最大值
城市归属感特征	卫生习惯		被访者觉得自己的卫生习惯同本地市民差别大。完全不同意 = 1，不同意 = 2，基本同意 = 3，完全同意 = 4	1.9923	0.7414	1	4
	区域	东部	被访者在东部地区打工 = 1，否 = 0	0.4469	0.4972	0	1
		中部	被访者务中部地区打工 = 1，否 = 0	0.2175	0.4126	0	1
		西部	被访者中部地区打工 = 1，否 = 0	0.3355	0.4722	0	1

第四节　实证结果与分析

一、Logit 模型和 MLogit 模型估计结果

（一）Logit 模型估计结果

表 6 - 2 报告了教育和健康人力资本对农民工进城落户意愿的 Logit 模型估计结果。模型（6.1）是仅考虑农民工个体特征的回归结果。模型（6.2）、模型（6.3）和模型（6.4）是在考虑个体特征的基础上，逐步纳入农民工家庭特征、就业特征、流动特征以及城市归属感特征后的估计结果。结果显示，提高农民工的健康资本会增强农民工的进城落户意愿。在逐步控住各类特征变量的前提下，健康水平对农民工进城落户意愿的影响系数均在 1% 的水平上显著为正，这表明农民工健康状况会显著影响其进城落户意愿，健康水平越高，农民工进城落户的意愿越强烈。这是因为，

表6-2　健康和教育人力资本对农民工进城落户意愿的影响：Logit 模型估计结果

		模型 (6.1)		模型 (6.2)		模型 (6.3)		模型 (6.4)	
落户意愿		系数值	标准误	系数值	标准误	系数值	标准误	系数值	标准误
个体特征	性别	-0.0426***	0.0137	-0.0003	0.0139	-0.0273*	0.0147	-0.0301**	0.0149
	年龄（参照组：16~26岁）27~36岁	0.2097***	0.0209	0.1956***	0.0209	0.1430***	0.0212	0.1248***	0.0215
	37~46岁	0.1953***	0.0235	0.2172***	0.0237	0.0901***	0.0244	0.0570**	0.0247
	47~59岁	0.1919***	0.0279	0.2367***	0.0281	0.0887***	0.0291	0.0582**	0.0296
	婚姻	0.0192	0.0204	0.0366	0.0233	-0.0128	0.0237	-0.0162*	0.0241
	健康水平	0.1186***	0.0176	0.1133***	0.0177	0.1275***	0.0179	0.0752***	0.0181
	受教育程度（参照组：小学及以下）初中	0.0871***	0.0201	0.0706***	0.0203	0.0632***	0.0204	0.0351*	0.0208
	高中/中专	0.3515***	0.0234	0.3157***	0.0237	0.2851***	0.0241	0.2224***	0.0247
	大专及以上	0.6452***	0.0270	0.5777***	0.0277	0.4947***	0.0289	0.3820***	0.0299
家庭特征	家庭人口	—	—	0.0442***	0.0075	0.0105	0.0080	-0.0032	0.0081
	家庭人均月收入的对数	—	—	0.1418***	0.0137	0.0780***	0.0170	0.0439**	0.0173
	承包地	—	—	-0.1824***	0.0147	-0.1746***	0.0149	-0.2059***	0.0151
	宅基地	—	—	-0.3194***	0.0160	-0.2781***	0.0163	-0.2712***	0.0166

续表

落户意愿		模型 (6.1) 系数值	标准误	模型 (6.2) 系数值	标准误	模型 (6.3) 系数值	标准误	模型 (6.4) 系数值	标准误
就业特征	就业单位性质（参照组：国有单位） 私营企业	—	—	—	—	-0.1715 ***	0.0294	-0.1230 ***	0.0300
	个体工商户	—	—	—	—	-0.1344 ***	0.0308	-0.0950 ***	0.0314
	外资企业	—	—	—	—	-0.2398 ***	0.0424	-0.2067 ***	0.0431
	其他	—	—	—	—	-0.0417	0.0381	-0.0058	0.0388
	劳务合同	—	—	—	—	0.1686 ***	0.0182	0.1611 ***	0.0186
	工资	—	—	—	—	0.0744 ***	0.0172	0.0807 ***	0.0175
流动特征	当前住房性质（参照组：私租房） 廉租/公租房	—	—	—	—	0.3934 ***	0.0199	0.3894 ***	0.0203
	自购房	—	—	—	—	0.3418 ***	0.0244	0.2293 ***	0.0249
	本次流动范围（参照组：市内跨县） 省内跨市	—	—	—	—	0.2774 ***	0.0217	0.3063 ***	0.0221
	跨省	—	—	—	—	0.1523 ***	0.0220	0.2205 ***	0.0224
	本次居留时间	—	—	—	—	0.0289 ***	0.0012	0.0230 ***	0.0013
城市归属感特征	业余交往	—	—	—	—	—	—	0.1784 ***	0.0155
	参与本地活动	—	—	—	—	—	—	0.0311 **	0.0146
	参与社区管理	—	—	—	—	—	—	0.0706 ***	0.0173
	参与志愿活动	—	—	—	—	—	—	0.0996 ***	0.0097

续表

落户意愿		模型 (6.1)		模型 (6.2)		模型 (6.3)		模型 (6.4)	
		系数值	标准误	系数值	标准误	系数值	标准误	系数值	标准误
城市归属感特征	居住地认同	—	—	—	—	—	—	0.6175 ***	0.0131
	卫生习惯	—	—	—	—	—	—	-0.0485 ***	0.0096
	地区（参照组：东部） 中部	-0.6993 ***	0.0180	-0.6841 ***	0.0183	-0.6479 ***	0.0206	-0.7071 ***	0.0211
	西部	-0.5053 ***	0.0152	-0.5068 ***	0.0157	-0.5167 ***	0.0171	-0.5883 ***	0.0176
常数项		-1.0202 ***	0.0572	-1.9303 ***	0.1267	-2.4671 ***	0.1422	-4.2714 ***	0.1531
Log likelihood		-64450.21		-63987.83		-63314.21		-61807.67	
Prob > chi2		0.0000		0.0000		0.0000		0.0000	

注：***，** 和 * 分别表示在1%、5%和10%的水平上显著。

农民工离乡外出务工往往需要克服本地言语障碍、生活习惯、寻找工作等困难，为此需要消耗大量的时间和精力，显然，缺乏健康保障或健康水平较低的农民工很难保证有充足的时间或精力，从而顺利进入本地劳动要素市场并取得劳动报酬。另外，现有农民工较多从事低技能水平、高劳动强度、健康保障差的行业或职业，相应工作本身对农民工健康状况存在一定的限制，健康本身已经成为许多农民工进城谋求生计的基本门槛，而拥有更多健康资本的农民工更具劳动竞争力。因此，较高的健康资本会显著增强农民工的进城落户意愿。

人力资本对农民工进城落户的意愿具有显著的正向促进作用。除模型（6.4）初中学历变量的回归系数通过10%的显著性检验，其他模型或受教育分组变量的回归系数均在1%的水平上显著为正，说明农民工进城落户意愿受农民工自身受教育程度的显著影响。参照小学及以下学历，大专及以上学历的回归系数值大于高中/中专学历，更大于初中学历，表明受教育程度越高，农民工进城落户的意愿越强烈。这是因为，受教育程度越高的农民工，越有可能接受丰富的专业技能培训，亦能通过各种知识的学习、吸收和转化，提高个体就业信息获取与决策的能力，越是有可能拥有较高的劳动竞争力，进而有效保障其进入城镇主流劳动力要素市场以提高自身就业概率和收入水平，甚至在某种程度上提高了农民工在城镇的话语权与主动选择权。此外，伴随现代城市的快速发展，许多受教育程度较低的农民受传统思维观念固化的影响，其农民意识和过客心态严重，时常局限于将进城务工视为单纯获取更高的城市经济收入，以至于其在城市融入的过程中逐渐被边缘化，进而不得不经常徘徊于城乡之间。因此，较高的人力资本促进农民工进城落户的意愿。

性别显著影响农民工进城落户的意愿，且女性农民工更倾向于进城落户。除模型（6.2）中性别变量的回归系数未通过显著性检验，模型（6.1）、模型（6.3）和模型（6.4）中，性别变量对农民工进城落户意愿的影响系数为负，且分别通过了1%、10%和5%的显著性水平检验。

这表明，同等条件下，相较于男性农民工而言，女性农民工选择进城落户的概率更大，即女性农民工更倾向于进城落户。这主要是城市第三产业迅速发展而吸纳更多女性劳动力，以及女性天然在情景记忆中具有一定的优势，其对丰富多彩的城市生活的直观感触往往较男性更加深刻，这潜在提升了女性对城市生活的向往感，以及进城落户的满足感。另外，在强调平等和自由的现代社会中，传统女性以顾家为主、事业为辅的观念正在遭受挑战，社会对女性的定义已然发生较大改变，且随着教育的普及，女性农民工对自己的要求有所提高，越来越多的成功女性激励了其他女性农民工希望通过进城奋斗而实现自我价值，这增强了女性农民工进城落户的意愿。因此，同等条件下，女性农民工进城落户的意愿明显强于男性农民工。

拥有家庭承包地或宅基地对农民工进城落户意愿具有显著的负向阻碍作用。考虑家庭特征，模型（6.2）、模型（6.3）和模型（6.4）中承包地和宅基地对农民工进城落户意愿的影响均在1%的水平上显著为负，说明拥有家庭承包地或宅基地会降低农民工进城落户的意愿。理由是承包地和宅基地作为农村经济和权益制度拉力的关键载体，它是农民工在乡村生活的基础，而根据国家有关文件规定，农民工取得城镇户口的同时，将自动放弃农村土地承包权、宅基地使用权及其附带的各种潜在收益，这无疑会放大农民工进城落户的机会成本，降低农民工进城落户的意愿。另外，虽然许多农民工向往城市生活，但当前许多农民工无法判断他们将来能否有能力从市场中取得足够多的收入，从而维持城市体面安居，这使得理性的农民工必须为万一的进城失败留下返乡的退路，尤其是保留农村土地承包权和宅基地使用权，这显然有悖于进城落户的政策条件。因此，同等条件下，拥有家庭承包地或宅基地会降低农民工进城落户的意愿。

就业特征显著影响农民工进城落户的意愿。相较于国有单位就业，模型（6.3）和模型（6.4）中，私营企业、个体工商户或外资企业等就业单位分组变量的回归系数均小于零，且通过1%的显著性水平检验，表明国有单位就业的农民工更倾向于进城落户。原因是国有单位的工作稳定性和薪资福利水平更高，这能够增强农民工城市体面安居的信心。工资收入、劳务合同的回归系数均在1%的水平上显著为正，表明签订劳务合同、较高的工资收入能够增强农民工进城落户的意愿，其回归系数均在1%的水平上显著为正。一方面，城市务工收入通常被视为农民工离乡进城的最大驱动力，较高的工资收入会显著提升城市的拉力，为农民工城市体面生计提供更为坚实的经济支撑和物质保障。另一方面，签订劳务合同，尤其是签订稳定的就业合同，其作为农民工获取持久经济收入的法律保障，有利于农民工形成稳定的未来收入预期，增强城市流入的安全感。此外，相较于非正规就业工资收入，签订正规的劳动合同，还有助于提升工资水平，改善工资保障和福利水平。因此，签订劳务合同、提高工资收入将促进农民工进城落户。

适度扩大流动范围有助于促进农民工进城落户。相较于市内跨县流动，模型（6.3）和模型（6.4）中，省内跨市流动和跨省流动的回归系数均在1%的水平上显著为正，且省内跨市流动的回归系数值明显更大，表明省内跨市流动的农民工的进城落户意愿最大，跨省流动的农民工进城落户的意愿强度则介于市内跨县流动和省内跨市流动之间。原因可能是省内跨市流动的农民工在风俗文化、言语习惯以及邻里关系和距离等方面与流入地环境更为相似，因此省内跨市流动的农民工更倾向于进城落户。

本地居留时间显著影响农民工进城落户的意愿。模型（6.3）和模型（6.4）的回归结果显示，本地居留时间的回归系数均在1%的统计水平上显著为正，说明较长的本地居留时间会增强农民工进城落户的意愿。一般而言，农民工在本地居留的时间越长，其参与本地生产分工和生活融入的程度越大，且伴随本地务工经验和社会资本的积累，农民工本地生活的适应性相较于初入城市时明显增强，对自身状况和未来发展前景等理性认知也会更加清晰，这有利于降低农民工城市落户的不确定性，提高城市融入安全感、稳定感。因此，较长的本地居留时间会促进农民工进城落户的意愿。

东部地区农民工更倾向于进城落户。一般而言，农民工城市流入的初衷在很大程度上是为了寻求更多的就业机会和就业回报。东部地区的发展水平更高，大城市、特大城市及集聚形成的城市群或城市带数量明显更多，较多的地区生产对各类要素的需求十分强烈，由此衍生了更多的就业机会和更高水平的公共服务，例如接触更加先进的医疗社会保障、就业培训咨询、健康教育以及劳工权益保护等，这极大地增加了农民工进城落户的吸引力。另外，相较于中部和西部地区，东部地区由于每年新创造大量就业岗位，其较少出现外来农民工挤占本地就业空间的现象，本地人对外来农民工也相对更加友好。因此，东部地区对农民工进城落户的吸引力明显高于中部或西部地区。

此外，农民工城市归属感特征显著影响农民工进城落户意愿。例如，较多同本地人业余交往、参与本地组织活动和志愿服务、参与本地社区管理以及较高的居住地认同有利于促进农民工进城落户。这是因为，与本地人的密切交往或参与本地活动都会加强农民工对本地的认知水平，并在构建本地社会网络中获得稳定的社会关系和城市心理安慰，而更高的居住地认同则有助于强化农民工对本地生活的心理认同并放大融入本地生活的意愿，这都会增强农民工进城落户的意愿。另外，卫生习惯的回归系数在1%的水平上显著为负，说明老家同本地卫生习惯的较大差距不利于农民工进城落户。这是因为，长期受家乡风俗习惯的影响，农民工自身行为、思维方式等均带有明显的家乡特征，且可能与城市居民存在较大差异，这不利于农民工融入本地人之中。此外，卫生习惯的较大差异，无形中会增大农民适应城市生活的调整时间和精力，因此，较大的卫生习惯差距会降低农民工进城落户的意愿。

（二）MLogit 模型估计结果

表 6-3 报告了教育和健康人力资本对农民工进城落户意愿的影响的

MLogit 模型估计结果。基准组是农民工愿意进城落户。模型（6.5）是农民工不愿意进城落户组的影响因素回归结果，模型（6.6）是农民工未想好是否进城落户组的影响因素回归结果。结果显示，健康水平变量显著影响农民工进城落户意愿，其回归系数值均通过 5% 或 1% 的显著性水平检验。相较于"愿意进城落户"，健康水平变量每增加一个单位，农民工选择"不愿意进城落户"的 odds（几率比，指选择某实验组的概率与选择基准组概率的比值）是"愿意进城落户"的 exp（−0.0448）倍，选择"未想好是否进城落户"的 odds 是"愿意进城落户"的 exp（−0.1172）倍。因此，保持其他条件不变，农民工健康水平变量每增加 1 个单位，农民工更倾向于选择"愿意进城落户"，换言之，农民工健康水平越高，其城市落户的意愿越强烈。该结果与 Logit 模型的回归结果一致。

表 6 −3　　　　　健康和教育人力资本对农民工进城落户意愿的
影响：MLogit 模型估计结果

落户意愿			不愿意进城落户		未想好是否进城落户	
			模型（6.5）		模型（6.6）	
			系数	标准误	系数	标准误
基准组：愿意进城落户个体特征	性别		0.0237	0.0167	0.0418 **	0.0177
	年龄（参照组：16～26 岁）	27～36 岁	−0.1183 ***	0.0245	−0.1277 ***	0.0251
		37～46 岁	0.0152	0.0278	−0.1504 ***	0.0292
		47～59 岁	0.0601 *	0.0329	−0.2301 ***	0.0355
	婚姻		0.1067 ***	0.0274	−0.0818 ***	0.0281
	健康水平		−0.0448 **	0.0200	−0.1172 ***	0.0214
	受教育程度（参照组：小学及以下）	初中	−0.1018 ***	0.0228	0.0654 ***	0.0252
		高中/中专	−0.3316 ***	0.0275	−0.0698 **	0.0298
		大专及以上	−0.5244 ***	0.0339	−0.1956 ***	0.0358

续表

落户意愿		不愿意进城落户		未想好是否进城落户	
		模型（6.5）		模型（6.6）	
		系数	标准误	系数	标准误
家庭特征	家庭人口	0.0236 ***	0.0091	− 0.0249 ***	0.0097
	家庭人均月收入的对数	0.0129	0.0193	− 0.1184 ***	0.0206
	承包地	0.2991 ***	0.0170	0.0859 ***	0.0180
	宅基地	0.3673 ***	0.0190	0.1591 ***	0.0196
就业特征	就业单位性质（参照组：国有单位）私营企业	0.1095 ***	0.0341	0.1392 ***	0.0363
	个体工商户	0.0741 **	0.0356	0.1220 ***	0.0379
	外资企业	0.1874 ***	0.0492	0.2344 ***	0.0517
	其他	− 0.0672	0.0444	0.0945 **	0.0464
	劳务合同	− 0.1645 ***	0.0209	− 0.1579 ***	0.0220
	工资	− 0.0500 ***	0.0195	− 0.1231 ***	0.0210
	当前住房性质（参照组：私租房）廉租/公租房	− 0.5031 ***	0.0223	− 0.2351 ***	0.0241
	自购房	− 0.3278 ***	0.0275	− 0.0918 ***	0.0297
流动特征	本次流动范围（参照组：市内跨县）省内跨市	− 0.3901 ***	0.0242	− 0.1927 ***	0.0261
	跨省	− 0.2996 ***	0.0246	− 0.1109 ***	0.0265
	本次居留时间	− 0.0223 ***	0.0014	− 0.0237 ***	0.0016
城市归属感特征	业余交往	− 0.2058 ***	0.0175	− 0.1439 ***	0.0185
	参与本地活动	− 0.0511 ***	0.0164	− 0.0055	0.0174
	参与社区管理	− 0.0776 ***	0.0198	− 0.0613 ***	0.0210
	参与志愿活动	− 0.0954 ***	0.0109	− 0.1049 ***	0.0117
	居住地认同	− 0.6672 ***	0.0145	− 0.5529 ***	0.0154
	卫生习惯	0.0525 ***	0.0107	0.0437 ***	0.0114
	地区（参照组：东部）中部	0.8137 ***	0.0234	0.5659 ***	0.0251
	西部	0.6526 ***	0.0198	0.5059 ***	0.0209
常数项		3.0635 ***	0.1776	4.2854 ***	0.1839
Log likelihood		− 106491.280			
Prob > chi2		0.0000			

注：***、** 和 * 分别表示在 1%、5% 和 10% 的水平上显著。

观察受教育程度变量。首先横向分析，与小学及以下农民工相比较，初中学历农民工选择"不愿意进城落户"的 odds 是"愿意进城落户"的 exp（-0.1018）倍，选择"未想好是否进城落户"的 odds 是"愿意进城落户"的 exp（0.0654）倍，这说明相较于小学及以下农民工，初中学历农民工更倾向于选择"未想好是否进城落户"。同理，高中/中专学历、大学及以上学历的农民工更倾向于选择"愿意进城落户"。其次纵向分析，第二列选择"不愿意进城落户"的农民工分组中，参照小学及以下学历农民工，解释变量增加1组别单位时，初中学历的农民工选择"不愿意进城落户"的概率是"愿意进城落户"的 exp（-0.1018）倍，高中/中专学历的农民工选择"不愿意进城落户"的概率是"愿意进城落户"的 exp（-0.3316）倍，大学及以上学历的农民工选择"不愿意进城落户"的概率是"愿意进城落户"的 exp（-0.5244）倍，这说明小学及以下学历的农民工更倾向于选择"不愿意进城落户"，而随着受教育程度的提高，农民工选择"不愿意进城落户"的概率逐渐降低。同理，初中学历的农民工选择"未想好是否进城落户"的概率最大，且随着受教育程度的提高，农民工选择"不愿意进城落户"的概率逐渐降低。因此，给定其他变量条件下，随着农民工受教育程度越高，其进城落户的意愿越强烈，其中，小学及以下学历农民工更倾向于选择"不愿意进城落户"，初中学历的农民工更倾向于选择"未想好是否进城落户"，高中/中专及以上学历的农民工更倾向于选择"愿意进城落户"。

类似健康水平变量的分析，性别对农民工进城落户的影响存在异质性。控制其他条件不变，相较于"愿意进城落户"，性别变量会显著影响农民工"未想好是否进城落户"的意愿，但不会显著影响"不愿意进城落户"的意愿，男性在1%的显著性水平上更倾向于选择"未想好是否进城落户"，这表明相较于男性农民工而言，女性农民工更倾向于选择"愿意进城落户"。该结论与 Logit 模型回归结果一致，原因主要是现代城市第三产业发展对女性农民工的需求较大，且女性农民工对城市生活的直观感受与满足更容易获得，同时与女性对自我要求的提高和较少考虑其他额外负担有关。

拥有承包地/宅基地会降低农民工进城落户的意愿；工资月收入越高、本次流动时间越长、参加本地活动、较多同本地人的业余交往以及本人对居住地的认同越高越能够促进农民工进城落户；老家与打工地卫生习惯较大差异则不利于农民工进城落户意愿的提高。这是因为，承包地/宅基地作为农民工乡村生活和取得乡村社会经济收入的制度权益基础，会显著增大乡村拉力，而较高的城市就业收入和本地居留时间，则有助于提高农民工城市生活的安全感和归属感，从而增强城市吸引力。同时，对本地活动或社区管理的参与等，能够提高农民工对本地社会生活的认知，加快对本地社交网络的构建，从而帮助农民工获取更多外部信息，并满足农民工城市生活过程中的心理安慰，这些都构成促进农民工进城落户的有利因素，并最终提高农民工进城落户的意愿。

最后对年龄、就业单位性质以及地区分组变量的观察显示，不同年龄段、不同就业单位性质、不同流动范围和不同地区等对农民工进城落户的意愿的影响均存在显著的异质性。其中，相较于其他组内变量，年龄在27～36岁、受雇于国有单位、省内跨市流动的东部地区农民工更显著倾向于选择"愿意进城落户"；年龄在47～59岁、受雇于外资企业、跨省流动的中部地区农民工更显著倾向于"不愿意进城落户"。该结论与前文Logit模型回归结果一致，因此不再赘述其原因。

二、异质性检验

（一）性别异质性检验

表6-4报告了教育和健康人力资本对不同性别农民工进城落户意愿影响的Logit模型估计结果。模型（6.7）是男性农民工进城落户意愿的影

响因素的回归结果，模型（6.8）是女性农民工进城落户意愿的影响因素的回归结果。结果显示，健康水平变量显著影响男性或女性农民工的进城落户意愿，不同模型中健康水平变量的回归系数值均通过了5%或1%的显著性水平检验。模型（6.7）中，健康水平变量的回归系数为0.0824，高于模型（6.8）中的0.0630，这说明同等健康水平条件下，男性农民工比女性农民工更倾向于进城落户，其原因可能是男性农民工往往承担较重的体力劳动，其工作和薪资稳定性对健康程度的依赖性更高。观察受教育程度变量，高中/中专、大专及以上学历的回归系数均在1%的水平上显著为正，模型（6.7）中的各受教育分组变量的回归系数值明显小于模型（6.8）中各受教育分组变量的回归系数值，这说明同等受教育程度条件下，女性农民工更倾向于选择进城落户，且随着受教育程度的提高，其进城落户意愿越大。原因可能是男性选择进城落户时，通常要审慎考虑进城落户的成本和收益，相较于工资等真正可支配的收入，其考虑的成本开支可能更大，诸如购房、子女教育、赡养老人以及家人日常生活开支等成本，这无疑会加重男性农民工进城落户的物质负担和精神压力，而女性多数情况下则较少考虑这些，其进城落户的压力相对较小，这点从男性对工资的依赖性高于女性中可见一斑［模型（6.7）中月工资收入对数的回归系数值大于模型（6.8）的回归系数值］。

　　类似对年龄、就业单位性质、流动范围和地区分组变量的观察显示，27～36岁是农民工进城落户意愿最强烈的时段（尤其对于女性而言），其回归系数值在模型（6.7）或模型（6.8）中均明显大于其他年龄分组变量的回归系数，此后随着年龄的增长，男性农民工进城落户的意愿逐渐下降，女性农民工进城落户意愿则不再受到年龄增长的影响。同理，就业单位性质和流动范围变量会显著影响农民工进城落户意愿，受雇于国有单位、省内跨市流动的农民工更倾向于进城落户，且女性进城落户的意愿明显高于男性。最后，对地区分组变量的观察证实，无论男女，农民工进城落户的意愿依次为东部地区大于西部地区，西部地区大于中部地区。

表 6 - 4　　　健康和教育人力资本对不同性别农民工进城落户意愿的

影响：Logit 模型估计结果

落户意愿			男性		女性	
			模型（6.7）		模型（6.8）	
			系数值	标准误	系数值	标准误
个体特征	年龄（参照组：16～26 岁）	27～36 岁	0.1112 ***	0.0303	0.1389 ***	0.0308
		37～46 岁	0.0841 **	0.0338	0.0130	0.0372
		47～59 岁	0.0675 *	0.0390	0.0376	0.0472
	婚姻		− 0.0267	0.0329	0.0003	0.0358
	健康水平		0.0824 ***	0.0242	0.0630 **	0.0275
	受教育程度（参照组：小学及以下）	初中	0.0158	0.0282	0.0403	0.0313
		高中/中专	0.1548 ***	0.0329	0.3054 ***	0.0382
		大专及以上	0.3398 ***	0.0404	0.4212 ***	0.0452
家庭特征	家庭人口		− 0.0127	0.0109	0.0059	0.0123
	家庭人均月收入的对数		0.0140	0.0233	0.0654 **	0.0263
	承包地		− 0.2230 ***	0.0199	− 0.1807 ***	0.0233
	宅基地		− 0.2617 ***	0.0225	− 0.2776 ***	0.0246
就业特征	就业单位性质（参照组：国有单位）	私营企业	− 0.0484	0.0391	− 0.2299 ***	0.0472
		个体工商户	− 0.0370	0.0411	− 0.1800 ***	0.0491
		外资企业	− 0.1382 **	0.0574	− 0.2989 ***	0.0659
		其他	0.0836 *	0.0509	− 0.1432 **	0.0601
	劳务合同		0.1403 ***	0.0245	0.1890 ***	0.0285
	工资		0.1060 ***	0.0234	0.0720 ***	0.0271
	当前住房性质（参照组：私租房）	廉租/公租房	0.3747 ***	0.0266	0.4046 ***	0.0314
		自购房	0.1772 ***	0.0329	0.2886 ***	0.0384
流动特征	本次流动范围（参照组：市内跨县）	省内跨市	0.2881 ***	0.0295	0.3329 ***	0.0334
		跨省	0.2226 ***	0.0296	0.2187 ***	0.0344
	本次居留时间		0.0201 ***	0.0016	0.0288 ***	0.0021

落户意愿			男性		女性	
			模型（6.7）		模型（6.8）	
			系数值	标准误	系数值	标准误
城市归属感特征	业余交往		0.1548 ***	0.0206	0.2094 ***	0.0238
	参与本地活动		0.0251	0.0192	0.0418 *	0.0227
	参与社区管理		0.0698 ***	0.0216	0.0787 ***	0.0292
	参与志愿活动		0.0937 ***	0.0124	0.1098 ***	0.0153
	居住地认同		0.6373 ***	0.0172	0.5884 ***	0.0203
	卫生习惯		− 0.0366 ***	0.0125	− 0.0666 ***	0.0148
	地区（参照组：东部）	中部	− 0.7332 ***	0.0278	− 0.6678 ***	0.0324
		西部	− 0.5764 ***	0.0230	− 0.6067 ***	0.0274
常数项			− 4.3946 ***	0.2098	− 4.3556 ***	0.2495
Log likelihood			− 35743.178		− 26011.789	
Prob > chi2			0.0000		0.0000	
观测数量（N）			59185		43123	

注：***、** 和 * 分别表示在 1%、5% 和 10% 的水平上显著。

（二）代际异质性检验

表 6 − 5 报告了教育和健康人力资本对不同代际农民工进城落户意愿影响的 Logit 模型估计结果。模型（6.9）是新生代农民工进城落户意愿的影响因素的回归结果，模型（6.10）是老一代农民工进城落户意愿的影响因素的回归结果。结果显示：

较高的健康资本存量更倾向于促进新生代农民工的进城落户意愿。相对于模型（6.9）中健康水平的回归系数在 1% 的统计水平上显著为正，模型（6.10）中健康水平的回归系数未通过显著性检验，这意味着较高的健康水平会显著促进新生代农民工的进城落户意愿，但不影响老一代农民工的进城落户意愿。这是因为，相较于新生代农民工愿意享受城市生活而言，老一代农民工长期受传统思想观念和生活习惯的约束，其接纳新事物、新知识的意愿和能力也相对较弱，进城目的更多是获取务工收入，以便改善乡下生活，因此，尽管健康状况良好，老一代农民工较少考虑进城落户。

表6-5　　健康和教育人力资本对不同代际农民工进城落户意愿的
影响：Logit 模型估计结果

落户意愿			新生代农民工		老一代农民工	
			模型（6.9）		模型（6.10）	
			系数值	标准误	系数值	标准误
个体特征		性别	-0.0647***	0.0189	0.0303	0.0247
		年龄	0.0095***	0.0023	-0.0007	0.0024
		婚姻	0.0351	0.0278	-0.3020***	0.0542
		健康水平	0.1372***	0.0283	0.0322	0.0238
	受教育程度（参照组：小学及以下）	初中	-0.0194	0.0363	0.0693***	0.0261
		高中/中专	0.1777***	0.0386	0.2319***	0.0374
		大专及以上	0.3205***	0.0419	0.4180***	0.0723
家庭特征		家庭人口	0.0042	0.0103	-0.0169	0.0135
		家庭人均月收入的对数	0.0673***	0.0222	0.0175	0.0276
		承包地	-0.1598***	0.0192	-0.2853***	0.0244
		宅基地	-0.2289***	0.0208	-0.3431***	0.0275
就业特征	就业单位性质（参照组：国有单位）	私营企业	-0.0679*	0.0372	-0.2362***	0.0510
		个体工商户	-0.0652*	0.0396	-0.1608***	0.0519
		外资企业	-0.1937***	0.0509	-0.1692*	0.0844
		其他	0.0069	0.0480	-0.0396	0.0658
	劳务合同		0.2112***	0.0232	0.0689**	0.0311
	工资		0.0816***	0.0227	0.0673**	0.0277
	当前住房性质（参照组：私租房）	廉租/公租房	0.4056***	0.0253	0.3299***	0.0340
		自购房	0.2318***	0.0321	0.1844***	0.0402

续表

落户意愿			新生代农民工		老一代农民工	
			模型（6.9）		模型（6.10）	
			系数值	标准误	系数值	标准误
流动特征	本次流动范围（参照组：市内跨县）	省内跨市	0.3171 ***	0.0277	0.2908 ***	0.0366
		跨省	0.1903 ***	0.0286	0.2690 ***	0.0364
	本次居留时间		0.0273 ***	0.0021	0.0199 ***	0.0016
城市归属感特征	业余交往		0.2000 ***	0.0199	0.1342 ***	0.0248
	参与本地活动		0.0255	0.0185	0.0380	0.0240
	参与社区管理		0.0787 ***	0.0219	0.0530 *	0.0284
	参与志愿活动		0.0902 ***	0.0122	0.1140 ***	0.0158
	居住地认同		0.6064 ***	0.0168	0.6291 ***	0.0210
	卫生习惯		− 0.0508 ***	0.0125	− 0.0482 ***	0.0148
	地区（参照组：东部）	中部	− 0.6424 ***	0.0269	− 0.8159 ***	0.0342
		西部	− 0.5727 ***	0.0228	− 0.6230 ***	0.0278
常数项			− 4.9227 ***	0.2116	− 3.2487 ***	0.2735
Log likelihood			− 37671.281		− 24036.894	
Prob > chi2			0.0000		0.0000	
观测数量（N）			61605		40703	

注：***、** 和 * 分别表示在 1%、5% 和 10% 的水平上显著。

较高的人力资本存量更容易促进老一代农民工的进城落户意愿。相对于小学及以下学历，模型（6.9）中高中/中专、大专及以上学历农民工的进城落户意愿分别是小学及以下学历的 exp（0.1777）倍、exp（0.3205）倍，且均在 1% 的统计水平上显著，这表明受教育程度的提高会促进新生代农民工的进城落户意愿。同理，受教育程度的提高会促进老一代农民工的进城落户意愿。进一步对比发现，高中/中专、大学及以上学历变量在模型（6.9）中的回归系数值（依次为 0.1777、0.3205）明显小于模型（6.10）中的回归系数值（依次为 0.2319、0.4180），这意味着相同文化程度下，老一代农民工更愿意进城落户。教育作为衡量人力资本的重要指标，农民工受教育程度越高，其知识存量、学习新知识、掌握新技能的能力越高，越能适应现代化社会的发展，也更容易获取更高层次的收益，从而有利于提高农民工进城落户意愿。但不同于新一代农民工成长于现代化社会，其提高自身受教育程度只是实现身份转别的众多渠道之一，除此之外还有其他众多融合现代城市的机会和渠道，而老一代农民工由于受到历史客观条件和现有年龄的限制，其受教育水平往往是既定的，未来很难进一步提升，换言之，老一代农民工的文化程度可能是唯一可以帮助他们摆脱原有农民身份束缚，实现进城落户的现实途径。在这种情况下，老一代农民工显然更愿意抓住学历提升机会进而增强进城落户可能性。

（三）区域异质性检验

表6-6报告了教育和健康人力资本对不同地区农民工进城落户意愿影响的Logit模型估计结果。模型（6.11）是东部地区农民工进城落户意愿的影响因素的回归结果，模型（6.12）是中部地区农民工进城落户意愿的影响因素的回归结果，模型（6.13）是西部地区农民工进城落户意愿的影响因素的回归结果。

较高的健康资本存量更倾向于促进东部地区农民工的进城落户意愿。相对于模型（6.11）、模型（6.12）中健康水平的回归系数均在1%的统计水平上显著为正，模型（6.13）中健康水平的回归系数未通过显著性检验，这意味着较高的健康水平会显著促进东部和中部地区农民工的进城落户意愿，但不影响西部地区农民工的进城落户意愿。进一步观察发现，模型（6.11）中健康水平的回归系数值（0.1145）明显高于模型（6.12）中健康水平的回归系数值（0.0882），这说明同等健康水平下，东部地区农民工的进城落户的意愿大于中部地区农民工的进城落户意愿。对此，一种解释是东部地区经济较为发达，其拥有更为丰富和更高质量的基础公共服务资源以及更好的个人发展空间，能够为农民工提供更好的社会福利和发展机会，同时，东部城市拥有更好的就业机会和薪资待遇，这会增大东部地区对农民工进城落户的吸引力。

表 6 – 6 健康和教育人力资本对不同地区农民工进城落户
意愿的影响：Logit 模型估计结果

落户意愿		东部		中部		西部	
		模型（6.11）		模型（6.12）		模型（6.13）	
		系数值	标准误	系数值	标准误	系数值	标准误
个体特征	性别	– 0.0816 ***	0.0221	– 0.0493	0.0339	0.0450 *	0.0260
	年龄（参照组：16～26岁）27～36岁	0.1965 ***	0.0314	– 0.0114	0.0492	0.0739 **	0.0375
	37～46岁	0.1476 ***	0.0364	– 0.1362 **	0.0568	0.0172	0.0428
	47～59岁	0.1459 ***	0.0441	– 0.0456 *	0.0677	0.0034	0.0505
	婚姻	0.1850 ***	0.0367	– 0.0353	0.0558	– 0.2560 ***	0.0392
	健康水平	0.1145 ***	0.0285	0.0882 **	0.0390	0.0266	0.0298
	受教育程度（参照组：小学及以下）初中	0.2454 ***	0.0316	0.0055	0.0534	– 0.1420 ***	0.0330
	高中/中专	0.5027 ***	0.0377	0.1809 ***	0.0603	– 0.0904 **	0.0408
	大专及以上	0.7529 ***	0.0457	0.3172 ***	0.0709	– 0.0852 *	0.0505
家庭特征	家庭人口	– 0.0011	0.0124	– 0.0478 **	0.0189	– 0.0087	0.0136
	家庭人均月收入的对数	0.1790 ***	0.0264	– 0.0199	0.0398	– 0.1180 ***	0.0289
	承包地	– 0.1053 ***	0.0216	– 0.3691 ***	0.0343	– 0.2751 ***	0.0277
	宅基地	– 0.1774 ***	0.0251	– 0.3978 ***	0.0368	– 0.2708 ***	0.0285
就业特征	就业单位性质（参照组：国有单位）私营企业	– 0.2758 ***	0.0457	– 0.0078	0.0739	0.0276	0.0499
	个体工商户	– 0.1389 ***	0.0493	– 0.1277 *	0.0753	– 0.0336	0.0501
	外资企业	– 0.3259 ***	0.0558	0.0756	0.1242	– 0.0468	0.1594
	其他	– 0.1720 ***	0.0586	0.0618	0.0949	0.1008	0.0637
	劳务合同	0.1767 ***	0.0270	0.0142	0.0445	0.1666 ***	0.0321
	工资	0.1498 ***	0.0269	0.0512	0.0396	– 0.0276	0.0295
	当前住房性质（参照组：廉租/公租房）私租房	0.4327 ***	0.0277	0.3518 ***	0.0493	0.2328 ***	0.0380
	自购房	0.3173 ***	0.0392	0.0503	0.0557	0.1760 ***	0.0426

续表

落户意愿		东部		中部		西部	
		模型（6.11）		模型（6.12）		模型（6.13）	
		系数值	标准误	系数值	标准误	系数值	标准误
流动特征	本次流动范围（参照组：市内跨县） 省内跨市	0.4860***	0.0513	0.2440***	0.0359	0.3229***	0.0341
	跨省	0.6642***	0.0483	−0.0960**	0.0456	0.0963***	0.0346
	本次居留时间	0.0321***	0.0019	0.0150***	0.0031	0.0091***	0.0022
城市归属感特征	业余交往	0.2519***	0.0259	0.1182***	0.0323	0.1697***	0.0248
	参与本地活动	−0.0085	0.0215	0.0754**	0.0335	0.0903***	0.0257
	参与社区管理	0.0528**	0.0272	−0.0118	0.0400	0.1261***	0.0280
	参与志愿活动	0.1580***	0.0147	0.0609***	0.0217	0.0562***	0.0165
	居住地认同	0.6702***	0.0193	0.5778***	0.0301	0.5550***	0.0226
	卫生习惯	−0.1056***	0.0144	0.0413*	0.0224	−0.0201	0.0158
常数项		−7.0565***	0.2345	−3.4154***	0.3449	−1.8765***	0.2605
Log likelihood		−28646.66		−12301.894		−20150.397	
Prob > chi2		0.0000		0.0000		0.0000	
观测数量（N）		42725		22254		34329	

注：***、**和*分别表示在1%、5%和10%的水平上显著。

　　较高的人力资本存量更倾向于促进东部和中部地区农民工的进城落户意愿，阻碍西部地区农民工进城落户。相对于小学及以下学历，模型（6.11）中初中、高中/中专、大专及以上学历农民工的进城落户意愿分别是小学及以下学历的 exp（0.2454）倍、exp（0.5027）倍、exp（0.7529）倍，且均在 1% 的统计水平上显著，这表明提高受教育程度显著增强东部地区农民工的进城落户意愿。同理，提高受教育程度显著增强中部地区农民工的进城落户意愿，降低西部地区农民工的进城落户意愿。进一步对比发现，初中、高中/中专、大学及以上学历变量在模型（6.11）中的回归系数值（依次为 0.2354、0.5027、0.7529）明显大于模型（6.12）中的回归系数值（依次为 0.0055、0.1809、0.3172），也大于模型（6.13）中的回归系数值（依次为 - 0.1420、- 0.0904、- 0.0852），这意味着相同文化程度下，东部地区农民工进城落户的意愿大于中部地区大于西部地区。实际上，伴随受教育程度的提高，农民工实现进城落户的能力也不断提高，但相较于东部和中部地区而言，西部地区经济发展水平相对滞后，城市基础公共服务水平相较于中部，尤其是相较于东部地区存在明显差距，此时受教育程度的提高，虽然增强了西部地区农民工进城落户的禀赋条件，却更放大了西部地区农民工落户中部或东部地区的意愿，因此受教育程度的提高，不仅没有像中部或东部地区一样提高农民工落户中部或东部地区城市的意愿，反而阻碍了西部地区农民工落户西部地区城市的意愿。

三、稳健性检验

采用 Probit、MProbit 模型估计了健康和教育人力资本对农民工进城落户意愿的影响，主要研究变量的回归系数的显著性水平是否发生明显变化，所显示的实证结果与前文分析一致。稳健性检验结果见表 6 - 7 ~表 6 - 11。

（一）Pobit 模型估计结果

表 6 - 7 报告了教育和健康人力资本对农民工进城落户意愿的 Probit 模型估计的稳健性检验结果。模型（6.14）是仅考虑农民工个体特征的回归结果。模型（6.15）、模型（6.16）和模型（6.17）是在考虑个体特征的基础上，逐步纳入农民工家庭特征、就业特征、流动特征以及城市归属感特征后的估计结果。结果表明，同 Logit 模型回归结果（表 6 - 2）相比，逐步加入农民工家庭特征、就业特征、流动特征以及城市归属感特征后，健康水平变量和受教育程度变量对农民工进城落户意愿的影响均未明

表6-7　健康和教育人力资本对农民工进城落户意愿的影响：Probit 模型估计结果

落户意愿		模型 (6.14) 系数值	模型 (6.14) 标准误	模型 (6.15) 系数值	模型 (6.15) 标准误	模型 (6.16) 系数值	模型 (6.16) 标准误	模型 (6.17) 系数值	模型 (6.17) 标准误
个体特征	性别	-0.0255 ***	0.0084	0.0003	0.0085	-0.0157 *	0.0089	-0.0182 **	0.0090
	年龄 (参照组：16~26岁) 27~36岁	0.1272 ***	0.0127	0.1186 ***	0.0127	0.0866 ***	0.0128	0.0752 ***	0.0130
	37~46岁	0.1170 ***	0.0143	0.1299 ***	0.0143	0.0536 ***	0.0147	0.0339 **	0.0149
	47~59岁	0.1156 ***	0.0169	0.1421 ***	0.0171	0.0534 ***	0.0176	0.0358 **	0.0178
	婚姻	0.0086	0.0124	0.0195	0.0141	-0.0097	0.0144	-0.0109	0.0145
	健康水平	0.0709 ***	0.0106	0.0672 ***	0.0106	0.0758 ***	0.0107	0.0456 ***	0.0108
	受教育程度 (参照组：小学及以下) 初中	0.0501 ***	0.0122	0.0415 ***	0.0122	0.0374 ***	0.0123	0.0197	0.0125
	高中/中专	0.2105 ***	0.0142	0.1906 ***	0.0144	0.1725 ***	0.0146	0.1333 ***	0.0149
	大专及以上	0.3917 ***	0.0165	0.3527 ***	0.0169	0.3022 ***	0.0177	0.2319 ***	0.0181
家庭特征	家庭人口	—	—	0.0265 ***	0.0046	0.0064	0.0048	-0.0016	0.0049
	家庭人均月收入的对数	—	—	0.0841 ***	0.0084	0.0466 ***	0.0103	0.0263 **	0.0104
	承包地	—	—	-0.1117 ***	0.0090	-0.1065 ***	0.0091	-0.1248 ***	0.0092
	宅基地	—	—	-0.1963 ***	0.0098	-0.1697 ***	0.0100	-0.1649 ***	0.0101

续表

落户意愿			模型 (6.14)		模型 (6.15)		模型 (6.16)		模型 (6.17)	
			系数值	标准误	系数值	标准误	系数值	标准误	系数值	标准误
就业特征	就业单位性质（参照组：国有单位）	私营企业	—	—	—	—	-0.1041***	0.0180	-0.0741***	0.0183
		个体工商户	—	—	—	—	-0.0822***	0.0188	-0.0572***	0.0191
		外资企业	—	—	—	—	-0.1458***	0.0260	-0.1262***	0.0263
		其他	—	—	—	—	-0.0254	0.0233	-0.0037	0.0236
	劳务合同		—	—	—	—	0.1015***	0.0111	0.0967***	0.0112
	工资		—	—	—	—	0.0440***	0.0105	0.0484***	0.0106
流动特征	当前住房性质（参照组：私租房）	廉租/公租房	—	—	—	—	0.2357***	0.0119	0.2331***	0.0121
		自购房	—	—	—	—	0.2027***	0.0146	0.1354***	0.0149
	本次流动范围（参照组：市内跨县）	省内跨市	—	—	—	—	0.1631***	0.0130	0.1797***	0.0131
		跨省	—	—	—	—	0.0848***	0.0131	0.1244***	0.0133
	本次居留时间		—	—	—	—	0.0176***	0.0008	0.0140***	0.0008
城市归属感特征	业余交往		—	—	—	—	—	—	0.1071***	0.0093
	参与本地活动		—	—	—	—	—	—	0.0199**	0.0089
	参与社区管理		—	—	—	—	—	—	0.0434***	0.0106
	参与志愿活动		—	—	—	—	—	—	0.0611***	0.0059

续表

落户意愿		模型 (6.14)		模型 (6.15)		模型 (6.16)		模型 (6.17)	
		系数值	标准误	系数值	标准误	系数值	标准误	系数值	标准误
城市归属感特征	居住地认同	—	—	—	—	—	—	0.3655***	0.0077
	卫生习惯	—	—	—	—	—	—	-0.0306***	0.0058
地区 (参照组:东部)	中部	-0.4253***	0.0109	-0.4171***	0.0110	-0.3951***	0.0124	-0.4280***	0.0127
	西部	-0.3083***	0.0093	-0.3094***	0.0096	-0.3145***	0.0104	-0.3548***	0.0106
常数项		-0.6175***	0.0345	-1.1500***	0.0770	-1.4693***	0.0863	-2.5444***	0.0923
Log likelihood		-64459.13		-63993.86		-63330.61		-61841.501	
Prob > chi2		0.0000		0.0000		0.0000		0.0000	

注: ***、**和*分别表示在1%、5%和10%的水平上显著。

显发生。模型（6.14）~模型（6.17）中，健康水平变量的回归系数值均在1%的统计水平上显著为正，表明农民工进城落户意愿确实会受到农民工健康水平的影响，且随着农民工健康水平越高，其进城落户的意愿越强烈；相对于小学及以下受教育程度，初中、高中/中专、大专及以上受教育程度分组变量的回归系数值均在1%的统计水平上显著为正，且大专及以上受教育程度分组变量的回归系数值大于高中/中专学历，大于初中学历的农民工的回归系数，这证实了较高的教育资本存量的确会增强农民工进城落户的意愿。

（二）MProbit 模型估计结果

表6-8报告了教育和健康人力资本对农民工进城落户意愿的影响的MLogit 模型回归的稳健性检验结果。基准组是农民工愿意进城落户。模型（6.18）是农民工不愿意进城落户组的影响因素回归结果，模型（6.19）是农民工未想好是否进城落户组的影响因素回归结果。相较于 MLogit 模型估计结果（表6-3），MProbit 模型估计结果显示，除回归系数值大小存在变化以外，健康水平变量和受教育程度变量对农民工进城落户意愿的影响方向和显著性水平均未发生变化。模型（6.18）、模型（6.19）中，健康水平变量的回归系数均在1%的统计水平上显著为负，表明随着健康资本存量的增加，农民工更倾向于选择"愿意进城落户"；受教育程度变量影响中，相对于小学及以下受教育程度，初中、高中/中专、大专及以上受教育程度分组变量的回归系数值均在1%的统计水平上显著为负，表明随着农民工教育资本存量的增加，其选择"愿意进城落户"概率更大，且大专及以上农民工更倾向于进城落户。可见，健康和教育人力资本会显著影响农民工进城落户意愿。

表 6－8　　　　　健康和教育人力资本对农民工进城落户意愿的

影响：MProbit 模型估计结果

落户意愿			不愿意进城落户		未想好是否进城落户	
			模型（6.18）		模型（6.19）	
			系数值	标准误	系数值	标准误
基准组：愿意进城落户个体特征	性别		0.0185	0.0132	0.0317 **	0.0137
	年龄（参照组：16～26 岁）	27～36 岁	− 0.0918 ***	0.0192	− 0.0989 ***	0.0195
		37～46 岁	0.0149	0.0219	− 0.1157 ***	0.0225
		47～59 岁	0.0513 **	0.0260	− 0.1774 ***	0.0271
	婚姻		0.0852 ***	0.0215	− 0.0634 ***	0.0218
	健康水平		− 0.0347 **	0.0157	− 0.0899 ***	0.0164
	受教育程度（参照组：小学及以下）	初中	− 0.0794 ***	0.0181	0.0498 ***	0.0191
		高中/中专	− 0.2618 ***	0.0218	− 0.0557 **	0.0228
		大专及以上	− 0.4129 ***	0.0268	− 0.1575 ***	0.0276
家庭特征	家庭人口		0.0186 ***	0.0072	− 0.0188 **	0.0075
	家庭人均月收入的对数		0.0106	0.0153	− 0.0903 ***	0.0159
	承包地		0.2376 ***	0.0134	0.0680 ***	0.0139
	宅基地		0.2899 ***	0.0150	0.1268 ***	0.0153
就业特征	就业单位性质（参照组：国有单位）	私营企业	0.0870 ***	0.0271	0.1069 ***	0.0280
		个体工商户	0.0600 **	0.0282	0.0930 ***	0.0292
		外资企业	0.1522 ***	0.0391	0.1804 ***	0.0402
		其他	− 0.0502	0.0351	0.0701 **	0.0360
	劳务合同		− 0.1291 ***	0.0165	− 0.1207 ***	0.0170
	工资		− 0.0393 **	0.0155	− 0.0938 ***	0.0162
	当前住房性质（参照组：私租房）	廉租/公租房	− 0.3958 ***	0.0175	− 0.1793 ***	0.0183
		自购房	− 0.2591 ***	0.0217	− 0.0654 ***	0.0226
流动特征	本次流动范围（参照组：市内跨县）	省内跨市	− 0.3028 ***	0.0190	− 0.1408 ***	0.0198
		跨省	− 0.2274 ***	0.0193	− 0.0707 ***	0.0201
	本次居留时间		− 0.0178 ***	0.0011	− 0.0183 ***	0.0012

续表

落户意愿			不愿意进城落户		未想好是否进城落户	
			模型（6.18）		模型（6.19）	
			系数值	标准误	系数值	标准误
城市归属感特征	业余交往		− 0.1599 ***	0.0136	− 0.1112 ***	0.0141
	参与本地活动		− 0.0425 ***	0.0130	− 0.0060	0.0134
	参与社区管理		− 0.0631 ***	0.0157	− 0.0496 ***	0.0163
	参与志愿活动		− 0.0763 ***	0.0087	− 0.0826 ***	0.0090
	居住地认同		− 0.5146 ***	0.0112	− 0.4185 ***	0.0117
	卫生习惯		0.0432 ***	0.0085	0.0360 ***	0.0088
	地区（参照组：东部）	中部	0.6424 ***	0.0184	0.4396 ***	0.0191
		西部	0.5135 ***	0.0156	0.3913 ***	0.0161
常数项			2.3195 ***	0.1351	3.2329 ***	0.1412
Log likelihood			′− 106535.00			
Prob > chi2			0.0000			

注：***、** 和 * 分别表示在 1%、5% 和 10% 的水平上显著。

（三）性别异质性的稳健性检验

表 6 − 9 报告了教育和健康人力资本对不同性别农民工进城落户意愿影响的 Probit 模型估计结果。模型（6.20）是男性农民工进城落户意愿的影响因素的回归结果，模型（6.21）是女性农民工进城落户意愿的影响因素的回归结果。对比 Logit 估计结果（表 6 − 4），表 6 − 9 结果显示，健康水平变量和受教育程度变量对男性和女性农民工进城落户意愿的影响存在差异。其中，模型（6.20）中的健康水平变量的回归系数高于模型（6.21），且回归系数值均在 1% 的统计水平上显著为正，其结果与 Logit 估计结果一致，说明同样的健康资本存量下，男性农民工比女性农民工更倾向于进城落户。类似 Logit 估计结果，高中/中专、大专及以上学历的回归系数均在 1% 的水平上显著为正，且模型（6.20）中

的各受教育分组变量的回归系数值明显小于模型（6.21）中各受教育分组变量的回归系数值，说明同样的教育资本存量，女性农民工更倾向于选择进城落户。因此，教育和健康人力资本对农民工进城落户意愿的影响确实存在性别异质性，即健康水平对男性农民工进城落户意愿的影响大于女性，而提高受教育程度对男性农民工进城落户意愿的促进作用小于女性农民工。

表6-9　　健康和教育人力资本对不同性别农民工进城落户
意愿的影响：Probit 模型估计结果

落户意愿			男性		女性	
			模型（6.20）		模型（6.21）	
			系数值	标准误	系数值	标准误
个体特征	年龄（参照组：16~26 岁）	27~36 岁	0.0672 ***	0.0183	0.0838 ***	0.0186
		37~46 岁	0.0503 **	0.0204	0.0078	0.0223
		47~59 岁	0.0411 *	0.0235	0.0249	0.0283
	婚姻		-0.0174	0.0198	-0.0005	0.0216
	健康水平		0.0496 ***	0.0144	0.0387 **	0.0164
	受教育程度（参照组：小学及以下）	初中	0.0081	0.0170	0.0230	0.0187
		高中/中专	0.0927 ***	0.0199	0.1835 ***	0.0231
		大专及以上	0.2061 ***	0.0246	0.2561 ***	0.0274
家庭特征	家庭人口		-0.0074	0.0066	0.0040	0.0074
	家庭人均月收入的对数		0.0083	0.0141	0.0395 **	0.0159
	承包地		-0.1357 ***	0.0121	-0.1088 ***	0.0141
	宅基地		-0.1580 ***	0.0137	-0.1700 ***	0.0150
就业特征	就业单位性质（参照组：国有单位）	私营企业	-0.0287	0.0237	-0.1397 ***	0.0288
		个体工商户	-0.0212	0.0249	-0.1100 ***	0.0299
		外资企业	-0.0828 **	0.0350	-0.1848 ***	0.0403
		其他	0.0516 *	0.0310	-0.0891 **	0.0366

续表

落户意愿			男性		女性	
			模型（6.20）		模型（6.21）	
			系数值	标准误	系数值	标准误
就业特征	劳务合同		0.0843 ***	0.0148	0.1136 ***	0.0172
	工资		0.0636 ***	0.0142	0.0430 ***	0.0164
	当前住房性质（参照组：私租房）	廉租/公租房	0.2251 ***	0.0159	0.2406 ***	0.0186
		自购房	0.1051 ***	0.0197	0.1698 ***	0.0230
流动特征	本次流动范围（参照组：市内跨县）	省内跨市	0.1685 ***	0.0175	0.1956 ***	0.0198
		跨省	0.1263 ***	0.0176	0.1221 ***	0.0204
	本次居留时间		0.0123 ***	0.0010	0.0174 ***	0.0013
城市归属感特征	业余交往		0.0935 ***	0.0124	0.1240 ***	0.0139
	参与本地活动		0.0164	0.0116	0.0263 **	0.0138
	参与社区管理		0.0426 ***	0.0132	0.0487 ***	0.0178
	参与志愿活动		0.0576 ***	0.0076	0.0669 ***	0.0094
	居住地认同		0.3780 ***	0.0101	0.3469 ***	0.0119
	卫生习惯		− 0.0235 ***	0.0076	− 0.0416 ***	0.0090
	地区（参照组：东部）	中部	− 0.4438 ***	0.0167	− 0.4037 ***	0.0195
		西部	− 0.3486 ***	0.0139	− 0.3641 ***	0.0165
常数项			− 2.5736 ***	0.1214	− 2.5509 ***	0.1451
Log likelihood			′ − 35759.00		− 26030.4	
Prob > chi2			0.0000		0.0000	
观测数量（N）			59185		43123	

注：***、** 和 * 分别表示在 1%、5% 和 10% 的水平上显著。

（四）代际异质性的稳健性检验

表 6 - 10 报告了教育和健康人力资本对不同代际农民工进城落户意愿影响的 Probit 模型估计结果。模型（6.22）是新生代农民工进城落户意愿的影响因素的回归结果，模型（6.23）是老一代农民工进城落户意愿的

影响因素的回归结果。结果显示，健康水平变量和受教育程度变量对新生代和老一代农民工进城落户意愿的影响存在显著差异。模型（6.22）中健康水平的回归系数在1%的统计水平上显著为正，模型（6.23）中健康水平的回归系数未通过显著性检验，该估计结果与Logit模型估计结果（表6-5）一样，这意味着较高的健康水平会显著促进新生代农民工的进城落户意愿，但不影响老一代农民工的进城落户意愿。类似Logit模型估计结果，表6-10中，相对于小学及以下学历，模型（6.22）和模型（6.23）中，高中/中专、大专及以上学历农民工的进城落户意愿明显更高，且变量均通过了1%的显著性检验，这证实了较高的人力资本存量的确会更容易促进老一代农民工的进城落户意愿。

表6-10　　　　健康和教育人力资本对不同代际农民工进城落户
意愿的影响：Probit模型估计结果

落户意愿			新生代农民工		老一代农民工	
			模型（6.22）		模型（6.23）	
			系数值	标准误	系数值	标准误
个体特征	性别		-0.0389***	0.0115	0.0177	0.0148
	年龄		0.0057***	0.0014	-0.0003	0.0014
	婚姻		0.0201	0.0168	-0.1834***	0.0330
	健康水平		0.0825***	0.0169	0.0203	0.0142
	受教育程度（参照组：小学及以下）	初中	-0.0133	0.0218	0.0405***	0.0157
		高中/中专	0.1057***	0.0233	0.1394***	0.0226
		大专及以上	0.1939***	0.0253	0.2565***	0.0442
家庭特征	家庭人口		0.0026	0.0063	-0.0096	0.0081
	家庭人均月收入的对数		0.0400***	0.0135	0.0110	0.0166
	承包地		-0.0971***	0.0117	-0.1724***	0.0148
	宅基地		-0.1395***	0.0127	-0.2070***	0.0167

续表

落户意愿			新生代农民工		老一代农民工	
			模型（6.22）		模型（6.23）	
			系数值	标准误	系数值	标准误
就业特征	就业单位性质（参照组：国有单位）	私营企业	− 0.0410 *	0.0227	− 0.1402 ***	0.0309
		个体工商户	− 0.0394 *	0.0241	− 0.0948 ***	0.0314
		外资企业	− 0.1197 ***	0.0311	− 0.1001 **	0.0516
		其他	0.0036	0.0293	− 0.0231	0.0399
	劳务合同		0.1276 ***	0.0141	0.0411 **	0.0187
	工资		0.0492 ***	0.0138	0.0398 **	0.0167
流动特征	当前住房性质（参照组：私租房）	廉租/公租房	0.2436 ***	0.0151	0.1960 ***	0.0201
		自购房	0.1375 ***	0.0193	0.1073 ***	0.0239
	本次流动范围（参照组：市内跨县）	省内跨市	0.1879 ***	0.0165	0.1675 ***	0.0215
		跨省	0.1072 ***	0.0171	0.1512 ***	0.0215
	本次居留时间		0.0167 ***	0.0013	0.0120 ***	0.0010
城市归属感特征	业余交往		0.1215 ***	0.0121	0.0794 ***	0.0145
	参与本地活动		0.0165	0.0112	0.0240 *	0.0145
	参与社区管理		0.0486 ***	0.0134	0.0325 *	0.0173
	参与志愿活动		0.0554 ***	0.0075	0.0696 ***	0.0096
	居住地认同		0.3613 ***	0.0099	0.3682 ***	0.0123
	卫生习惯		− 0.0326 ***	0.0076	− 0.0296 ***	0.0089
	地区（参照组：东部）	中部	− 0.3905 ***	0.0162	− 0.4898 ***	0.0203
		西部	− 0.3461 ***	0.0138	− 0.3744 ***	0.0168
常数项			− 2.9431 ***	0.1277	− 1.9205 ***	0.1646
Log likelihood			− 37689.926		− 24053.327	
Prob > chi2			0.0000		0.0000	
观测数量（N）			61605		40703	

注：*** 、** 和 * 分别表示在 1%、5% 和 10% 的水平上显著。

进一步对比回归系数值大小，高中/中专、大专及以上学历变量在模型（6.22）中的回归系数值明显小于模型（6.23）中的回归系数值，这意味着相同文化程度下，老一代农民工更愿意进城落户，该结论与表6－5中Logit模型的估计结果相一致。因此，教育和健康人力资本对农民工进城落户意愿的影响确实存在代际异质性，即较高的健康水平会显著促进新生代农民工的进城落户意愿，但对老一代农民工进城落户意愿的影响则不显著；受教育程度对老一代农民工进城落户意愿的影响程度高于对新生代农民工进城落户的影响，同等文化程度条件下，老一代农民工更倾向于进城落户。

（五）区域异质性的稳健性检验

表6－11报告了教育和健康人力资本对地区农民工进城落户意愿影响的Probit模型估计结果。模型（6.24）是东部地区农民工进城落户意愿的影响因素的回归结果，模型（6.25）是中部地区农民工进城落户意愿的影响因素的回归结果，模型（6.26）是西部地区农民工进城落户意愿的影响因素的回归结果。与表6－6中Logit模型分析结果一致，表6－11的估计结果显示，教育和健康人力资本对地区农民工进城落户意愿影响确实存在区域异质性。模型（6.24）中健康水平的回归系数值高于模型（6.25）中的系数值，且均在1%的统计水平上显著为正，模型（6.26）中健康水平的回归系数未通过显著性检验，这表明：相同健康资本存量条件下，较高的健康资本存量更倾向于促进东部地区农民工的进城落户意愿，但不影响西部地区农民工的进城落户意愿。相对于小学及以下学历，模型（6.24）中初中、高中/中专、大专及以上学历农民工的进城落户的概率明显更大，且各变量的回归系数值大于模型（6.25）中的回归系数值，更大于模型（6.26）中的回归系数值，这表明提高受教育程度会增强不同地区农民工的进城落户意愿，且同等教育资本存量条件下，东部地区农民工进城落户的意愿大于中部地区大于西部地区。因此，教育和健康人力资本对农民工

进城落户意愿的影响确实存在区域异质性。

表6-11　　　健康和教育人力资本对不同区域农民工进城落户

意愿的影响：Probit 模型估计结果

落户意愿			东部		中部		西部	
			模型（6.24）		模型（6.25）		模型（6.26）	
			系数	标准误	系数	标准误	系数	标准误
个体特征		性别	-0.0491***	0.0135	-0.0290	0.0201	0.0263*	0.0156
	年龄（参照组：16~26岁）	27~36岁	0.1222***	0.0191	-0.0057	0.0294	0.0430*	0.0225
		37~46岁	0.0920***	0.0222	-0.0796**	0.0336	0.0099	0.0256
		47~59岁	0.0915***	0.0269	-0.0252	0.0400	0.0019	0.0301
		婚姻	0.1118***	0.0224	-0.0233	0.0333	-0.1535***	0.0237
		健康水平	0.0703***	0.0173	0.0509**	0.0228	0.0170	0.0178
	受教育程度（参照组：小学及以下）	初中	0.1485***	0.0191	0.0043	0.0312	-0.0846***	0.0198
		高中/中专	0.3069***	0.0230	0.1066***	0.0354	-0.0527**	0.0245
		大专及以上	0.4605***	0.0279	0.1926***	0.0420	-0.0492*	0.0305
家庭特征		家庭人口	-0.0005	0.0075	-0.0281**	0.0111	-0.0047	0.0082
		家庭人均月收入的对数	0.1098***	0.0161	-0.0147	0.0234	-0.0693***	0.0174
		承包地	-0.0644***	0.0132	-0.2181***	0.0204	-0.1631***	0.0166
		宅基地	-0.1089***	0.0153	-0.2371***	0.0222	-0.1634***	0.0173
就业特征	就业单位性质（参照组：国有单位）	私营企业	-0.1681***	0.0279	-0.0051	0.0443	0.0183	0.0302
		个体工商户	-0.0847***	0.0301	-0.0739*	0.0450	-0.0184	0.0303
		外资企业	-0.2001***	0.0340	0.0439	0.0741	-0.0257	0.0965
		其他	-0.1064***	0.0358	0.0387	0.0569	0.0617	0.0387
		劳务合同	0.1069***	0.0164	0.0069	0.0264	0.1007***	0.0194
		工资	0.0911***	0.0164	0.0308	0.0234	-0.0158	0.0176
	当前住房性质（参照组：私租房）	廉租/公租房	0.2636***	0.0167	0.2059***	0.0286	0.1394***	0.0225
		自购房	0.1934***	0.0239	0.0256	0.0324	0.1050***	0.0254

续表

落户意愿		东部		中部		西部	
		模型（6.24）		模型（6.25）		模型（6.26）	
		系数	标准误	系数	标准误	系数	标准误
流动特征	本次流动范围（参照组：市内跨县） 省内跨市	0.2854 ***	0.0304	0.1404 ***	0.0212	0.1941 ***	0.0204
	跨省	0.3929 ***	0.0286	− 0.0579 **	0.0266	0.0569 ***	0.0205
	本次居留时间	0.0197 ***	0.0011	0.0087 ***	0.0018	0.0055 ***	0.0013
城市归属感特征	业余交往	0.1544 ***	0.0158	0.0714 ***	0.0191	0.1010 ***	0.0145
	参与本地活动	− 0.0037	0.0131	0.0467 **	0.0198	0.0545 ***	0.0154
	参与社区管理	0.0327 **	0.0166	− 0.0062	0.0238	0.0771 ***	0.0171
	参与志愿活动	0.0969 ***	0.0090	0.0359 ***	0.0129	0.0349 ***	0.0100
	居住地认同	0.4046 ***	0.0115	0.3364 ***	0.0175	0.3220 ***	0.0131
	卫生习惯	− 0.0663 ***	0.0088	0.0238 *	0.0133	− 0.0138	0.0095
常数项		− 4.2823 ***	0.1416	− 1.9928 ***	0.2030	− 1.1201 ***	0.1552
Log likelihood		− 28652.76		− 12305.091		− 20159.09	
Prob > chi2		0.0000		0.0000		0.0000	
观测数量（N）		42725		22254		34329	

注：*** 、** 和 * 分别表示在 1% 、5% 和 10% 的水平上显著。

第五节　本章小结

第一，较高的健康人力资本促进农民工进城落户意愿。在逐步控住各类特征变量的前提下，健康水平对农民工进城落户意愿的影响系数均通过显著性水平检验，且回归系数值恒为正，表明农民工健康状况会显著影响其进城落户意愿，健康水平越高，农民工进城落户的意愿越强烈，这与理论和现实情况相吻合。农民工离乡外出务工需要具备一定的健康人力资本，以便保证有充足的时间或精力以克服本地言语障碍、生活习惯、寻找工作等困难，从而顺利进入本地劳动要素市场并取得劳动报酬。同时，当前农民工较多从事低技能水平、高劳动强度、健康保障差的行业或职业，较高的健康人力资本则有助于农民工跨越进城谋求生计的就业门槛，并提高自身的劳动竞争力，这会提高农民工城市安全感和稳定感，进而显著增强农民工的进城落户的意愿。

第二，较高的教育人力资本促进农民工进城落户意愿。各模型回归结果和稳健性检验结果均显示，人力资本对农民工进城落户的意愿具有显著的正向促进作用，受教育程度越高，农民工进城落户的意愿越强烈。通常而言，教育程度的提高，有助于帮助农民工获得更为丰富的专业技能培训，亦能通过提高农民工对各种知识的学习、吸收和转化能力，进而提高农民工就业信息获取与决策的能力从而有效保障其进入城镇主流劳动力要素市场以提高自身就业概率和收入水平，甚至在某种程度上提高了农民工在城镇的话语权与主动选择权。因此，较高的人力资本促进农民工进城落户的意愿。相较于小学及以下受教育程度的农民工，大专及以上的农民工的进城落户意愿明显高于高中/中专学历，高中/中专学历的农民工进城落户的意愿又高于初中学历的农民工。

第三，健康和教育人力资本对农民工进城落户意愿的影响存在性别异质性。健康水平和受教育程度会显著影响男性或女性农民工的进城落户意愿，相较于男性农民工而言，同等健康和教育人力资本水平的女性农民工选择进城落户的概率更大，即：同等条件下，女性农民工更倾向于进城落户。进一步分析表明，只考虑健康人力资本时，健康水平变量对男性农民工进城落户意愿的影响系数值明显高于女性，表明提高健康人力资本更能促进男性农民工进城落户。类似地，只考虑教育人力资本时，受教育程度对女性农民工进城落户意愿的影响系数值明显高于男性，表明教育人力资本对女性农民工进城落户意愿的影响更大，提高受教育程度的提高，更能促进女性农民工进城落户。因此，健康水平对男性农民工进城落户意愿的影响大于女性，而提高受教育程度对男性农民工进城落户意愿的促进作用小于女性农民工。

　　第四，健康和教育人力资本对农民工进城落户意愿的影响存在代际异质性。当前农民工群体分化和新老更替特征明显，相较于改革开放以前出生的老一代农民工，1980 年以后出生的新生代农民工的社会与家庭成长环境、社会认知与家乡认同、工作生活期望与城市适应性等方面已经发生较大变化，这使得健康和教育人力资本对不同代际农民工进城落户意愿的影响存在显著差异。实证结果显示，较高的健康水平会显著促进新生代农民工的进城落户意愿，但不影响老一代农民工的进城落户意愿。相对于小学及以下学历，受教育程度的提高均会显著促进老一代农民工和新一代农民工进城落户的意愿，但受制于成长环境的不同，提高学历可能是老一代农民工实现身份转变的唯一途径，新生代农民工则还有其他众多融入现代城市的机会和渠道，因此，较高的人力资本存量更倾向于增强老一代农民工的进城落户意愿。

　　第五，健康和教育人力资本对农民工进城落户意愿的影响存在区域异质性。一般而言，农民工城市流入的初衷在很大程度上是为了寻求更多的就业机会和就业回报，东部地区的发展水平相对更高，地区生产对各类要素的需求也更为强烈，其更多的就业机会和更高水平的公共服务对农民工进城落户的吸引力要明显高于中部或西部地区。本书研究证实了这一结论，即较高的健康资本存量更倾向于促进东部地区农民工的进城落户意愿。但相对于东部和中部地区而言，健康水平对西部地区农民工进城落户意愿的回归系数未通过显著性检验，这意味着健康水平不影响西部地区农民工的进城落户意愿。此外，较高的人力资本存量更倾向于促进东部和中部地区农民工的进城落户意愿，阻碍西部地区农民工进城落户，这意味着促进西部地区农民工向东部地区转移有助于促进农民工进城落户。

第七章　教育和健康人力资本
对农民工城市融入的影响

第一节　引　　言

　　庞大的农民工群体有效融入城市对促进我国城市化进程具有重要意义。党的十九届五中全会将加快农民工市民化进程作为"十四五"规划的重要任务。截至 2020 年底，全国农民工数量已达 2.86 亿人（国家统计局，2021）。在国家经济建设初期，为优先发展重工业和城市，逐渐形成了以户籍制度为基础的城乡二元分割的社会结构。在这种结构下，产生了农业人口和非农业人口两种户籍身份，社会阶层分化特征日渐显著。庞大的农民工群体在城乡二元分割的社会体制下进城务工，却因为户籍身份难以真正融入。农民工群体为城市经济的发展做出了重要贡献，却难以成为真正意义上的城市居民，无法与其他居民共享城市发展的成果。随着工业化进程的加快，自动化和半自动化技术在诸多行业领域内得以广泛应用。这对农民工专业技能的要求越来越高。农民工群体由于从事的岗位通常工作力度较大，需要承担更高的健康风险。因此，研究健康和教育人力资本对农民工城市融入的影响，有助于为农民工融入城市的政策制定提供参考。

第七章　教育和健康人力资本对农民工城市融入的影响

国际上关于社会融入的研究成果比较丰富。这些研究大多针对国家间移民的社会融入问题进行分析。已有研究发现，文化与信仰对外来人口融入本地社会具有显著性的影响。外来人口的意识形态、宗教信仰，以及民族文化与当地人越是趋于一致，越容易融入当地社会（Malik，2014；Gentin；2019；Werner，2021）。另有研究表明，受过更高教育的外来人口更容易受到当地的欢迎。这是因为教育可以让外来劳动者拥有相应的认知水平和劳动技能，为当地经济发展创造更多价值（Mackela，2018；Muslih，2021）。也有研究认为，解决外来人口健康问题对增加社会融入度具有重要意义。随着人口迁移的队伍日益庞大，其健康问题已然成为当地城市健康领域的重要议题（Lisa，2021）。有学者从长远角度分析，认为外来人口在未来所能创造的经济利益和社会利益远超过短期融合费用。所以有必要将外来人口的语言培训、职业技能教育，以及医疗健康保障纳入当地的公共预算范畴内（Kancs，2018；Anne，2021）。

与国外研究相比，国内学者对农民工城市融入的研究多从政策保障和组织实践的视角进行。已有研究表明，我国农民工流动在政府引导下分别经历了嵌入、漂移，以及融入三个发展阶段。无论在哪一个阶段，政府的政策制定和组织实施对促进农民工城市融入具有重要意义（黎红，2021；洪银兴，2021）。由于进城务工的农民工数量日益增多，农民工在打工地城市的医疗、健康、职业教育等领域的权益需要相应的政策保障，因为这些福利保障有助于农民工与社会深入融合（李丹丹，2017；孟凡强，2021）。已有学者认为随着教育人力资本的积累，可以产生较强的收入效应，并促进农民工市民化（马红梅，2020；黄敦平，2021）。另有研究发现公共健康保障制度有助于帮助农民工抵抗职业生涯中的健康风险，进而增进其对打工地城市的心理认同（杨晶，2021）。

已有研究提出农民工城市融入仍有三个方面的问题亟待解决。第一，缺少衡量农民工城市融入程度的综合性指标。通过梳理相关文献发现，有些文献使用单一维度的指标对农民工城市融入进行衡量，但是一维指标难以衡量农民工城市融入的多维性。另有一些文献则通过建立多维指标对农民工城市融入进行衡量，但是多维指标无法为农民工城市融入的状态提供一个综合性判断。第二，已有文献关于农民工城市融入影响效应的研究缺少对分布规律的刻画。已有文献对农民工城市融入的影响因素及其影响效应的研究，大多是从均值意义的角度进行分析，缺少对条件分布规律进行刻画和论证。第三，已有文献研究样本的代表性不足。已有文献多选择某一个市或省作为研究区域，这会导致研究样本不具有代表性。对农民工城市融入进行全面的实证分析，需要一份兼具规模性和代表性的全国数据作为研究样本。鉴于此，本书基于 2017 年全国流动人口卫生计生动态监测调查数据，运用模糊集理论构建一个综合性的农民工城市融入指标。使用普通最小二乘法（ordinary least square，OLS）和分位数回归方法（quantile regression），实证分析了健康和教育人力资本对农民工城市融入的影响。

第二节　变量定义和描述性统计

本书的数据来源于 2017 年全国流动人口卫生计生动态监测调查数据。该调查以全国 31 个省（区、市）和新疆生产建设兵团（不包含港澳台地区）的年报数据为基础，采用分层、多阶段、与规模成比例的 PPS 方法进行抽样。抽样城市的选取兼顾区域经济带和大中小城市等因素，调查信息涵盖流动人口的个体特征、家庭构成、健康状况，以及社会融合等多个方面。该项调查所覆盖流动人口的总样本量约 169989 万人，其中有 132555 个农村户籍流动人口。根据实证分析的需要，本书以处于劳动年龄 16 ~ 59 周岁的农民工为研究对象。经过数据筛选和整理，共获得 94008 个有效观测样本。

第七章 教育和健康人力资本对农民工城市融入的影响

一、因变量的构建

农民工城市融入度是本书关注的主要被解释变量。城市融入的内涵既复杂又模糊,目前并未出现统一的衡量标准。根据已有研究,本书将从心理融入和社会融入两个方面界定农民工城市融入度。在此基础之上,通过借鉴模糊集理论(fuzzy set theory)构建农民工城市融入度的综合测评指标。模糊集理论由扎德(Zadeh)于1965年提出,主要用于测算公民所能享受的社会福利水平。该理论通过隶属度函数(membership function)为各种子指标赋值,进而得到综合性的隶属度指标。这种综合性指标可以较为客观地衡量受访者的主观倾向。在本书所使用的调查数据中,有专门针对农民工城市融入主观倾向所填写的调研项目。鉴于此,本书通过运用隶属度函数构建农民工城市融入度这一综合性指标,以测量农民工在打工地城市的融入程度。隶属度函数详见式(7-1)。

$$\mu(x_i^j) = \begin{cases} 0, & x_i^j \leqslant \min(x_i^j) \\ \dfrac{x_i^j - \min(x_i^j)}{\max(x_i^j) - \min(x_i^j)}, & \min(x_i^j) < x_i^j < \max(x_i^j) \\ 1, & x_i^j \geqslant \max(x_i^j) \end{cases} \qquad (7-1)$$

其中,$\mu(\cdot)$ 是隶属度函数,x_i^j($j=1,\cdots,n;i=1,\cdots,m$)是第 i 个样本的第 j 个子指标的原始值。x_i^j 介于 0 到 1 之间,数值进行标准化处理。在获得各个子指标的隶属度之后,通过加总方式获得最终的综合性指标。这种加总的过程在实质上就是选取恰当的函数 $f(x)$,以获取最终的综合性指标即 $\mu_b(i)$,具体如式(7-2)所示。$\mu_b(i)$ 是综合性隶属度指标,$\mu_j(i)$ 是第 i 个样本的第 j 个子指标。尽管加总函数 $f(x)$ 有多种形式进行处理,本书根据实际需要主要选择加权平均的方法进行运算。

$$\mu_b(i) = f[\mu_1(i), \cdots, \mu_j(i)] \qquad (7-2)$$

表 7 - 1 是本书构建因变量所用到的子指标及其描述性统计。本书首先从农民工关注本地的发展变化、融入本地的意愿，以及本地人接纳农民工的意愿三个方面衡量农民工心理融入程度。其次，从农民工社会公共活动的参与频次衡量其在打工地城市的社会融入情况。具体从是否有过工会等组织的活动、向所在社区或者单位建言献策的经历，以及参加公益活动的经历三个方面进行测算。最后，通过隶属度函数将农民工的心理融入和社会融入两种子指标进行加权赋值，并得到综合性的隶属度指标即农民工城市融入度。

表 7 - 1　　　　　　　　本书主要因变量的定义和描述性统计

	变量	定义	均值	标准差	最小值	最大值
心理融入	我关注本地发展变化	完全不同意为1，不同意为2，基本同意为3，完全同意为4	3.3393	0.6004	1	4
	我愿意融入本地	完全不同意为1，不同意为2，基本同意为3，完全同意为4	3.2975	0.6391	1	4
	本地人接纳我的意愿	完全不同意为1，不同意为2，基本同意为3，完全同意为4	3.2432	0.6242	1	4
社会融入	参加过组织活动	是为1，否为0	0.4344	0.4957	0	1
	建言献策的经历	是为1，否为0	0.0765	0.2657	0	1
	参加公益活动的经历	是为1，否为0	0.3554	0.4787	0	1
农民工融入度		根据隶属度函数测算所得到的城市融入综合指标（取值范围在0到1）	0.2940	0.2134	0	1

二、自变量的选择

健康和教育人力资本是本书关注的主要解释变量。教育是人力资本的重要组成部分，受教育层次越高表明农民工的职业能力和认知能力较强，

第七章 教育和健康人力资本对农民工城市融入的影响

有助于其融入城市。如表 7 - 2 所示，有 50.64% 的农民工受教育程度为初中，另有 19.07% 为小学及以下文凭。这说明农民工的整体受教育程度偏低。健康是另一种重要的人力资本，健康状况的好坏可能会影响到农民工的流动性和生活需求，进而会影响到农民工的城市融入度。如表 7 - 2 所示，有 83.87% 的农民工比较健康，说明农民工整体身体素质较好。农民工的城市融入还受到了其他人口学特征变量、家庭特征变量、工作特征变量，以及流动特征变量的影响。人口学特征除了教育程度和健康状况之外，还包括年龄、性别、民族、中共党员的政治面貌、婚姻状况。家庭特征主要包括家庭人口、家庭月收入、父母外出务工经历、住房性质。工作特征主要包括个人月收入、劳动合同、就业身份、单位性质、行业类型。流动特征主要包括流动范围、流动模式、流动时长、医疗保险，以及健康档案。

表 7 - 2   本章主要自变量的定义和描述性统计

	变量	定义	均值	标准差	最小值	最大值
人口学特征	16~30 岁	16~30 岁为 1，否为 0	0.4430	0.4967	0	1
	31~40 岁	31~40 岁为 1，否为 0	0.9092	0.2874	0	1
	41~50 岁	41~50 岁为 1，否为 0	0.0335	0.1800	0	1
	51~59 岁	51~59 岁为 1，否为 0	0.9254	0.2627	0	1
	性别	男为 1，女为 0	0.4430	0.4967	0	1
	民族	汉为 1，否为 0	0.9092	0.2874	0	1
	中共党员	中共党员为 1，否为 0	0.0335	0.1800	0	1
	婚姻状况	已婚为 1，否为 0	0.9254	0.2627	0	1
教育程度	小学及以下	小学及以下为 1，否为 0	0.1907	0.3928	0	1
	初中	初中是为 1，否为 0	0.5064	0.5000	0	1
	高中或中专	高中或中专是为 1，否为 0	0.2005	0.4004	0	1
	大专及以上	大专及以上为 1，否为 0	0.1024	0.3031	0	1
	健康状况	健康为 1，否为 0	0.8387	0.3678	0	1

续表

	变量	定义	均值	标准差	最小值	最大值
家庭特征	家庭人口	家庭成员总数（人）	3.4807	0.9645	2	10
	家庭月收入	家庭每月平均收入（元）	7338.7530	5293.8590	0	200000
	父母外出务工的经历	父母有外出务工为1，否为0	0.2127	0.4092	0	1
	住房性质 自购或自建住房	自购或自建住房为1，否为0	0.2467	0.4311	0	1
	单位或政府提供住房	单位或政府提供住房为1，否为0	0.0915	0.2882	0	1
	临时性住房	居住临时性住房为1，否为0	0.6619	0.4731	0	1
工作特征	个人月收入	上个月工资/营业收入（元）	4196.3750	3550.0610	0	200000
	劳动合同	签订合同为1，否为0	0.3248	0.4683	0	1
	就业身份 雇员	雇员身份为1，否为0	0.5279	0.4992	0	1
	自营者	自营者身份为1，否为0	0.3960	0.3679	0	1
	雇主	雇主身份为1，否为0	0.0590	0.2357	0	1
	其他	其他身份为1，否为0	0.0171	0.1297	0	1
	单位性质 个体工商户	工作单位是个体工商户为1，否为0	0.4510	0.4976	0	1
	国有企业或机关事业单位	工作单位是国有企业或机关事业单位为1，否为0	0.0507	0.2194	0	1
	私营企业	工作单位是私营企业为1，否为0	0.2579	0.4375	0	1
	港澳台、外资企业	工作单位是港澳台外资企业为1，否为0	0.0233	0.1510	0	1
	其他性质企业	工作单位是其他性质企业为1，否为0	0.2170	0.4121	0	1

续表

变量		定义	均值	标准差	最小值	最大值
工作特征	行业类型 一般服务行业	从事批发零售和住宿餐饮等一般服务业为1，否为0	0.3628	0.4808	0	1
	专业性服务行业	从事信息、金融以及教育等专业性服务业为1，否为0	0.2414	0.4280	0	1
	采矿、建筑、能源生产行业	从事采矿、建筑、能源生产行业为1，否为0	0.0975	0.2967	0	1
	制造业	从事制造业为1，否为0	0.2707	0.4443	0	1
	其他行业	从事其他行业为1，否为0	0.0276	0.1638	0	1
流动特征	流动范围 市内跨县	市内跨县流动为1，否为0	0.1667	0.3727	0	1
	省内跨市	省内跨市流动为1，否为0	0.3064	0.4610	0	1
	跨省	跨省流动为1，否为0	0.5269	0.4993	0	1
	流动模式	独自流动为1，否为0	0.3698	0.4828	0	1
	流动时长	受访者流动时长（年）	7.2533	6.1005	0.75	46
	医疗保险	在流入地参加城镇医保为1，否为0	0.1929	0.3946	0	1
	健康档案	在流入地建立健康档案为1，否为0	0.2655	0.4416	0	1
	流动地区 西部	流入地在西部为1，否为0	0.3494	0.4768	0	1
	中部	流入地在中部为1，否为0	0.1906	0.3928	0	1
	东部	流入地在东部为1，否为0	0.4033	0.4906	0	1
	东北	流入地在东北为1，否为0	0.0566	0.2311	0	1

第三节　理论框架和计量模型

本书建立健康和教育人力资本对农民工城市融入影响的多元回归模型，如式（7-3）所示：

$$R_i = C_i + \alpha_i X_i + \beta_i \qquad (7-3)$$

其中，R_i 是本书的因变量，即农民工城市融入度。X_i 是包括健康状况和教育程度在内的各解释变量，α_i 是待估参数。C_i 是常数项，β_i 是随机误差项。为了验算健康和教育人力资本在不同解释变量组合中对农民工城市融入的影响，模型将在人口学特征和地区变量的基础上依次增加家庭特征变量、工作特征变量，以及流动特征变量。为了解决数据的非正态性问题，本书将家庭月收入和个人月收入取对数处理。分别使用 OLS 模型和分位数模型对式（7-3）进行回归。OLS 模型可以从均值意义上考察各种解释变量对农民工城市融入的条件期望的影响，但是无法反映各种解释变量对农民工城市融入影响的条件分布规律。所以需要借助分位数回归进行分析。

解释变量对农民工城市融入的影响可能在不同分位点上存在差异性。OLS 模型仅能在均值意义上进行回归，对这种差异性容易忽略，所以需要借助分位数模型进行解释说明。分位数模型最早由康克和巴塞特（Koenker and Bassett）在 1978 年提出，该模型使用残差绝对值的加权平均作为最小化的目标函数，不易受到极端值的影响。并且可以展现出不同分位点的系数值，提供的信息较为全面。分位数模型的公式如式（7-4）所示。

$$F_\theta(R_i \mid X_i) = \varepsilon_\theta X_i, \ \theta \in (0, 1) \qquad (7-4)$$

其中，$F_\theta(R_i \mid X_i)$ 表示既定向量 X_i 所决定的融入度 R_i 的条件分位数。估计第 θ 个分位点方程的系数 ε_θ，这可以通过对最小化残差绝对值之和进行求解而得到。OLS 模型只是最小化残差的平方和，并且所有观测值的权重相同。然而，分位数在最小化残差平方和的基础之上，对不同观测值赋予了权重。以至于分位数回归方法比 OLS 回归方法更具有稳健性。当 θ 从 0 增加到 1 时，分位数模型可以将 X_i 所决定的融入度 R_i 的所有条件分布呈现出来。因此，分位数回归方法可以将条件分布规律展现得更加全面，其计量结果也更加精细。这也为深入剖析健康和教育人力资本对农民工城市融入的影响奠定了实证基础。本书将首先使用 OLS 模型分析均值意义上健康和教育人力资本对农民工城市融入的影响，然后再对各个分位点上影响差异进行分析。

第四节　实　证　结　果

一、OLS 模型和分位数模型回归结果

表 7 − 3 和表 7 − 4 是健康和教育人力资本对农民工城市融入影响的 OLS 回归结果，而表 7 − 5 和表 7 − 6 是分位数回归结果。在各种模型方法中，模型（7.1）使用人口学特征变量和地区变量进行回归，而模型（7.2）、模型（7.3），以及模型（7.4）是在模型（7.1）的基础上依次增加家庭特征变量、工作特征变量，以及流动特征变量进行测算。本书主要报告每种模型方法中模型（7.4）的结果，并对模型进行多重共线性问题的检验，结果表明方差膨胀因子（VIF）的值均小于 10，所以不存在多重共线性问题。实证结果表明，健康和教育人力资本对农民工城市融入产生较强的影响。从城市融入的均值意义（OLS 回归结果）说明，健康状况和教育程度对农民工城市融入具有较强的统计显著性。然而，分位数模型的回归结果则表明健康状况在不同分位点上的影响呈现出较大的差异性。在低分位点上呈现正向显著性作用或者没有显著性作用，但是在高分点上出现负向显著性作用。

表 7 – 3　　　健康和教育人力资本对农民工城市融入影响的 OLS 回归结果

变量			模型（7.1）		模型（7.2）	
			系数	标准差	系数	标准差
人口学特征	年龄（对照组：16～30 岁）	31～40 岁	0.0191 ***	0.0019	0.0191 ***	0.0019
		41～50 岁	0.0083 ***	0.0020	0.0106 ***	0.0020
		51～59 岁	− 0.0131 ***	0.0026	− 0.0085 ***	0.0027
	性别		− 0.0218 ***	0.0014	− 0.0231 ***	0.0014
	民族		0.0043 *	0.0024	0.0019	0.0024
	中共党员		0.0669 ***	0.0038	0.0632 ***	0.0038
	婚姻状况		0.0047 *	0.0027	0.0088 ***	0.0027
	教育程度（对照组：小学及以下）	初中	0.0439 ***	0.0019	0.0383 ***	0.0019
		高中或中专	0.0978 ***	0.0023	0.0855 ***	0.0023
		大专及以上	0.1578 ***	0.0028	0.1355 ***	0.0029
	健康状况		− 0.0063 ***	0.0019	− 0.0073 ***	0.0018
家庭特征	家庭人口		—	—	0.0012 *	0.0007
	家庭月收入		—	—	0.0240 ***	0.0012
	父母外出打工的经历		—	—	0.0234 ***	0.0017
	住房性质（对照组：自购或自建住房）	单位或政府提供住房	—	—	− 0.0023	0.0027
		临时性住房	—	—	− 0.0440 ***	0.0016
工作特征	个人月收入		—	—	—	—
	劳动合同签订情况		—	—	—	—
	就业身份（对照组：雇员）	自营者	—	—	—	—
		雇主	—	—	—	—
		其他	—	—	—	—
	单位性质（对照组：个体工商户）	国有企业或机关事业单位				
		私营企业	—	—	—	—

续表

变量			模型（7.1）		模型（7.2）	
			系数	标准差	系数	标准差
工作特征	单位性质（对照组：个体工商户）	港澳台外资企业	—	—	—	—
		其他性质企业	—	—	—	—
	行业类型（对照组：一般服务业）	专业服务业	—	—	—	—
		采矿、建筑、能源生产业	—	—	—	—
		制造业	—	—	—	—
		其他行业	—	—	—	—
流动特征	流动范围（对照组：市内跨县）	省内跨市	—	—	—	—
		跨省	—	—	—	—
	流动模式		—	—	—	—
	流动时长		—	—	—	—
	医疗保险		—	—	—	—
	健康档案		—	—	—	—
	流动地区（对照组：西部）	中部	0.0079***	0.0020	0.0050***	0.0019
		东部	−0.0248***	0.0016	−0.0277***	0.0016
		东北	−0.0473***	0.0031	−0.0518***	0.0031
常数项			0.2433***	0.0043	0.0623***	0.0108
调整后的 R^2			0.0660		0.0819	
观测值			94008			

注：*、**、*** 分别为10%、5%、1%的统计水平显著。

表7-4 健康和教育人力资本对农民工城市融入影响的 OLS回归结果（增加工作特征和流动特征变量）

变量		模型（7.3）		模型（7.4）	
		系数	标准差	系数	标准差
人口学特征 年龄（对照组：16~30岁）	31~40岁	0.0186***	0.0019	0.0137***	0.0018
	41~50岁	0.0113***	0.0020	0.0042**	0.0020
	51~59岁	-0.0071***	0.0027	0.0132***	0.0027
性别		-0.0243***	0.0014	0.0224***	0.0014
民族		0.0020	0.0024	0.0027	0.0024
中共党员		0.0569***	0.0038	0.0523***	0.0037
婚姻状况		0.0067**	0.0027	0.0007	0.0027
教育程度（对照组：小学及以下）	初中	0.0345***	0.0019	0.0311***	0.0019
	高中或中专	0.0758***	0.0023	0.0681***	0.0023
	大专及以上	0.1142***	0.0030	0.0991***	0.0030
健康状况		-0.0083***	0.0018	0.0087***	0.0018
家庭特征 家庭人口		0.0018**	0.0007	0.0015**	0.0007
家庭月收入		0.0211***	0.0013	0.0206***	0.0012
父母外出打工的经历		0.0237***	0.0017	0.0254***	0.0017
住房性质（对照组：自购或自建住房）	单位或政府提供住房	-0.0110***	0.0027	0.0045	0.0028
	临时性住房	-0.0408***	0.0017	0.0265***	0.0017
工作特征 个人月收入		0.0019***	0.0007	0.0017***	0.0007
劳动合同签订情况		0.0430***	0.0020	0.0276***	0.0021
就业身份（对照组：雇员）	自营者	0.0228***	0.0021	0.0189***	0.0021
	雇主	0.0470***	0.0033	0.0413***	0.0033
	其他	0.0363***	0.0054	0.0331***	0.0053

第七章　教育和健康人力资本对农民工城市融入的影响

变量			模型（7.3）		模型（7.4）	
			系数	标准差	系数	标准差
工作特征	单位性质（对照组：个体工商户）	国有企业或机关事业单位	0.0517 ***	0.0036	0.0341 ***	0.0036
		私营企业	0.0001	0.0022	− 0.0016	0.0022
		港澳台外资企业	0.0511 ***	0.0049	0.0332 ***	0.0049
		其他性质企业	− 0.0038 *	0.0020	0.0048 **	0.0020
	行业类型（对照组：一般服务业）	专业服务业	0.0087 ***	0.0019	0.0073 ***	0.0019
		采矿、建筑、能源生产业	− 0.0180 ***	0.0027	0.0126 ***	0.0026
		制造业	− 0.0028	0.0019	0.0031	0.0019
		其他行业	0.0006	0.0045	0.0044	0.0044
流动特征	流动范围（对照组：市内跨县）	省内跨市	—	—	0.0067 ***	0.0020
		跨省	—	—	0.0162 ***	0.0020
	流动模式		—	—	0.0146 ***	0.0014
	流动时长		—	—	0.0017 ***	0.0001
	医疗保险		—	—	0.0419 ***	0.0020
	健康档案		—	—	0.0639 ***	0.0015
	流动地区（对照组：西部）	中部	0.0046 **	0.0019	0.0024	0.0020
		东部	− 0.0314 ***	0.0017	0.0287 ***	0.0017
		东北	− 0.0500 ***	0.0031	0.0449 ***	0.0030
常数项			0.0506 ***	0.0113	0.0383 ***	0.0112
调整后的 R^2			0.0938		0.1207	
观测值			94008			

注：*、**、*** 分别为10%、5%、1%的统计水平显著。

表7-5 健康和教育人力资本对农民工城市融入影响的分位数回归结果

变量		模型 (7.5)					模型 (7.6)				
		θ=10 系数	θ=25 系数	θ=50 系数	θ=75 系数	θ=90 系数	θ=10 系数	θ=25 系数	θ=50 系数	θ=75 系数	θ=90 系数
年龄(对照组:16~30岁)	31~40岁	0.0000	0.0000	0.0166***	0.0186***	0.0158***	0.0000	0.0026	0.0176***	0.0191***	0.0150***
		0.0005	0.0014	0.0017	0.0034	0.0038	0.0005	0.0016	0.0020	0.0032	0.0047
	41~50岁	0.0000	0.0000	0.0024	0.0117***	0.0158***	0.0000	0.0015	0.0055**	0.0106***	0.0099**
		0.0006	0.0015	0.0018	0.0036	0.0041	0.0006	0.0017	0.0022	0.0034	0.0050
	51~59岁	0.0000	0.0000	-0.0161***	-0.0116**	0.0000	0.0000	0.0008	-0.0159***	0.0141***	-0.0022
		0.0008	0.0021	0.0024	0.0048	0.0055	0.0008	0.0023	0.0029	0.0046	0.0066
人口学特征	性别	0.0000	0.0000	-0.0168***	-0.0186***	-0.0158***	0.0000	-0.0021*	-0.0192***	0.0237***	-0.0223***
		0.0004	0.0011	0.0012	0.0025	0.0029	0.0004	0.0012	0.0015	0.0024	0.0034
	民族	0.0000	0.0000	0.0027	0.0105***	0.0000	0.0000	-0.0002	0.0035	0.0083***	-0.0014
		0.0007	0.0019	0.0022	0.0044	0.0050	0.0007	0.0021	0.0026	0.0041	0.0060
	中共党员	0.0000	0.0354***	0.0659***	0.0506***	0.1814***	0.0000	0.0359***	0.0671***	0.0557***	0.1649***
		0.0011	0.0030	0.0034	0.0070	0.0079	0.0011	0.0033	0.0041	0.0065	0.0094
	婚姻状况	0.0000	0.0000	0.0003	0.0053	0.0158***	0.0000	0.0015	0.0053	0.0083*	0.0147**
		0.0008	0.0021	0.0024	0.0049	0.0056	0.0008	0.0024	0.0030	0.0047	0.0068

续表

变量			模型 (7.5)					模型 (7.6)				
			$\theta=10$ 系数	$\theta=25$ 系数	$\theta=50$ 系数	$\theta=75$ 系数	$\theta=90$ 系数	$\theta=10$ 系数	$\theta=25$ 系数	$\theta=50$ 系数	$\theta=75$ 系数	$\theta=90$ 系数
人口学特征	教育程度(对照组: 小学及以下)	初中	0.0027***	0.0000	0.0936***	0.0429***	0.0316***	0.0027***	0.0021	0.0794***	0.0447***	0.0319***
			0.0005	0.0015	0.0017	0.0034	0.0039	0.0005	0.0016	0.0020	0.0032	0.0047
		高中或中专	0.0027***	0.0354***	0.1291***	0.1554***	0.0632***	0.0027***	0.0203***	0.1134***	0.1321***	0.0725***
			0.0007	0.0018	0.0021	0.0042	0.0047	0.0007	0.0020	0.0025	0.0039	0.0057
		大专及以上	0.0027***	0.1405***	0.1662***	0.1860***	0.3246***	0.0027***	0.1166***	0.1505***	0.1588***	0.3108***
			0.0008	0.0022	0.0025	0.0051	0.0058	0.0008	0.0025	0.0031	0.0049	0.0072
	健康状况		0.0000	0.0000	-0.0027	-0.0041	0.0000	0.0000	0.0003	-0.0072***	0.0080***	-0.0066
			0.0005	0.0014	0.0017	0.0034	0.0038	0.0005	0.0016	0.0020	0.0032	0.0046
家庭特征	家庭人口		—	—	—	—	—	0.0000	0.0002	0.0013*	0.0013	0.0015
								0.0002	0.0006	0.0008	0.0012	0.0018
	家庭月收入		—	—	—	—	—	0.0000	0.0035***	0.0226***	0.0259***	0.0195***
								0.0003	0.0010	0.0013	0.0020	0.0029
	父母外出打工的经历		—	—	—	—	—	0.0000	0.0105***	0.0218***	0.0234***	0.0164***
								0.0005	0.0015	0.0019	0.0030	0.0043

续表

变量		模型 (7.5)					模型 (7.6)				
		$\theta=10$ 系数	$\theta=25$ 系数	$\theta=50$ 系数	$\theta=75$ 系数	$\theta=90$ 系数	$\theta=10$ 系数	$\theta=25$ 系数	$\theta=50$ 系数	$\theta=75$ 系数	$\theta=90$ 系数
家庭特征	住房性质 (对照组: 自购或自建住房) 单位或政府提供住房	—	—	—	—	—	0.0000	−0.0292***	−0.0095***	0.0015	0.0079
	临时性住房	—	—	—	—	—	0.0008	0.0023	0.0029	0.0046	0.0066
	个人月收入	—	—	—	—	—	0.0000	−0.0313***	−0.0391***	0.0480***	−0.0414***
工作特征	劳动合同签订情况	—	—	—	—	—	0.0005	0.0014	0.0018	0.0028	0.0041
	就业身份 (对照组: 雇员) 自营者	—	—	—	—	—	0.0000	0.0002	0.0013*	0.0013	0.0015
	雇主	—	—	—	—	—	—	—	—	—	—
	其他	—	—	—	—	—	—	—	—	—	—
	单位性质 (对照组: 个体工商户) 国有企业或机关事业单位	—	—	—	—	—	—	—	—	—	—
	私营企业	—	—	—	—	—	—	—	—	—	—
	港澳台外资企业	—	—	—	—	—	—	—	—	—	—
	其他性质企业	—	—	—	—	—	—	—	—	—	—

第七章　教育和健康人力资本对农民工城市融入的影响

变量			模型 (7.5) $\theta=10$ 系数	$\theta=25$ 系数	$\theta=50$ 系数	$\theta=75$ 系数	$\theta=90$ 系数	模型 (7.6) $\theta=10$ 系数	$\theta=25$ 系数	$\theta=50$ 系数	$\theta=75$ 系数	$\theta=90$ 系数
工作特征	行业类型（对照组：一般服务业）	专业服务业	—	—	—	—	—	—	—	—	—	—
		采矿、建筑、能源生产业	—	—	—	—	—	—	—	—	—	—
		制造业	—	—	—	—	—	—	—	—	—	—
		其他行业	—	—	—	—	—	—	—	—	—	—
	流动范围（对照组：市内跨县）	省内跨市	—	—	—	—	—	—	—	—	—	—
		跨省	—	—	—	—	—	—	—	—	—	—
流动特征		流动模式	—	—	—	—	—	—	—	—	—	—
		流动时长	—	—	—	—	—	—	—	—	—	—
		医疗保险	—	—	—	—	—	—	—	—	—	—
		建立健康档案	—	—	—	—	—	—	—	—	—	—
	流动地区（对照组：西部）	中部	0.0000	0.0158***	0.0131***	0.0084**	0.0000	0.0000	0.0028*	0.0042**	0.0093***	0.0000
			0.0006	0.0015	0.0018	0.0036	0.0040	0.0006	0.0017	0.0021	0.0033	0.0048
		东部	0.0000	0.0000	-0.0168***	-0.0232***	-0.0196***	0.0000	-0.0036*	-0.0246***	-0.0292***	-0.0300***
			0.0005	0.0012	0.0014	0.0029	0.0033	0.0005	0.0014	0.0018	0.0028	0.0041

续表

变量		模型 (7.5)					模型 (7.6)				
		$\theta=10$	$\theta=25$	$\theta=50$	$\theta=75$	$\theta=90$	$\theta=10$	$\theta=25$	$\theta=50$	$\theta=75$	$\theta=90$
		系数	系数	系数	系数	系数	系数	系数	系数	系数	系数
流动特征 / 流动地区(对照组:西部)	东北	0.0000	0.0000	-0.0344***	-0.0335***	-0.0316***	0.0000	-0.0030	-0.0487***	0.0520***	-0.0458***
		0.0009	0.0024	0.0028	0.0056	0.0063	0.0009	0.0027	0.0033	0.0053	0.0077
常数项		0.0998***	0.1025***	0.1679***	0.3038***	0.4624***	0.0998***	0.1019***	0.0044	0.1192***	0.3284***
		0.0012	0.0034	0.0039	0.0079	0.0090	0.0032	0.0094	0.0117	0.0186	0.0270
Pseudo R^2		0.0000	0.0216	0.0373	0.0601	0.0318	0.0000	0.0274	0.0459	0.0688	0.0365
观测值		94008									

注: 系数下方为标准差, *、**、***分别为10%、5%、1%的统计水平显著。

第七章　教育和健康人力资本对农民工城市融入的影响

表7-6　健康和教育人力资本对农民工城市融入影响的分位数回归结果（增加工作特征和流动特征变量）

变量		模型 (7.7)					模型 (7.8)				
		$\theta=10$ 系数	$\theta=25$ 系数	$\theta=50$ 系数	$\theta=75$ 系数	$\theta=90$ 系数	$\theta=10$ 系数	$\theta=25$ 系数	$\theta=50$ 系数	$\theta=75$ 系数	$\theta=90$ 系数
年龄（对照组:16~30岁）	31~40岁	0.0002	0.0049***	0.0182***	0.0189***	0.0200***	0.0012***	0.0043***	0.0143***	0.0155***	0.0254***
		0.0002	0.0015	0.0021	0.0030	0.0054	0.0003	0.0015	0.0023	0.0026	0.0061
	41~50岁	0.0001	0.0028	0.0070***	0.0112***	0.0124**	-0.0001	0.0014	-0.0010	0.0033	0.0120*
		0.0006	0.0017	0.0023	0.0032	0.0058	0.0004	0.0017	0.0025	0.0029	0.0067
	51~59岁	0.0000	0.0010	-0.0142***	-0.0142***	-0.0033	-0.0010*	-0.0016	-0.0198***	-0.0234***	-0.0070
		0.0008	0.0022	0.0030	0.0043	0.0077	0.0005	0.0022	0.0033	0.0038	0.0088
人口学特征	性别	0.0002	-0.0044***	-0.0235***	-0.0270***	-0.0283***	-0.0014***	-0.0055***	-0.0222***	-0.0236***	-0.0366***
		0.0004	0.0012	0.0016	0.0023	0.0041	0.0003	0.0012	0.0017	0.0020	0.0046
	民族	0.0000	-0.0003	0.0042	0.0092**	-0.0017	0.0003	-0.0005	0.0046	0.0111***	-0.0011
		0.0007	0.0020	0.0027	0.0038	0.0069	0.0004	0.0020	0.0029	0.0033	0.0078
	中共党员	0.0003	0.0303***	0.0543***	0.0510***	0.1317***	0.0030***	0.0321***	0.0487***	0.0490***	0.1082***
		0.0011	0.0031	0.0043	0.0061	0.0109	0.0007	0.0031	0.0046	0.0052	0.0123
	婚姻状况	0.0002	0.0025	0.0031	0.0074*	0.0170**	0.0000	-0.0001	-0.0043	0.0002	0.0123
		0.0008	0.0023	0.0031	0.0044	0.0079	0.0005	0.0022	0.0034	0.0038	0.0089

续表

变量			模型 (7.7) θ=10 系数	模型 (7.7) θ=25 系数	模型 (7.7) θ=50 系数	模型 (7.7) θ=75 系数	模型 (7.7) θ=90 系数	模型 (7.8) θ=10 系数	模型 (7.8) θ=25 系数	模型 (7.8) θ=50 系数	模型 (7.8) θ=75 系数	模型 (7.8) θ=90 系数
人口学特征	教育程度(对照组:小学及以下)	初中	0.0017***	0.0039**	0.0621***	0.0423***	0.0351***	0.0043***	0.0053***	0.0410***	0.0374***	0.0499***
			0.0006	0.0016	0.0022	0.0030	0.0054	0.0004	0.0015	0.0023	0.0026	0.0061
		高中或中专	0.0019***	0.0210***	0.0965***	0.1102***	0.0834***	0.0066***	0.0187***	0.0804***	0.0895***	0.1094***
			0.0007	0.0019	0.0027	0.0037	0.0067	0.0004	0.0019	0.0028	0.0032	0.0076
		大专及以上	0.0022**	0.1032***	0.1253***	0.1326***	0.2910***	0.0091***	0.0821***	0.1028***	0.1119***	0.2487***
			0.0009	0.0024	0.0034	0.0047	0.0086	0.0006	0.0025	0.0037	0.0042	0.0099
	健康状况		0.0002	0.0004	−0.0087	−0.0085***	−0.0119***	0.0016***	0.0004	−0.0085***	−0.0080***	−0.0195***
			0.0005	0.0015	0.0021	0.0029	0.0053	0.0003	0.0015	0.0022	0.0026	0.0060
家庭特征	家庭人口		0.0000	0.0004	0.0022***	0.0024**	0.0033	−0.0001	0.0003	0.0017*	0.0019*	0.0020
			0.0002	0.0006	0.0008	0.0012	0.0021	0.0001	0.0006	0.0009	0.0010	0.0023
	家庭月收入		0.0002	0.0055***	0.0216***	0.0239***	0.0182***	0.0018***	0.0067***	0.0218***	0.0220***	0.0201***
			0.0004	0.0010	0.0014	0.0020	0.0037	0.0002	0.0010	0.0016	0.0018	0.0041
	父母外出打工的经历		0.0002	0.0092***	0.0255***	0.0262***	0.0230***	0.0022***	0.0099***	0.0302***	0.0268***	0.0329***
			0.0005	0.0014	0.0020	0.0028	0.0050	0.0003	0.0014	0.0021	0.0024	0.0056

续表

变量		模型（7.7）					模型（7.8）				
		θ=10 系数	θ=25 系数	θ=50 系数	θ=75 系数	θ=90 系数	θ=10 系数	θ=25 系数	θ=50 系数	θ=75 系数	θ=90 系数
家庭特征 住房性质（对照组：自购或自建住房）	单位或政府提供住房	0.0009	-0.0246***	-0.0191***	-0.0101**	-0.0022	-0.0047***	-0.0104***	0.0021	0.0012	0.0222**
		0.0008	0.0023	0.0031	0.0044	0.0079	0.0005	0.0023	0.0034	0.0039	0.0091
	临时性住房	0.0005	-0.0279***	-0.0398***	-0.0476***	-0.0487***	-0.0035***	-0.0162***	-0.0254***	-0.0329***	-0.0408***
		0.0005	0.0014	0.0019	0.0027	0.0048	0.0003	0.0014	0.0021	0.0024	0.0055
	个人月收入	0.0000	-0.0001	0.0023***	0.0021*	0.0026	0.0000	-0.0002	0.0018***	0.0023**	0.0044**
		0.0002	0.0006	0.0008	0.0011	0.0020	0.0001	0.0006	0.0008	0.0009	0.0022
工作特征	劳动合同签订情况	0.0006	0.0066***	0.0419***	0.0491***	0.0506***	0.0027***	0.0050***	0.0252***	0.0311***	0.0468***
		0.0006	0.0017	0.0023	0.0033	0.0059	0.0004	0.0017	0.0026	0.0029	0.0069
就业身份（对照组：雇员）	自营者	0.0004	0.0029	0.0205***	0.0245***	0.0322***	0.0021***	0.0036***	0.0182***	0.0187***	0.0356***
		0.0006	0.0017	0.0024	0.0034	0.0061	0.0004	0.0017	0.0026	0.0030	0.0069
	雇主	0.0006	0.0183***	0.0433***	0.0578***	0.0519***	0.0037***	0.0158***	0.0439***	0.0460***	0.0571***
		0.0010	0.0028	0.0038	0.0053	0.0096	0.0006	0.0027	0.0041	0.0046	0.0109
	其他	0.0005	0.0027	0.0274***	0.0293***	0.0646***	0.0028***	0.0058	0.0205***	0.0242***	0.0693***
		0.0016	0.0044	0.0061	0.0086	0.0155	0.0010	0.0044	0.0065	0.0074	0.0174

续表

变量			模型 (7.7)					模型 (7.8)				
			$\theta=10$ 系数	$\theta=25$ 系数	$\theta=50$ 系数	$\theta=75$ 系数	$\theta=90$ 系数	$\theta=10$ 系数	$\theta=25$ 系数	$\theta=50$ 系数	$\theta=75$ 系数	$\theta=90$ 系数
工作特征	单位性质（对照组：个体工商户）	国有企业或机关事业单位	0.0006	0.0353***	0.0635***	0.0395***	0.0764***	0.0043***	0.0291***	0.0398***	0.0226***	0.0553***
			0.0011	0.0030	0.0041	0.0058	0.0104	0.0007	0.0030	0.0045	0.0051	0.0119
		私营企业	0.0001	-0.0006	-0.0054	0.0000	0.0020	-0.0015***	-0.0010	-0.0058**	-0.0032	0.0031
			0.0007	0.0018	0.0025	0.0035	0.0064	0.0004	0.0018	0.0027	0.0031	0.0072
		港澳台外资企业	0.0004	0.0453***	0.0416***	0.0549***	0.0747***	0.0005	0.0310***	0.0324***	0.0390***	0.0441***
			0.0015	0.0041	0.0056	0.0079	0.0142	0.0009	0.0041	0.0061	0.0069	0.0161
		其他性质企业	0.0000	0.0005	-0.0049	-0.0085***	-0.0018	-0.0005	0.0003	-0.0069*	-0.0079**	-0.0060
			0.0006	0.0017	0.0023	0.0032	0.0058	0.0004	0.0016	0.0024	0.0028	0.0065
	行业类型（对照组：一般服务业）	专业服务业	0.0001	0.0026	0.0059***	0.0092***	0.0101*	0.0006*	0.0024	0.0061***	0.0065**	0.0124**
			0.0006	0.0016	0.0022	0.0031	0.0055	0.0004	0.0016	0.0023	0.0027	0.0062
		采矿、建筑、能源生产业	0.0003	-0.0034	-0.0207***	-0.0227***	-0.0195***	-0.0019***	-0.0026	-0.0142***	-0.0204***	-0.0194***
			0.0008	0.0022	0.0031	0.0043	0.0077	0.0005	0.0022	0.0033	0.0037	0.0087
		制造业	0.0002	-0.0014	-0.0033	-0.0066**	-0.0051	-0.0013**	-0.0010	-0.0041*	-0.0057**	-0.0048
			0.0006	0.0016	0.0022	0.0031	0.0056	0.0004	0.0016	0.0024	0.0027	0.0063
		其他行业	0.0003	0.0017	-0.0034	0.0032	0.0056	0.0004	0.0014	-0.0072	-0.0063	-0.0119
			0.0013	0.0037	0.0051	0.0072	0.0129	0.0008	0.0037	0.0055	0.0062	0.0146

续表

变量	模型 (7.7) θ=10 系数	θ=25 系数	θ=50 系数	θ=75 系数	θ=90 系数	模型 (7.8) θ=10 系数	θ=25 系数	θ=50 系数	θ=75 系数	θ=90 系数
流动特征										
流动范围（对照组：市内跨县） 省内跨市	—	—	—	—	—	-0.0007*	-0.0021	-0.0103***	-0.0060**	-0.0068
						0.0004	0.0017	0.0025	0.0028	0.0067
跨省	—	—	—	—	—	-0.0024***	-0.0056***	-0.0187***	-0.0179***	-0.0176***
						0.0004	0.0017	0.0025	0.0029	0.0067
流动模式	—	—	—	—	—	0.0008***	0.0036***	0.0144***	0.0184	0.0261***
						0.0003	0.0012	0.0018	0.0020	0.0047
流动时长	—	—	—	—	—	0.0003***	0.0006***	0.0021***	0.0021	0.0024***
						0.0000	0.0001	0.0001	0.0002	0.0004
医疗保险	—	—	—	—	—	0.0051***	0.0305***	0.0483***	0.0423	0.0608***
						0.0004	0.0017	0.0025	0.0028	0.0066
建立健康档案	—	—	—	—	—	0.0049***	0.0288***	0.0635***	0.0753	0.1110***
						0.0003	0.0013	0.0019	0.0021	0.0050
流动地区（对照组：西部） 中部	0.0000	0.0037	0.0030	0.0092***	0.0018	-0.0017***	0.0000	-0.0010	0.0042	-0.0061
	0.0006	0.0016	0.0022	0.0031	0.0056	0.0004	0.0016	0.0024	0.0028	0.0065
东部	0.0005	-0.0063***	-0.0306***	-0.0334***	-0.0401***	-0.0043***	-0.0074***	-0.0306***	-0.0318***	-0.0450***
	0.0005	0.0014	0.0019	0.0027	0.0049	0.0003	0.0014	0.0021	0.0024	0.0057

续表

变量		模型 (7.7)					模型 (7.8)				
		$\theta=10$ 系数	$\theta=25$ 系数	$\theta=50$ 系数	$\theta=75$ 系数	$\theta=90$ 系数	$\theta=10$ 系数	$\theta=25$ 系数	$\theta=50$ 系数	$\theta=75$ 系数	$\theta=90$ 系数
流动特征	流动地区（对照组：西部）东北	0.0002	-0.0055	-0.0527***	-0.0528***	-0.0601***	-0.0016***	-0.0070***	-0.0456***	-0.0490	-0.0747***
		0.0009	0.0025	0.0035	0.0049	0.0089	0.0006	0.0025	0.0038	0.0043	0.0100
常数项		0.0988***	0.0774***	-0.0117	0.0999***	0.2899***	0.0791***	0.0566***	-0.0183	0.0928	0.2140***
		0.0034	0.0094	0.0130	0.0181	0.0327	0.0021	0.0093	0.0139	0.0159	0.0371
Pseudo R^2		0.0000	0.0216	0.0373	0.0601	0.0318	0.0000	0.0274	0.0459	0.0688	0.0365
观测值		94008									

注：系数下方为方差标准差，*、**、***分别为10%、5%、1%的统计水平显著。

第七章　教育和健康人力资本对农民工城市融入的影响

（一）OLS 模型回归结果

表 7 - 3 和表 7 - 4 是健康和教育人力资本对农民工城市融入影响的 OLS 回归结果。结果表明，健康状况和教育程度对农民工城市融入呈现促进作用。农民工通常在城市中从事工作力度强、工作环境较为恶劣的岗位。这些岗位对农民工的身体素质通常有较高的要求，以至于健康状况越好的农民工通常越是能够在恶劣的环境中工作时间更长，赚取的收入更多，城市融入程度也就更高。随着中国经济迅猛发展，人工智能和自动化设备在城市诸多行业中得以广发应用。在岗位招聘中对农民工的技术水平和文化程度也有了较高的要求。这使得受教育程度越高的农民工越有机会进入环境较好的技术岗位工作，相应的收入也会得以提高，城市融入度也会增强。因此，当健康状况和教育程度促进了农民工工作待遇的提升时，农民工对打工地的心理认同和社会参与程度也会增加，进而会促进自身的城市融入度。

表 7 - 3 和表 7 - 4 反映出中共党员的政治面貌、父母的打工经历均对农民工城市融入产生了显著性的促进作用。教育人力资本作为本书所关注的核心解释变量之一，在书中主要以教育程度进行表示。如果说受教育程度是一种学历教育和文化教育，那么中共党员的政治身份是一种榜样教育和政治教育，而父母的打工经历则是一种行为教育和家庭教育。实证结果表明政治教育和家庭教育作为教育人力资本的衍生同样对农民工的城市融入产生显著性的促进作用。导致这种结果的原因在于两个方面：一方面，农民工拥有中共党员的政治面貌，也说明其受过一定的政治教育。通过政治教育将积极参与公共治理的公民意识，以及发挥先锋模范带头作用的党性意识传递给拥有中共党员身份的农民工。这种积极的政治教育在一定程度上促进了农民工的社会融入。另一方面，父母打工经历作为一种家庭禀赋，会影响子辈农民工的价值观念，进而促成子辈农民工进城务工的行为。如果父母在其打工生涯中对所在城市的心理认同感较强，并经常有参

与社会公共活动的行为，可能会影响到子辈农民工的城市融入度。

表7-3和表7-4也反映出在打工地拥有医疗保险和建立健康档案对农民工的城市融入也有显著性的促进作用。健康作为本书所关注的另一个核心解释变量，主要以健康状况进行表示。但是，农民工群体由于长期面临较高强度的工作压力，相比城市中其他劳动力群体承担了更多的健康风险。医疗保险和健康档案是农民工群体在城市劳动中的重要健康保障，对农民工城市融入产生了积极的正向作用。导致这种结果的原因在于，拥有医疗保险和建立健康档案不仅是为农民工群体的健康生活进行物质兜底，同时也反映出农民工群体在城市中所能受到的福利待遇和人文关怀。因此，当打工地城市的医疗保险体系越是完善，流动人口的健康档案制度越健全，越是能够让农民工群体感受到安全感，进而有利于增强其对打工地城市的心理认同，促进其城市融入度的提高。

（二）分位数模型回归结果

首先，表7-5和表7-6反映了健康和教育人力资本对农民工城市融入影响的分位数回归结果。总体上看教育程度对农民工城市融入具有显著的促进作用，并且在各个分位点的差异较小。但是，健康状况仅在低分位点上呈现正向促进作用，但是分位点越高，正向促进作用越弱，甚至呈现出反向作用，这种差异在OLS回归无法得到体现。在第10个分位点上，健康状况促进了农民工0.16%的城市融入度，并且统计结果具有1%的显著性水平。在第20个分位点上（表中没有报告$\theta=10$的结果），健康状况对农民工城市融入度的促进作用降至0.092%，且统计结果不显著。在第25个分位点上，健康状况对农民工城市融入度的促进作用降至0.04%，统计结果仍然不显著。在第30个分位点上（表中没有报告$\theta=30$的结果），健康状况对农民工城市融入度的促进作用降至-0.056%，尽管此时统计结果并不显著，但是表明健康状况对农民工城市融入开始呈现出负向作用。进一步地，从第50个分位点到第90个分位点，健康状况对农民工城市融入的负向作用逐渐增强，其统计结果均呈现出 1% 的显著性水平。

导致这种结果主要有两个原因：第一，文化教育是农民工融入城市的重要推动力。基于教育的收入效应，农民工在教育活动中投入相当的成本，可以积累到更多的专业技能。技能的提升有助于让农民工获得更多的经济补偿。经济收入的增加则为农民工进一步融入城市奠定了物质基础。基于教育的认知效应，文化教育让农民工对城市发展中的各项事物有了更深层次的认知，增强了农民工的公民意识。这在一定程度上推动农民工积极参加社会公共活动，并强化对自己的心理认同，进而可以促进农民工在城市生活中的社会融入和心理融入。我们的实证结果也验证了这一点，在各个分位点上教育程度对农民工融入城市均产生显著性的促进作用。第二，不同健康状况的农民工对城市融入的需求存在差异。健康状况良好的农民工可能更加关注自身的工作绩效和经济待遇，对城市的社会融入程度则相对较低。健康状况较差的农民工可能更加希望通过积极参与各类社会活动，获取打工地城市为其提供更多的福利待遇，进而更加渴望融入城市。因此，教育作为提升经济收入的必要途径对农民工城市融入存在显著性的正向影响，而健康因为不同的需求差异对农民工城市融入的影响存在较大差别。

其次，表 7-5 和表 7-6 反映了中共党员的政治面貌、父母的打工经历对农民工城市融入影响的分位数回归结果。实证结果表明，中共党员的政治面貌和父母的打工经历对农民工城市融入，在第 10 个到第 90 个分位点上均起到显著性的正向促进作用。在总体上随着分位点的提高，这种正向的影响作用会逐渐增强。根据前文中的 OLS 模型分析，在均值意义上拥有中共党员的身份通常意味着本人有受过政治教育的经历，而父母打工经历作为一种家庭教育可能会促成子辈农民工产生融入城市的行为。这种结果在分位数模型中可以得到进一步的验证，即无论是高城市融入度还是低城市融入度的农民工，在接受过党员政治教育和家庭行为教育的熏陶后，会产生更多融入城市的意识倾向和行为倾向。这两种倾向有利于提升农民工群体在打工地城市的融入程度。

最后，表 7 - 5 和表 7 - 6 反映了医疗保险和健康档案对农民工城市融入影响的分位数回归结果。实证结果表明，在第 10 个到第 90 个分位点上医疗保险和健康档案对农民工城市融入均产生正向促进作用，并在总体上呈现出 1% 的显著性水平。该结果验证了 OLS 模型分析中关于医疗保险和健康档案对农民工城市融入具有促进作用的回归结果。这里需要说明的是，健康状况在第 50 个分位点之后呈现负向作用，但是医疗保险和健康档案作为健康状况的福利保障却呈现出正向作用。原因在于，农民工群体在健康状况良好时可能更加关注自身的经济收入，而当身体健康出现异常时会更加关注医疗保险等有关政策。当农民工健康状况较差时，他们会成为医疗保险和健康档案制度的受益者，并增加对城市的好感和产生参与建言献策等公共行为的积极性，进而有助于提升自身的城市融入度。

二、不同性别农民工城市融入的异质性分析

（一）基于 OLS 模型的性别异质性分析

表 7 - 7 是健康和教育人力资本对不同性别农民工城市融入影响的 OLS 回归结果。研究表明教育程度对不同性别农民工的城市融入产生显著性的正向促进作用，这与大多数研究结论相符。无论是男性农民工还是女性农民工，教育人力资本的正向促进作用会伴随受教育程度的提升而增强。然而，健康状况会对不同性别农民工的城市融入产生显著性的负向作用，并且对女性农民工城市融入的影响略强于男性。产生这种结果的原因在于：一方面，男性农民工和女性农民工均可以通过接受文化教育获取丰富的专业知识，从而帮助自身为融入城市而积累资本；另一方面，农民工多从事体力强度较高且流动性较强的工作，而女性农民工相比于男性而言，还要面临家庭压力。所以，健康状况良好的女性农民

工通常会迫于家庭压力的影响经常变换工作岗位，从而影响其在当地城市的融入程度。

表 7 - 7　　　　健康和教育人力资本对不同性别农民工城市融入
影响的 OLS 回归结果

			男		女	
变量			模型（7.9）		模型（7.10）	
			系数	标准差	系数值	标准差
人口学特征	年龄（对照组：16~30岁）	31~40岁	0.0142***	0.0028	0.0144***	0.0025
		41~50岁	0.0117***	0.0030	−0.0003	0.0028
		51~59岁	0.0018	0.0038	−0.0265***	0.0038
	民族		0.0082**	0.0033	−0.0025	0.0033
	中共党员		0.0373***	0.0068	0.0571***	0.0045
	婚姻状况		−0.0029	0.0033	0.0107**	0.0049
	教育程度（对照组：小学及以下）	初中	0.0376***	0.0026	0.0264***	0.0027
		高中或中专	0.0682***	0.0033	0.0673***	0.0032
		大专及以上	0.1011***	0.0042	0.0969***	0.0042
	健康状况		−0.0074***	0.0026	−0.0097***	0.0025
家庭特征	家庭人口		−0.0013	0.0010	0.0028***	0.0010
	家庭月收入		0.0185***	0.0018	0.0226***	0.0018
	父母外出打工的经历		0.0207***	0.0024	0.0288***	0.0024
	住房性质（对照组：自购或自建住房）	单位或政府提供住房	0.0018	0.0040	0.0062	0.0038
		临时性住房	−0.0262***	0.0024	−0.0272***	0.0023
工作特征	个人月收入		0.0018*	0.0009	0.0013	0.0010
	劳动合同签订情况		0.0266***	0.0030	0.0285***	0.0029
	就业身份（对照组：雇员）	自营者	0.0188***	0.0029	0.0190***	0.0029
		雇主	0.0262***	0.0050	0.0494***	0.0044
		其他	0.0366***	0.0072	0.0288***	0.0076

新型城镇化进程中教育和健康人力资本对农民工城市融入的影响研究

续表

变量		男 模型（7.9）		女 模型（7.10）	
		系数	标准差	系数值	标准差
工作特征	单位性质（对照组：个体工商户）国有企业或机关事业单位	0.0235 ***	0.0053	0.0406 ***	0.0049
	私营企业	−0.0011	0.0031	−0.0017	0.0030
	港澳台外资企业	0.0298 ***	0.0066	0.0382 ***	0.0071
	其他性质企业	−0.0003	0.0029	−0.0065 **	0.0027
	行业类型（对照组：一般服务业）专业服务业	0.0125 ***	0.0027	0.0044 *	0.0027
	采矿、建筑、能源生产业	−0.0105 **	0.0051	−0.0128 ***	0.0033
	制造业	−0.0037	0.0026	−0.0028	0.0028
	其他行业	−0.0186 ***	0.0064	0.0049	0.0061
流动特征	流动范围（对照组：市内跨县）省内跨市	−0.0005	0.0029	−0.0117 ***	0.0028
	跨省	−0.0125 ***	0.0029	−0.0189 ***	0.0028
	流动模式	0.0134 ***	0.0022	0.0153 ***	0.0019
	流动时长	0.0016 ***	0.0002	0.0017 ***	0.0002
	医疗保险	0.0369 ***	0.0029	0.0457 ***	0.0028
	健康档案	0.0641 ***	0.0021	0.0638 ***	0.0021
	流动地区（对照组：西部）中部	−0.0090 ***	0.0028	0.0028	0.0027
	东部	−0.0338 ***	0.0025	−0.0246 ***	0.0024
	东北	−0.0439 ***	0.0044	−0.0457 ***	0.0042
常数项		0.0340 **	0.0160	0.0181	0.0156
调整后的 R^2		0.1148		0.1221	
观测值		41645		52363	

注：* 、** 、*** 分别为 10% 、5% 、1% 的统计水平显著。

表 7-7 也反映了不同年龄段对不同性别农民工城市融入的影响差异。实证结果表明，处于 31~40 岁的年龄对男性农民工和女性农民工均有显

著性的正向促进作用。但是，随着年龄步入中年，年龄对男性农民工城市融入的影响仍然呈现正向促进作用，而对女性农民工而言则呈现出负向作用，特别是当年龄步入 51～59 岁，对女性的负向作用表现出 1% 的显著性水平。导致这种结果的原因在于农民工的工作性质多是体力劳动。当处于 31～40 岁时，男性农民工和女性农民工由于正值青壮年，其身体健康状况良好，比较容易承受高强度的工作压力，在心理上也比较倾向于积极乐观。这一时期农民工对城市的心理认同和社会活动的参与通常表现得较为积极。然而，当年龄步入 41～50 岁时，由于男性农民工通常在这个时候处于事业上升期，不仅身体健康而且对工作热忱往往更加高涨，对城市的心理融入和社会融入相对较高。对同年龄段的女性农民工而言，这一时期会承担更高的健康风险，心理压力较大。我国女性进入更年期的平均年龄在 45～55 岁，这一时期的女性农民工的身体素质和精神状态较于男性而言相对较差，同时可能面临抚养子女和代际支持的家庭压力，使其没有更多精力去关注城市发展变化和参加社会公共活动，以至于城市心理融入和社会融入程度均相对较低。

（二）基于分位数模型的性别异质性分析

表 7-8 是健康和教育人力资本对不同性别农民工城市融入影响的分位数回归结果。在各个分位点上，教育对不同性别农民工均产生显著性的正向促进作用，并没有太大的性别差异。但是，健康状况仅在低分位点上对不同性别农民工产生正向促进作用，在高分位点上则产生负向作用。其中健康状况对女性农民工城市融入的负向作用，在高分位点上的影响明显比对男性农民工的显著性水平高，而这种差异在 OLS 模型的回归结果中无法得到展示。健康状况对女性农民工城市融入的负向作用高于男性。导致这种结果的主要原因在于，相比较于男性农民工和健康的女性农民工而言，健康状况较差的女性农民工在心理认同和社会公共参与程度要更强。原因可能在于当女性农民工的健康状况较差时，女性农民工更渴望得到社

表7-8　健康和教育人力资本对不同性别农民工城市融入影响的分位数回归结果

变量		男 模型(7.11)					女 模型(7.12)				
		$\theta=10$ 系数	$\theta=25$ 系数	$\theta=50$ 系数	$\theta=75$ 系数	$\theta=90$ 系数	$\theta=10$ 系数	$\theta=25$ 系数	$\theta=50$ 系数	$\theta=75$ 系数	$\theta=90$ 系数
人口学特征 年龄(对照组:16~30岁)	31~40岁	0.0016***	0.0037	0.0159***	0.0159***	0.0211***	0.0011**	0.0056***	0.0147***	0.0179***	0.0216***
		0.0006	0.0024	0.0035	0.0041	0.0081	0.0005	0.0021	0.0029	0.0035	0.0082
	41~50岁	0.0010	0.0032	0.0125***	0.0118***	0.0151*	-0.0007	0.0002	-0.0103***	-0.0005	0.0009
		0.0007	0.0026	0.0038	0.0045	0.0088	0.0005	0.0023	0.0033	0.0039	0.0093
	51~59岁	0.0004	0.0021	0.0013	-0.0082	0.0000	-0.0018**	-0.0052	-0.0407***	-0.0370***	-0.0271**
		0.0008	0.0033	0.0048	0.0056	0.0110	0.0007	0.0032	0.0045	0.0054	0.0127
民族		0.0005	0.0007	0.0099**	0.0153***	0.0103	0.0000	-0.0022	-0.0024	0.0070	-0.0056
		0.0007	0.0028	0.0042	0.0049	0.0096	0.0006	0.0028	0.0040	0.0047	0.0112
中共党员		0.0014	0.0284***	0.0365***	0.0284***	0.0936***	0.0044***	0.0351***	0.0501***	0.0611***	0.1088***
		0.0015	0.0058	0.0086	0.0101	0.0198	0.0008	0.0038	0.0054	0.0064	0.0151
婚姻状况		-0.0001	-0.0016	-0.0018	-0.0025	0.0085	0.0018***	0.0032	0.0068	0.0109	0.0273*
		0.0007	0.0028	0.0042	0.0049	0.0095	0.0009	0.0041	0.0058	0.0069	0.0164
教育程度(对照组:小学及以下)	初中	0.0062***	0.0058***	0.0451***	0.0424***	0.0634***	0.0026***	0.0050**	0.0347***	0.0339***	0.0377***
		0.0006	0.0022	0.0033	0.0038	0.0075	0.0005	0.0022	0.0032	0.0037	0.0089
	高中或中专	0.0088***	0.0148***	0.0854***	0.0890***	0.0936***	0.0047***	0.0229***	0.0753***	0.0894***	0.1241***
		0.0007	0.0028	0.0042	0.0049	0.0095	0.0006	0.0027	0.0038	0.0045	0.0108

续表

变量		男 模型（7.11）					女 模型（7.12）				
		$\theta=10$ 系数	$\theta=25$ 系数	$\theta=50$ 系数	$\theta=75$ 系数	$\theta=90$ 系数	$\theta=10$ 系数	$\theta=25$ 系数	$\theta=50$ 系数	$\theta=75$ 系数	$\theta=90$ 系数
人口学特征	教育程度（对照组：小学及以下）大专及以上	0.0112***	0.0578***	0.1088***	0.1175***	0.2364***	0.0075***	0.0736***	0.0960***	0.1079***	0.2259***
		0.0009	0.0036	0.0053	0.0062	0.0122	0.0008	0.0035	0.0050	0.0060	0.0141
	健康状况	0.0011*	0.0012	-0.0083**	-0.0075*	-0.0099	0.0019***	-0.0009	-0.0082*	-0.0098*	-0.0286***
		0.0006	0.0022	0.0033	0.0038	0.0075	0.0005	0.0021	0.0030	0.0035	0.0084
	家庭人口	-0.0002	-0.0002	-0.0009	-0.0009	-0.0043	0.0000	0.0006	0.0027**	0.0026*	0.0063*
		0.0002	0.0009	0.0013	0.0015	0.0030	0.0002	0.0008	0.0012	0.0014	0.0033
	家庭月收入	0.0013***	0.0045***	0.0174***	0.0215***	0.0195***	0.0023***	0.0089***	0.0261***	0.0230***	0.0238***
		0.0004	0.0015	0.0022	0.0026	0.0051	0.0003	0.0015	0.0021	0.0025	0.0059
家庭特征	父母外出打工的经历	0.0013**	0.0060***	0.0261***	0.0197***	0.0292***	0.0027***	0.0148***	0.0324***	0.0321***	0.0383***
		0.0005	0.0021	0.0031	0.0036	0.0070	0.0004	0.0020	0.0029	0.0034	0.0080
	住房性质（对照组：自购或自建房）单位或政府提供住房	-0.0045***	-0.0108***	0.0025	-0.0046	0.0020	-0.0049***	-0.0106***	0.0000	0.0057	0.0380***
		0.0009	0.0034	0.0050	0.0059	0.0115	0.0007	0.0032	0.0045	0.0054	0.0128
	临时性住房	-0.0037***	-0.0162***	-0.0279***	-0.0333***	-0.0316***	-0.0032***	-0.0164***	-0.0249***	-0.0327***	-0.0508***
		0.0005	0.0021	0.0031	0.0036	0.0070	0.0004	0.0019	0.0028	0.0033	0.0077

变量			男 模型 (7.11)					女 模型 (7.12)				
			$\theta=10$ 系数	$\theta=25$ 系数	$\theta=50$ 系数	$\theta=75$ 系数	$\theta=90$ 系数	$\theta=10$ 系数	$\theta=25$ 系数	$\theta=50$ 系数	$\theta=75$ 系数	$\theta=90$ 系数
个人月收入			0.0000	0.0000	0.0018	0.0021	0.0034	-0.0001	-0.0004	0.0009	0.0019	0.0037
			0.0002	0.0008	0.0012	0.0014	0.0027	0.0002	0.0008	0.0011	0.0013	0.0032
劳动合同签订情况			0.0021***	0.0043*	0.0228***	0.0252***	0.0407***	0.0033***	0.0067***	0.0257***	0.0355***	0.0526*
			0.0007	0.0025	0.0037	0.0044	0.0086	0.0005	0.0024	0.0034	0.0041	0.0097
工作特征	就业身份（对照组：雇员）	自营者	0.0016**	0.0021	0.0123***	0.0173***	0.0366***	0.0028***	0.0049*	0.0213***	0.0199***	0.0308***
			0.0007	0.0025	0.0037	0.0044	0.0086	0.0005	0.0025	0.0035	0.0042	0.0099
		雇主	0.0015	0.0069	0.0301***	0.0285***	0.0318	0.0053***	0.0259***	0.0497***	0.0571***	0.0790***
			0.0011	0.0043	0.0063	0.0074	0.0145	0.0008	0.0037	0.0052	0.0062	0.0147
		其他	0.0035**	0.0034	0.0229**	0.0200*	0.0919***	0.0032**	0.0055	0.0149*	0.0244**	0.0513*
			0.0016	0.0062	0.0092	0.0107	0.0210	0.0014	0.0064	0.0090	0.0107	0.0255
	单位性质（对照组：个体工商户）	国有企业或机关事业单位	0.0033***	0.0243***	0.0325***	0.0134	0.0324**	0.0048***	0.0367***	0.0471***	0.0295***	0.0700***
			0.0012	0.0045	0.0067	0.0078	0.0152	0.0009	0.0041	0.0058	0.0069	0.0164
		私营企业	-0.0015**	-0.0013	-0.0039	0.0013	-0.0010	-0.0012**	-0.0012	-0.0060	-0.0057	0.0043
			0.0007	0.0026	0.0039	0.0046	0.0090	0.0006	0.0026	0.0036	0.0043	0.0102

第七章　教育和健康人力资本对农民工城市融入的影响

续表

变量			男 模型 (7.11)					女 模型 (7.12)				
			$\theta=10$ 系数	$\theta=25$ 系数	$\theta=50$ 系数	$\theta=75$ 系数	$\theta=90$ 系数	$\theta=10$ 系数	$\theta=25$ 系数	$\theta=50$ 系数	$\theta=75$ 系数	$\theta=90$ 系数
工作特征	单位性质（对照组：个体工商户）	港澳台外资企业	0.0000	0.0135**	0.0307***	0.0527***	0.0109	0.0015	0.0480***	0.0363***	0.0315***	0.0937***
			0.0015	0.0057	0.0084	0.0098	0.0193	0.0013	0.0060	0.0085	0.0100	0.0238
		其他性质企业	-0.0005	0.0009	-0.0022	0.0007	-0.0023	-0.0005	-0.0007	-0.0075**	-0.0115**	-0.0073
			0.0007	0.0025	0.0037	0.0044	0.0085	0.0005	0.0022	0.0032	0.0038	0.0089
	行业类型（对照组：一般服务业）	专业服务业	0.0010	0.0024	0.0082**	0.0126***	0.0257***	0.0008	0.0025	0.0044	0.0018	0.0053
			0.0006	0.0023	0.0034	0.0040	0.0078	0.0005	0.0022	0.0032	0.0037	0.0089
		采矿、建筑、能源生产业	-0.0025	-0.0026	-0.0115*	-0.0150**	-0.0144	-0.0015**	-0.0019	-0.0128***	-0.0222***	-0.0180
			0.0011	0.0044	0.0065	0.0075	0.0148	0.0006	0.0028	0.0039	0.0047	0.0111
		制造业	-0.0018***	-0.0010	-0.0058*	-0.0054	-0.0077	-0.0006	-0.0015	-0.0041	-0.0074**	-0.0062
			0.0006	0.0022	0.0033	0.0038	0.0075	0.0005	0.0023	0.0033	0.0039	0.0092
		其他行业	-0.0002	-0.0026	-0.0127	-0.0202**	-0.0334*	0.0027**	0.0055	0.0003	0.0065	0.0115
			0.0014	0.0055	0.0081	0.0094	0.0185	0.0011	0.0051	0.0072	0.0086	0.0204
流动特征	流动范围（对照组：市内跨县）	省内跨市	-0.0005	-0.0009	-0.0014	0.0042	0.0051	-0.0011**	-0.0040*	-0.0180***	-0.0131***	-0.0158*
			0.0006	0.0025	0.0036	0.0042	0.0083	0.0005	0.0024	0.0033	0.0040	0.0094
		跨省	-0.0029***	-0.0051	-0.0142***	-0.0123***	-0.0074	-0.0022***	-0.0064***	-0.0212***	-0.0232***	-0.0268***
			0.0006	0.0025	0.0037	0.0043	0.0085	0.0005	0.0024	0.0034	0.0040	0.0095

· 217 ·

新型城镇化进程中教育和健康人力资本对农民工城市融入的影响研究

续表

变量	男 模型 (7.11) θ=10	θ=25	θ=50	θ=75	θ=90	女 模型 (7.12) θ=10	θ=25	θ=50	θ=75	θ=90
流动特征 流动模式	0.0005	0.0024***	0.0103***	0.0170***	0.0229***	0.0011***	0.0048***	0.0152***	0.0194***	0.0236***
	0.0005	0.0018	0.0027	0.0032	0.0063	0.0003	0.0016	0.0022	0.0027	0.0063
流动时长	0.0003***	0.0005***	0.0017***	0.0021***	0.0024***	0.0002***	0.0006***	0.0023***	0.0022***	0.0025***
	0.0000	0.0002	0.0002	0.0003	0.0005	0.0000	0.0001	0.0002	0.0002	0.0005
医疗保险	0.0054***	0.0221***	0.0465***	0.0422***	0.0406***	0.0049***	0.0451***	0.0519***	0.0408***	0.0819***
	0.0006	0.0025	0.0036	0.0042	0.0083	0.0005	0.0023	0.0033	0.0039	0.0093
建立健康档案	0.0049***	0.0252***	0.0716***	0.0759***	0.0951***	0.0051***	0.0325***	0.0593***	0.0755***	0.1220***
	0.0005	0.0018	0.0027	0.0032	0.0062	0.0004	0.0018	0.0025	0.0030	0.0070
流动地区(对照组:西部) 中部	-0.0021***	-0.0031	-0.0084**	-0.0023	-0.0126	-0.0011**	0.0035	0.0039	0.0083**	-0.0006
	0.0006	0.0024	0.0036	0.0042	0.0082	0.0005	0.0023	0.0032	0.0038	0.0091
东部	-0.0045***	-0.0072***	-0.0357***	-0.0375***	-0.0488***	-0.0041***	-0.0066***	-0.0270***	-0.0249***	-0.0379***
	0.0006	0.0021	0.0032	0.0037	0.0073	0.0004	0.0020	0.0028	0.0033	0.0079
东北	-0.0019*	-0.0065	-0.0494***	-0.0450***	-0.0615***	-0.0016	-0.0069	-0.0447***	-0.0475***	-0.0873***
	0.0010	0.0037	0.0056	0.0065	0.0127	0.0008	0.0035	0.0050	0.0059	0.0140
常数项	0.0813***	0.0730***	-0.0065	0.0753***	0.1885***	0.0733***	0.0349***	-0.0497***	0.0818***	0.1891***
	0.0035	0.0137	0.0203	0.0236	0.0463	0.0029	0.0131	0.0186	0.0221	0.0524
Pseudo R²	0.0037	0.0297	0.0782	0.0875	0.0424	0.0008	0.0451	0.0676	0.0807	0.0750
观测值	41645					52363				

注:系数下方为标准差,*、**、***分别为10%、5%、1%的统计水平显著。

会保障，因而产生对与自身利益相关领域的建言献策等公共行为。女性农民工在得到相应的福利待遇后，容易增进对打工地城市的好感度，并产生积极参加公益活动等回报社会的行为。

此外，表 7-8 也验证了不同年龄段对不同性别农民工城市融入影响的 OLS 分析结果。实证结果表明，当年龄处于 31~40 岁时，在第 10 个到第 90 个分位点上对男性农民工和女性农民工的城市融入均产生正向作用。但是，随着年龄的增长，这种正向作用在各个分位点上对不同性别农民工城市融入的影响差生了差异。当年龄处于 41~59 岁之间时，对男性的呈现正向作用的显著性逐渐减弱。这也符合男性职业生涯发展的规律，即在 41~50 岁男性事业通常处于成熟期，而在 50 岁以后由于面临退休，这种正向作用在各个分位点上的显著性开始消退。对于同年龄段的女性农民工而言，41~50 岁的生理期让女性的精力有所下降。50~59 岁之所以在各个分位点上出现对女性农民工城市融入的负向作用，是因为在岗位退休和家庭代际支持的双重压力下，女性农民工返回户籍地的可能性增高，因此对城市融入度有所降低。

三、不同年代农民工城市融入的异质性分析

（一）基于 OLS 模型的代际异质性分析

表 7-9 是健康和教育人力资本对不同年代农民工城市融入影响的 OLS 回归结果。研究表明教育程度对不同年代农民工的城市融入产生显著性的正向促进作用，没有太多的代际差异。这说明无论是新生代农民工还是老一代农民工，教育人力资本的正向促进作用会伴随受教育程度的提升而增强。然而，健康状况会对不同年代农民工的城市融入产生负向作用，并且对新生代农民工城市融入影响的显著性水平明显强于老一代农民工。产生这种结果的原因在于：一方面，新生代农民工和老一代农民工均可以通过提升学历层次习得专业技能，从而帮助自身融入城市积累人力资本，

所以教育程度对新老农民工城市融入均有显著性的促进作用；另一方面，老一代农民工的工作稳定性更高，而新生代农民工未来职业发展的可塑性更强，以至于健康状况较好的新生代农民工为赚取更高收入，其跳槽可能性相比老一代也更高。

表 7 - 9　　　　健康和教育人力资本对不同年代农民工城市融入
影响的 OLS 回归结果

变量		新生代		老一代	
		模型（7.13）		模型（7.14）	
		系数	标准差	系数值	标准差
人口学特征	性别	− 0.0307 ***	0.0020	− 0.0118 ***	0.0020
	民族	0.0042	0.0033	0.0008	0.0034
	中共党员	0.0489 ***	0.0050	0.0561 ***	0.0056
	婚姻状况	0.0045	0.0046	0.0147 ***	0.0037
	教育程度（对照组：小学及以下）　初中	0.0313 ***	0.0035	0.032 ***	0.0022
	高中或中专	0.0612 ***	0.0038	0.0795 ***	0.0031
	大专及以上	0.0914 ***	0.0044	0.1209 ***	0.0052
	健康状况	− 0.0137 ***	0.0029	− 0.0036	0.0023
家庭特征	家庭人口	0.0019 **	0.0010	0.0025 **	0.0010
	家庭月收入	0.0232 ***	0.0019	0.0191 ***	0.0016
	父母外出打工的经历	0.0226 ***	0.0021	0.0283 ***	0.0031
	住房性质（对照组：自购或自建住房）　单位或政府提供住房	0.0118 ***	0.0040	− 0.0044	0.0038
	临时性住房	− 0.0211 ***	0.0024	− 0.0324 ***	0.0023
工作特征	个人月收入	0.0012	0.0010	0.0020	0.0009
	劳动合同签订情况	0.0285 ***	0.0030	0.0272 ***	0.0029
	就业身份（对照组：雇员）　自营者	0.0165 ***	0.0031	0.0212 ***	0.0029
	雇主	0.0363 ***	0.0046	0.0476 ***	0.0048
	其他	0.0338 ***	0.0076	0.0323 ***	0.0073

续表

变量			新生代		老一代	
			模型（7.13）		模型（7.14）	
			系数	标准差	系数值	标准差
工作特征	单位性质（对照组：个体工商户）	国有企业或机关事业单位	0.0428 ***	0.0050	0.0229 ***	0.0052
		私营企业	− 0.0012	0.0031	− 0.0024	0.0031
		港澳台外资企业	0.0304 ***	0.0064	0.0386 ***	0.0078
		其他性质企业	− 0.0054 **	0.0029	− 0.0043	0.0027
	行业类型（对照组：一般服务业）	专业服务业	0.0063 **	0.0027	0.0083 ***	0.0027
		采矿、建筑、能源生产业	− 0.0140 ***	0.0038	− 0.0109 ***	0.0036
		制造业	− 0.0035	0.0027	− 0.0030	0.0027
		其他行业	− 0.0163 **	0.0075	− 0.0007	0.0054
流动特征	流动范围（对照组：市内跨县）	省内跨市	− 0.0139 ***	0.0029	0.0008	0.0028
		跨省	− 0.0254 ***	0.0029	− 0.0071 **	0.0028
	流动模式		0.0152 ***	0.0020	0.0149 ***	0.0021
	流动时长		0.0022 ***	0.0002	0.0014 ***	0.0001
	医疗保险		0.0394 ***	0.0028	0.0461 ***	0.0029
	健康档案		0.0650 ***	0.0022	0.0629 ***	0.0021
	流动地区（对照组：西部）	中部	− 0.0009	0.0028	− 0.0039	0.0027
		东部	− 0.0280 ***	0.0025	− 0.0285 ***	0.0024
		东北	− 0.0499 ***	0.0046	− 0.0399 ***	0.0040
常数项			0.0317 **	0.0167	− 0.0039	0.0027
调整后的 R^2			0.1151		0.1152	
观测值			48536		45472	

注：* 、** 、*** 分别为 10% 、5% 、1% 的统计水平显著。

表 7 - 9 也反映了性别和婚姻状况对农民工城市融入的影响存在代际差异。从均值意义上分析，性别对新老农民工均产生负向显著性作用，但

是对新生代农民工的影响大于老一代。这说明男性新生代农民工和女性新生代农民工相较于老一代而言不易融入城市。男性新生代农民工可能因为微薄的务工收入无法承担在城市中结婚安家的高昂成本，最终可能会迫使他们返回农村。对于女性新生代农民工而言，可能同样因为婚恋问题而返回农村。这点也在实证结果中得到验证，相较于没有成家的新生代农民工，婚姻状况对老一代产生的正向促进作用比新生代有更高的显著性水平。因此，促成男女农民工在城市生活安家立业可能会提升新生代农民工城市融入程度。

（二）基于分位数模型的代际异质性分析

表 7 – 10 是健康和教育人力资本对不同年代农民工城市融入影响的分位数回归结果。在各个分位点上，教育对不同年代农民工均产生显著性的正向促进作用，并没有太大的代际差异。然而，健康状况对新生代农民工城市融入负向作用的显著性水平高于老一代农民工，这点也进一步验证了 OLS 模型的回归结果。健康状况仅在低分位点上对不同年代农民工产生正向促进作用，在高分位点上则产生负向作用。其中健康状况对新生代农民工城市融入的负向作用，在第 25 到第 90 个分位点上的影响和显著性水平明显高于老一代农民工。这种差异却无法体现在 OLS 模型的回归结果中。相比较于老一代农民工而言，新生代农民工融入城市更容易受到健康状况的阻碍。原因可能在于新生代农民工的流动性更强，相较于老一代农民工而言更渴望得到较好的经济待遇。因此，在身体健康状况较好的时期新生代农民工离开城市的可能性更强。

表 7 – 10 对 OLS 模型中性别和婚姻状况对农民工城市融入的影响存在代际差异进行了验证。从各个分位点进行分析，性别对新老农民工所产生负向作用从第 10 个到第 90 个分位点呈现递增趋势，而且对新生代农民工的影响趋势的递增幅度大于老一代。这验证了 OLS 模型中男性新生代农民工和女性新生代农民工相较于老一代而言不易融入城市。此外，婚姻状

表7－10　健康和教育人力资本对不同年代农民工城市融入影响的分位数回归结果

变量		新生代 模型（7.15）					老一代 模型（7.16）				
		$\theta=10$ 系数	$\theta=25$ 系数	$\theta=50$ 系数	$\theta=75$ 系数	$\theta=90$ 系数	$\theta=10$ 系数	$\theta=25$ 系数	$\theta=50$ 系数	$\theta=75$ 系数	$\theta=90$ 系数
人口学特征	性别	-0.0017*** (0.0004)	-0.0105*** (0.0020)	-0.0319*** (0.0023)	-0.0343*** (0.0029)	-0.0458*** (0.0069)	-0.0008* (0.0004)	-0.0012 (0.0010)	-0.0098*** (0.0025)	-0.0123*** (0.0029)	-0.0215*** (0.0065)
	民族	0.0010* (0.0006)	0.0001 (0.0032)	0.0057 (0.0038)	0.0138*** (0.0047)	0.0025 (0.0113)	-0.0005 (0.0007)	-0.0007 (0.0017)	0.0007 (0.0043)	0.0056 (0.0050)	-0.0012 (0.0112)
	中共党员	0.0034*** (0.0009)	0.0448*** (0.0049)	0.0484*** (0.0057)	0.0383*** (0.0071)	0.0946*** (0.0170)	0.0017 (0.0012)	0.0180*** (0.0029)	0.0495*** (0.0071)	0.0726*** (0.0084)	0.1605*** (0.0186)
	婚姻状况	0.0019** (0.0009)	-0.0010 (0.0045)	0.0090 (0.0053)	0.0078 (0.0066)	0.0172 (0.0158)	0.0004 (0.0008)	0.0012 (0.0019)	0.0099* (0.0047)	0.0214*** (0.0056)	0.0335*** (0.0124)
	教育程度（对照组：小学及以下） 初中	0.0055*** (0.0006)	0.0081** (0.0034)	0.0464*** (0.0040)	0.0353*** (0.0050)	0.0442*** (0.0119)	0.0041*** (0.0005)	0.0029*** (0.0011)	0.0364*** (0.0027)	0.0389*** (0.0032)	0.0525*** (0.0072)
	高中或中专	0.0072*** (0.0007)	0.0205*** (0.0037)	0.0767*** (0.0044)	0.0803*** (0.0055)	0.0873*** (0.0131)	0.0071*** (0.0007)	0.0191*** (0.0016)	0.0929*** (0.0039)	0.1029*** (0.0046)	0.1405*** (0.0103)
	大专及以上	0.0094*** (0.0008)	0.0560*** (0.0043)	0.0972*** (0.0051)	0.0993*** (0.0063)	0.2349*** (0.0150)	0.0100*** (0.0011)	0.1184*** (0.0027)	0.1311*** (0.0065)	0.1382*** (0.0077)	0.2424*** (0.0172)
	健康状况	0.0010* (0.0005)	-0.0016 (0.0028)	-0.0142*** (0.0033)	-0.0169*** (0.0042)	-0.0223** (0.0099)	0.0021*** (0.0005)	0.0010 (0.0012)	-0.0011 (0.0029)	-0.0006 (0.0034)	-0.0168** (0.0076)

续表

变量		新生代 模型 (7.15)					老一代 模型 (7.16)				
		$\theta=10$ 系数	$\theta=25$ 系数	$\theta=50$ 系数	$\theta=75$ 系数	$\theta=90$ 系数	$\theta=10$ 系数	$\theta=25$ 系数	$\theta=50$ 系数	$\theta=75$ 系数	$\theta=90$ 系数
家庭特征	家庭人口	0.0001	0.0010	0.0029 **	0.0004	0.0013	-0.0002	0.0001	0.0019	0.0057 ***	0.0063 **
		0.0002	0.0010	0.0012	0.0015	0.0035	0.0002	0.0005	0.0012	0.0014	0.0032
	家庭月收入	0.0020 ***	0.0111 ***	0.0280 ***	0.0253 ***	0.0220 ***	0.0015 ***	0.0029 **	0.0178 ***	0.0202 ***	0.0208 ***
		0.0004	0.0019	0.0022	0.0027	0.0065	0.0003	0.0009	0.0021	0.0024	0.0055
	父母外出打工的经历	0.0017 ***	0.0116 ***	0.0242 ***	0.0229 ***	0.0286 ***	0.0022 ***	0.0043 ***	0.0336 ***	0.0304 ***	0.0393 ***
		0.0004	0.0020	0.0024	0.0030	0.0072	0.0007	0.0016	0.0039	0.0046	0.0103
	住房性质（对照组：自购或自建住房）单位或政府提供住房	-0.0051 ***	-0.0060	0.0099 **	0.0079	0.0315 ***	-0.0046 ***	-0.0152 ***	-0.0129 ***	-0.0100 **	0.0135
		0.0007	0.0039	0.0046	0.0057	0.0136	0.0008	0.0020	0.0048	0.0057	0.0126
	临时性住房	-0.0029 ***	-0.0146 ***	-0.0165 ***	-0.0259 ***	-0.0358 ***	-0.0040 ***	-0.0179 ***	-0.0375 ***	-0.0419 ***	-0.0451 ***
		0.0004	0.0024	0.0028	0.0035	0.0083	0.0005	0.0012	0.0029	0.0035	0.0077
工作特征	个人月收入	-0.0001	-0.0004	0.0004	0.0021	0.0042	0.0000	-0.0001	0.0025 **	0.0024 **	0.0031
		0.0002	0.0010	0.0012	0.0015	0.0035	0.0002	0.0004	0.0011	0.0013	0.0029
	劳动合同签订情况	0.0024 ***	0.0062 **	0.0253 ***	0.0325 ***	0.0436 ***	0.0027 ***	0.0029 *	0.0229 ***	0.0310 ***	0.0457 ***
		0.0006	0.0029	0.0034	0.0043	0.0102	0.0006	0.0015	0.0036	0.0043	0.0095

续表

变量			模型 (7.15) 新生代					模型 (7.16) 老一代				
			θ=10 系数	θ=25 系数	θ=50 系数	θ=75 系数	θ=90 系数	θ=10 系数	θ=25 系数	θ=50 系数	θ=75 系数	θ=90 系数
工作特征	就业身份（对照组：雇员）	自营者	0.0015**	0.0037	0.0156***	0.0211***	0.0229*	0.0025***	0.0021	0.0171***	0.0196***	0.0449***
			0.0006	0.0030	0.0035	0.0044	0.0104	0.0006	0.0015	0.0036	0.0043	0.0095
		雇主	0.0023***	0.0175***	0.0354***	0.0452***	0.0457	0.0051***	0.0140***	0.0527***	0.0539***	0.0740***
			0.0008	0.0044	0.0052	0.0065	0.0155	0.0010	0.0025	0.0060	0.0071	0.0158
		其他	0.0029**	0.0059	0.0194**	0.0287***	0.0622	0.0028*	0.0022	0.0193**	0.0253**	0.0650***
			0.0014	0.0074	0.0087	0.0109	0.0260	0.0015	0.0038	0.0092	0.0109	0.0242
	单位性质（对照组：个体工商户）	国有企业或机关事业单位	0.0059***	0.0548***	0.0573***	0.0301***	0.0578***	0.0025**	0.0080***	0.0232***	0.0112	0.0452***
			0.0009	0.0049	0.0058	0.0072	0.0171	0.0011	0.0027	0.0065	0.0077	0.0171
		私营企业	-0.0009	-0.0002	-0.0042	-0.0008	0.0017	-0.0021***	-0.0011	-0.0072**	-0.0059	-0.0028
			0.0006	0.0030	0.0035	0.0044	0.0104	0.0007	0.0016	0.0039	0.0046	0.0103
		港澳台外资企业	0.0012	0.0510***	0.0303***	0.0388***	0.0450***	-0.0012	0.0113***	0.0387***	0.0451***	0.0388
			0.0012	0.0062	0.0073	0.0091	0.0217	0.0016	0.0040	0.0098	0.0116	0.0258
		其他性质企业	-0.0003	-0.0005	-0.0055*	-0.0108***	-0.0087	-0.0006	0.0003	-0.0061*	-0.0063	-0.0058
			0.0005	0.0028	0.0033	0.0042	0.0099	0.0006	0.0014	0.0034	0.0040	0.0089

续表

变量			新生代 模型 (7.15)					老一代 模型 (7.16)				
			θ=10 系数	θ=25 系数	θ=50 系数	θ=75 系数	θ=90 系数	θ=10 系数	θ=25 系数	θ=50 系数	θ=75 系数	θ=90 系数
工作特征	行业类型（对照组：一般服务业）	专业服务业	0.0007	0.0032	0.0061**	0.0066*	0.0127	0.0008	0.0010	0.0071**	0.0069**	0.0179**
			0.0005	0.0026	0.0031	0.0038	0.0091	0.0006	0.0014	0.0034	0.0040	0.0089
		采矿、建筑、能源生产业	-0.0012*	-0.0038	-0.0159***	-0.0187***	-0.0242*	-0.0023***	-0.0011	-0.0118**	-0.0204***	-0.0052
			0.0007	0.0037	0.0044	0.0055	0.0131	0.0008	0.0019	0.0046	0.0054	0.0120
		制造业	-0.0008*	-0.0006	-0.0021	-0.0047	-0.0098	-0.0019***	-0.0011	-0.0071**	-0.0055	0.0048
			0.0005	0.0026	0.0031	0.0038	0.0091	0.0006	0.0014	0.0034	0.0040	0.0089
		其他行业	0.0019	0.0017	-0.0141	-0.0133	-0.0483*	0.0015	0.0013	-0.0090	0.0040	0.0089
			0.0014	0.0073	0.0086	0.0107	0.0255	0.0011	0.0028	0.0068	0.0081	0.0143
流动特征	流动范围（对照组：市内跨县）	省内跨市	-0.0013*	-0.0073***	-0.0191***	-0.0128***	-0.0141	-0.0001	0.0002	-0.0007	0.0020	0.0180
			0.0005	0.0028	0.0033	0.0041	0.0098	0.0006	0.0015	0.0036	0.0042	0.0077
		跨省	-0.0028***	-0.0125***	-0.0311***	-0.0289***	-0.0273***	-0.0019***	-0.0011	-0.0051	-0.0068	-0.0031
			0.0005	0.0028	0.0034	0.0042	0.0100	0.0006	0.0015	0.0036	0.0042	0.0094
		流动模式	0.0011***	0.0046**	0.0145***	0.0170***	0.0257***	0.0004	0.0016	0.0133***	0.0208***	0.0240***
			0.0004	0.0019	0.0023	0.0028	0.0067	0.0004	0.0011	0.0026	0.0031	0.0068

续表

变量		新生代 模型 (7.15)					老一代 模型 (7.16)				
		$\theta=10$ 系数	$\theta=25$ 系数	$\theta=50$ 系数	$\theta=75$ 系数	$\theta=90$ 系数	$\theta=10$ 系数	$\theta=25$ 系数	$\theta=50$ 系数	$\theta=75$ 系数	$\theta=90$ 系数
流动特征	流动时长	0.0003***	0.0010***	0.0027***	0.0027***	0.0028***	0.0002***	0.0003***	0.0015***	0.0017***	0.0020***
		0.0000	0.0002	0.0002	0.0003	0.0007	0.0000	0.0001	0.0002	0.0002	0.0005
	医疗保险	0.0043***	0.0367***	0.0382***	0.0391***	0.0675***	0.0060***	0.0255***	0.0649***	0.0490***	0.0532***
		0.0005	0.0027	0.0032	0.0040	0.0095	0.0006	0.0015	0.0036	0.0043	0.0096
	健康档案	0.0045***	0.0361***	0.0588***	0.0734***	0.1192***	0.0051***	0.0219***	0.0728***	0.0737***	0.1037***
		0.0004	0.0021	0.0025	0.0031	0.0073	0.0004	0.0011	0.0027	0.0031	0.0070
流动地区 (对照组：西部)	中部	-0.0012**	0.0022	-0.0014	0.0061	-0.0060	-0.0019**	-0.0006	-0.0015	-0.0010	-0.0063
		0.0005	0.0028	0.0033	0.0041	0.0097	0.0006	0.0014	0.0034	0.0040	0.0089
	东部	-0.0039***	-0.0112***	-0.0303***	-0.0272***	-0.0375***	-0.0041***	-0.0030**	-0.0290***	-0.0336***	-0.0511***
		0.0005	0.0024	0.0028	0.0036	0.0085	0.0005	0.0012	0.0030	0.0036	0.0079
	东北	-0.0026***	-0.0131***	-0.0573***	-0.0558***	-0.0756***	-0.0003	-0.0016	-0.0343***	-0.0412***	-0.0750***
		0.0009	0.0045	0.0053	0.0066	0.0158	0.0008	0.0021	0.0050	0.0059	0.0132
常数项		0.0754***	0.0239	-0.0593***	0.0852***	0.2290***	0.0815***	0.0907***	-0.0178	0.0667***	0.1686***
		0.0031	0.0162	0.0191	0.0239	0.0569	0.0031	0.0077	0.0187	0.0221	0.0492
Pseudo R²		0.0008	0.0465	0.0583	0.0674	0.0683	0.0032	0.0272	0.0859	0.0848	0.0472
观测值		48536					45472				

注：系数下方为标准差，*、**、***分别为10%、5%、1%的统计水平显著。

况对新生代农民工而言，仅在第 10 个分位点有 5% 显著性水平的正向作用，在第 25 个分位点甚至出现负向作用，在第 50 个分位点之后虽然呈现正向作用但是并不显著。相较之下，婚姻状况对老一代农民工的正向作用存在分位效应。尽管在第 10 个和第 25 个分位点上存在不显著的正向作用，但是在第 50 个分位点之后却呈现了显著性的递增趋势。所以婚姻状况对老一代农民工的正向促进作用要大于新生代农民工。因此，解决新生代农民工婚恋问题是未来提升农民工城市融入程度的重要任务。

第五节　本 章 小 结

第一，教育人力资本能够显著促进农民工城市融入，而健康状况对农民工城市融入的影响在不同分位点存在差异。研究发现，教育程度对农民工城市融入产生了显著性正向作用。作为学历教育的衍生，政治教育和家庭教育对农民工城市融入的影响也产生了显著性正向作用。健康对农民工城市融入虽然也产生了显著性影响，但是在不同分位点上的差异较大。在低分位点上，健康状况呈现正向促进作用，但是随着分位点的提高，正向促进作用越来越弱，甚至逐渐呈现出显著性的反向作用。然而，医疗保险和健康档案作为农民工身体健康的重要保障，不仅在均值意义上（OLS 回归方法）产生了显著性的正向作用，而且不同分位点上均产生显著性正向影响，并随着分位点的提高呈现递增趋势。本书认为教育人力资本通过提升农民工的收入和认知能力，进而促进其融入城市。健康状况、医疗保险，以及健康档案三者对农民工城市融入产生了不同的影响效应。良好的健康状况能够让农民工将注意力从城市融入转移至工作中，从而阻碍其融入城市。但是，医疗保险和健康档案可以产生福利效应，二者能够吸引农民工参与到相关领域的公共生活中，进而促进其融入城市。

第二，健康和教育人力资本对不同性别和不同年代农民工城市融入的影响存在异质性。研究发现，在均值意义上教育程度对不同性别农民工的城市融入产生显著性的正向促进作用，并且在各个分位点上随着教育程度的提升该正向作用越来越强。在均值意义和各分位点上，教育程度对不同年代农民工的城市融入产生显著性的正向促进作用，没有太大的代际差异。在均值意义上健康状况对不同性别农民工的城市融入产生显著性的负向作用。分位数回归结果则表明，健康状况仅在低分位点上对男女农民工产生促进作用，但是在高分位点上产生负向作用。其中健康状况对女性农民工城市融入的负向作用，在高分位点上的影响明显比对男性农民工的显著性水平高。在均值意义上，健康状况对不同年代农民工的城市融入产生负向作用，并对新生代农民工城市融入影响的显著性水平高于老一代农民工。各个分位点上，健康状况仅在低分位点上对不同年代农民工产生正向促进作用，在高分位点上则产生负向作用。其中在第25到第90个分位点上，健康状况对新生代农民工城市融入的负向作用明显高于老一代农民工。因此，本书认为教育人力资本是提升不同性别、不同年代农民工的重要催化剂，但是良好的健康状况对不同性别、不同年代农民工的城市融入产生了类似门槛的效应。

第三，年龄因素对不同性别农民工群体产生不同的影响作用。在均值意义上，随着年龄的增加，在40岁以后年龄对男性农民工城市融入的影响仍然呈现正向促进作用，而对女性农民工则呈现出负向作用。随着年龄的增长，这种正向作用在各个分位点上对不同性别农民工城市融入的影响也产生了差异。在第10个到第90个分位点上，当处于31～40岁时年龄对男性农民工和女性农民工的城市融入均产生正向作用。当年龄处于41～59岁之间时，对男性的呈现正向作用的显著性逐渐减弱。对女性则开始呈现负向作用，并随着女性年龄增加表现出更高的显著性负向作用。因此，本书认为年龄对青年男女农民工的城市融入具有促进效应，但是对中年男女农民工的城市融入具有门槛效应。年轻可以为男女农民工提供时间资本，促使其产生敢于尝试，积极乐观的心态，进而帮助青年男女农民工融入城市。当步入中年后，女性农民工可能会面临更多来自生理上和工作上的压力，反而不易融入城市。

第四，性别和婚姻状况对农民工城市融入的影响存在代际差异。从均值意义上分析，性别对新老农民工均产生负向显著性作用，但是对新生代农民工的影响大于老一代。从各个分位点进行分析，性别对新老农民工所产生负向作用从第 10 个到第 90 个分位点呈现递增趋势，而且对新生代农民工的影响趋势的递增幅度大于老一代。这说明男性新生代农民工和女性新生代农民工相较于老一代而言不易融入城市。此外，婚姻状况对新生代农民工而言，仅在低分位点有 5% 显著性水平的正向作用，在第 25 个分位点甚至出现负向作用，在第 50 个分位点之后虽然呈现正向作用但是并不显著。相比较而言，婚姻状况对老一代农民工城市融入更具促进作用，并且存在分位效应。尽管在低分位点上存在不显著的正向作用，但是随着分位点的提高却呈现出显著性的递增趋势。所以婚姻状况对老一代农民工的正向促进作用要大于新生代农民工。因此，本书认为婚姻在农民工城市融入的过程中具有福利效应。老一代农民工由于拥有比新生代农民工更为稳定的婚姻和家庭，而更容易融入城市生活中。但是，新生代农民工在婚恋问题中尚且存在诸多不稳定因素，比如考虑到在城市成家所要付出的高昂成本，会迫使新生代男女农民工离开城市，返回家乡。所以对新生代男女农民工融入城市的帮扶，不仅是单纯解决其婚恋问题，更要对其住房、子女抚养等各项问题予以政策保障。

第八章　结论和建议

第一节　研究结论

一、较高的教育人力资本显著促进农民工城市居留意愿和城市融入

在对农民工的城市居留意愿进行分析的过程中，虽然发现农民工的受教育程度在不同性别、不同代际及不同地区间所体现出的影响效应都不同，但是总结来说，受教育程度对于农民工的城市居留意愿有着显著的促进作用。农民工的受教育程度越高，其愿意在城市居住的倾向性就越强。在分析农民工的落户意愿时，受教育程度同样体现出促进作用。具体表现在，相较于小学及以下受教育程度的农民工，受教育程度为大专以及以上的农民工的进城落户意愿明显高于高中/中专学历，高中/中专学历的农民工进城落户的意愿又高于初中学历的农民工。另外在分析对农民工城市融入的影响效应时，不仅发现受教育程度对农民工的城市融入产生了显著的促进作用，还发现作为学历教育的衍生，政治教育和家庭教育对农民工城市融入的影响也产生了显著性正向作用。

二、健康人力资本对农民工城市居留意愿和城市融入度的影响存在差异

分析发现，健康人力资本对于农民工的城市居留意愿和城市融入的影响效应并不一致。在对健康教育进行检验时发现健康教育变量对农民工居留意愿影响不显著，但健康教育活动、健康档案等对农民工居留意愿则有显著正向效应。这是由于有限的、不系统的健康教育对农民工健康意识的转变很难起到实质性作用，这种健康教育仅局限在形式主义的做法。而健康教育活动中农民工的参与度更高，因为面对面获取健康知识更容易达到效果。健康教育活动是对健康教育的这一模式的拓展和延伸，对健康知识传导有效性和农民工居留意愿提升有更好效果。同时发现健康人力资本对农民工城市融入虽然也产生了显著性影响，但是在不同分位点上的差异较大。在低分位点上，健康状况呈现正向促进作用，但是随着分位点的提高，正向促进作用越来越弱，甚至逐渐呈现出显著的反向作用。而医疗保险和健康档案作为农民工身体健康的重要保障，不仅在均值意义上产生了显著性的正向作用，而且不同分位点上均产生显著性正向影响，并随着分位点的提高呈现递增趋势。

三、健康和教育人力资本对农民工城市落户意愿和城市融入影响呈现代际差异

对比健康和教育人力资本在新一代农民工与老一代农民工之间的影响发现，较高的健康水平会明显促进新生代农民工的进城落户意愿，但对老一代农民工进城落户意愿的影响则不显著。同时受教育程度对老一代农民工进城落户意愿的影响程度高于对新生代农民工进城落户的影响。具体表现在同等文化程度条件下，老一代农民工更倾向于进城落户。新一代农民

工与老一代农民工的城市融入同样存在一定的异质性。在均值意义和各分位点上，教育程度对不同年代农民工的城市融入同样产生显著性的促进作用，并没有太大的代际差异。但是在均值意义上，健康状况对不同年代农民工的城市融入有负面影响，并对新生代农民工城市融入影响的显著性水平高于老一代农民工。各个分位点上，健康状况仅在低分位点上对不同年代农民工产生促进作用，在高分位点上则产生负面作用。其中在第25到第90个分位点上，健康状况对新生代农民工城市融入的负面影响明显高于老一代农民工。

四、健康和教育人力资本对不同性别农民工的城市落户和城市融入影响不同

对比健康和教育人力资本对不同性别农民工的城市落户影响能够发现，健康水平对男性农民工进城落户意愿的影响大于女性，而提高受教育程度对男性农民工进城落户意愿的促进作用小于女性农民工。这说明健康水平对于男性农民工在城市落户意愿的影响更大，这往往是因为男性农民工在城市所从事的工作大多是依靠身体的重体力劳动。如果没有健康的身体，他们则很难在城市就业，也就没有了在城市落户的意愿。而女性的受教育程度得到提高以后，她们更容易在城市有一份轻松的工作，并且个人素养提高之后比男性更容易通过婚姻在城市落户。在分析不同性别农民工的城市融入状况时发现，在均值意义上教育程度对不同性别农民工的城市融入都产生显著性的正向促进作用，并且在各个分位点上随着教育程度的提升该正向作用越来越强。在均值意义上健康状况对不同性别农民工的城市融入产生显著性的负向作用。分位数回归结果则表明，健康状况仅在低分位点上对男女农民工产生促进作用，但是在高分位点上产生负向作用。其中健康状况对女性农民工城市融入的负向作用，在高分位点上的影响明显比对男性农民工的显著性水平高。

五、健康和教育人力资本对不同区域农民工的城市居留和落户意愿影响不同

对比不同区域的健康和教育人力资本对农民工城市居留意愿和城市落户意愿的影响时发现，提高健康水平或受教育程度对东部地区农民工进城落户意愿的促进作用大于中部地区农民工，更大于西部地区农民工。北京、广州、上海、深圳等一线发达城市均位于东部地区，西部地区则都是贵州、云南、广西、甘肃等欠发达省份。这说明提高经济发达地区的健康和教育人力资本对于促进农民工的城市居留意愿和城市落户意愿效果更显著。相较于经济欠发达的中西部地区，东部地区本身因为经济发达，其对于整个社会的健康和教育人力资本的投入更多。即便如此，东部地区的农民工仍然对于区域内的健康和教育人力资本投入敏感。这一方面说明东部地区的农民工本身更加重视健康和教育人力资本的投入，相较于其他地区，他们对于健康和教育人力资本有着更强的意识；另一方面也说明东部地区虽然有着发达的经济条件，但是对于农民工的健康和教育人力资本的公共投入仍然不能满足其需要。

六、年龄因素对不同性别农民工的城市融入影响呈显著差异

对比年龄因素在不同性别农民工的城市融入影响时发现，在均值意义上，随着年龄的增加，在40岁以后年龄对男性农民工城市融入的影响仍然呈现正向促进作用，而对女性农民工则呈现出负向作用。随着年龄的增长，这种正向作用在各个分位点上对不同性别农民工城市融入的影响也差生了差异。在第10个到第90个分位点上，当处于31～40岁时年龄对男性农民工和女性农民工的城市融入均产生正向作用。当年龄处于41～59岁之间时，对男性的呈现正向作用的显著性逐渐减弱。对女性则开始呈现

负向作用，并随着女性年龄增加表现出更高的显著性负向作用。本书认为年龄对青年男女农民工的城市融入具有促进效应，但是对中年男女农民工的城市融入具有门槛效应。年轻可以为男女农民工提供时间资本，促使其产生敢于尝试，积极乐观的心态，进而帮助青年男女农民工融入城市。当步入中年后，女性农民工可能会面临更多来自生理上和工作上的压力，反而不易融入城市。

七、婚姻状况对新老农民工的城市融入影响呈现出差异性

分析新、老农民工的婚姻状况对于其城市融入的影响时发现，对新生代农民工而言，仅在低分位点有5%显著性水平的正向作用，在第25个分位点甚至出现负向作用，在第50个分位点之后虽然呈现正向作用但是并不显著。相比较而言，婚姻状况对老一代农民工城市融入更具促进作用，并且存在分位效应。尽管在低分位点上存在不显著的正向作用，但是随着分位点的提高却呈现了显著性的递增趋势。所以婚姻状况对老一代农民工的正向促进作用要大于新生代农民工。本书认为婚姻在农民工城市融入的过程中具有福利效应。老一代农民工由于拥有比新生代农民工更为稳定的婚姻和家庭，而更容易融入城市生活中。但是，新生代农民工在婚恋问题中尚且存在诸多不稳定因素，比如考虑到在城市成家所要付出的高昂成本，会迫使新生代男女农民工离开城市，返回家乡。所以对新生代男女农民工融入城市的帮扶，不仅是单纯解决其婚恋问题，更要对其住房、子女抚养等各项问题予以政策保障。

八、更高的就业保障显著促进农民工城市居留意愿和落户意愿

通过对农民工就业相关因素进行分析，发现就业方面更有保障的农民工相较于就业保障较低的农民工，其城市居留意愿和落户意愿更强。受就

业稳定性和岗位工资福利的影响，国有单位就业的农民工更倾向于进城落户。签订劳务合同和较高的工资收入能够增强农民工城市体面安居的经济支撑，稳定农民工城市收入预期，进而有利于促进农民工进城落户。对农民工就业保护不足，农民工得不到满足自身发展所需的条件，城市居留的期望效用值小于等于其在农村的期望效用值，会在很大程度上阻碍农民工城市居留的意愿。就业保护不足表现为缺乏对劳动关系、工资合法性的监督以及住房环境的关怀。另外，分析发现，较长的本地居留时间更能促进农民工进城落户的意愿，且省内跨市流动的农民工更倾向于进城落户，其进城落户的意愿高于跨省流动。这也从侧面印证就业更稳定的农民工，其城市居留意愿和落户意愿更强烈。

九、较好的居住条件显著促进农民工的城市居留意愿和落户意愿

在分析农民工的居住条件与其在城市居留意愿的关系时发现，居住在私租房和自购房的农民工比居住在公租房的农民工的居留意愿更强。这是因为目前我国的私租房与自购房的住房条件相对于公租房而言更好一些，农民工有一个更好的居住环境能够使得农民工城市居留的期望效用值有所上升，形成将农民工向城市的推力，所以提高了其在城市的居留意愿。当前我国对于农民工的住房条件的改善度依然处于较低点，切实关注农民工群体在城市的居住环境，是影响其居留意愿的重要因素。在分析农民工的居住条件与其在城市落户意愿的关系时发现，居住在廉租房和公租住房性质的农民工的进城落户意愿要高于居住在自购房农民工，而居住在自购房农民工的进城落户意愿又显著高于居住在私租房性质的农民工。这说明农民工的落户意愿不完全与其居住环境的优劣正相关，他们还会兼顾到居住成本。

十、年龄对农民工在城市落户意愿影响呈倒"U"形特征

在分析年龄因素对于农民工城市落户意愿的影响时发现，16～26岁的农民工在所有的年龄段当中在城市落户的意愿是最低的，27～36岁的农民工在所有年龄段当中在城市落户的意愿最高。而36岁以上的农民工随着年龄的增长，其在城市落户的意愿逐渐减弱，但却仍高于16～26岁的农民工在城市落户的意愿。有多方面的因素会产生这种社会现象。26岁以下的农民工往往是单身状态，其倾向于在不同地区间流动。27～36岁的农民工往往面临成家立业，更倾向于稳定在一个地方，这个阶段也有了一定的经济基础，因而更期望能够在城市落户。到了36岁以后仍未能在城市落户的农民工，会随着年龄的增长，越来越期望回到农村。因为他们大多所购买的医疗保险和养老保险都在农村，且农村所拥有的家庭承包地和宅基地也会形成对他们的拉力，逐渐降低他们进城落户的意愿。

十一、较高的城市归属感显著增强农民工城市落户意愿

对农民工本地社交网络的研究分析表明，业余时间同城市本地居民更多交往的农民工，其进城落户的意愿要高于同本地老乡交往情况下的进城落户意愿。这说明与城市本地居民的沟通能够给予农民工所需要的城市归属感，这种城市归属感能够增强农民工在城市落户的意愿。同时也说明，在条件许可的情形下，城市本地居民能够接纳农民工。农民工经常参与本地组织的活动、参与一定的社会管理和提供志愿服务都能够有助于农民工增强城市归属感，进而增强其进城落户的意愿。此外，较高的居住地认同会增强农民工进城落户的意愿，而农民工卫生习惯同本地居民的较大差异，会降低农民工的城市安全感和归属感，进而降低了农民工进城落户的意愿。

第二节 政策建议

一、加大城市对农民工的健康和教育资金投入

流入地政府作为农民工的实际管理者，既然享受了农民工入城工作所带来的经济推动效应，也就应当积极承担流入地农民工的健康和教育资金支出。这也顺应了我国当下经济政策的新要求，由之前看重经济的增长速度转变为更重视经济的质量提升。在中央政府制定支持政策的基础上，流入地政府可以针对农民工的健康和教育资金拓宽融资渠道。除了向中央财政争取财政补贴以外，还可以发挥地方政府职能，与银行尝试开展相关业务合作。为了共同分担农民工的健康和教育资金，地方政府可为此专门成立相关基金，资金来源由中央政府财政、地方政府财政、企业及农民工个人缴费共同构成，专门用于农民工的教育和健康资金支出。除此以外，地方政府还可以利用多种多样的社会公益组织。既可以直接通过公益组织举办针对农民工的爱心活动，也可以通过公益组织来调动民间资本参与到学校、医院等社会机构的建设当中，来分担一部分健康和教育资金。

二、通过教育券对农民工随迁子女的教育资金进行补偿

加强农民工随迁子女的教育融入，毫无疑问流入地政府应当承担主要责任。但是流出地政府如果不采取一定措施协助流入地政府，流入地政府必然无力负担大量农民工子女的教育资金，从政府到市民都会产生不公平感，最终阻碍随迁子女的教育融入。流出地政府应当积极与流入地政府配合，通过发放教育券的形式将原本不能流动的教育资金进行流动，形成流

出地政府对流入地政府的教育补贴。流出地政府通过网络建立带着子女在外地的农民工信息库，农民工通过网络填报信息，按学期申请教育券。教育券只能由学校收集后向政府申请补贴，以此保证教育券的用途。打通流入地政府与流出地政府教育券信息系统，建立起教育券核销制度，以此统计、监督并分析各学期教育券的利用状况。流出地政府通过建立起的农民工信息库，与流入地政府实时共享适龄入学子女的信息。同时流入地政府完善区域内公立学校的学位信息系统，当公立学校学位出现空缺时，能够及时从农民工子女中进行递补。

三、促进农民工子女融入学校

农民工子女在学校与城市家庭子女同时学习、生活的过程中容易认为自己的条件和能力不如城市子女而变得自卑，学校应当尤其关注班级农民工子女的心理健康。应当取缔农民工子女单独编班，让农民工子女与城市家庭子女混合成班，使他们享受与城市家庭子女同等教育资源。建立起班级的心理健康档案，尤其对于农民工子女给予重点关注，追踪他们的心理变化。在学校开展多种形式的品德教育，引导城市子女在学习、生活上更多关爱需要帮助的农民工子女。同时利用农民工子女吃苦耐劳、艰苦朴素的品质，让他们在体育和劳动教育方面发挥优势，在班级形成城市子女与农民工子女互助互爱的良好氛围。学校还应当加强与农民工子女家长的沟通与合作。当发现农民工子女出现负面情绪时，应当及时与家长联络，发现其情绪变化的原因，共同协作，引导他们走出负面情绪。还应当建立起与农民工家长的长效沟通机制，制定农民工家长的心理教育培训，引导家长重视孩子的心理健康。

四、提升农民工职业教育水平

我国制定了 2019～2021 年 3 年连续实施高职扩招的政策，3 年共要实现扩招人数 300 万人。高职扩招政策主要针对之前没有机会完成高等教育的农民工等弱势群体，农民工应当充分把握这一契机，通过接受全日制高职院校的职业教育来提升自己的学历和能力。农民工自身应当转变健康和教育观念，努力从对自己健康危害大的工作环境、工作岗位中走出来，改变以健康资本换取收入的现状，转变为通过提高自身学历、职业能力的方式提升自我的教育人力资本，逐步走上更为优质、舒适的工作环境和工作岗位。在政府大力支持的前提下，职业院校应当充分利用自身教学资源，发挥专业教师优势，响应国家针对农民工扩招的号召，鼓励农民工提升学历。发挥互联网技术优势，通过线上资源自学与线下教师面授同时开展的方式开展教育。提升学历的同时，鼓励农民工参加与学历专业相匹配的职业技能证书考核，使农民工在校期间不仅提升了学历，同时获得了相应的技能证书，提升了农民工的综合素质和就业能力。

五、大力开展健康教育活动

大力宣传相关政策和规定，是开展健康教育活动的首要条件。政府应当重视健康教育活动的宣传工作，设置专门的宣传部门，并由有法学背景的专业人员负责。宣传部门应当定期组织人员实地进入农民工用工单位，向农民工和相关管理人员进行健康政策和相关法律法规的宣讲。由于农民工文化水平较低，向农民工进行宣讲时应当以案例为主，主要在于树立并强化农民工的健康意识。对于宣传手册的设计，要以图片为主，具体内容要简单易懂。在宣传手册上留下专业人员的联系方式，对于正面临健康问题的农民工进行耐心沟通，并指引他们与具体的政策执行部门对接，解决农民工遇到的实际问题。同时应当加强对单位管理人员的健康政策宣传，使他们树立健康意识，明白健康教育对于单位发展的长远利益，从而积极遵守相关制度。通过网络平台，对用工单位的农民工和管理人员定期进行健康制度的考核，对于考核不达标的用工单位重点关注，加强宣传和管理力度，对于健康制度落实存在问题的单位严格督促其执行。

六、加强农民工的医疗保障力度

目前我国的医疗保障制度在大多地区以市为单位在主要政策方面实现统一，但仍有一部分地区的县区和市区政策尚未能够保持一致，仅有个别地区在省级实现了统一。不同地区的统筹等级决定了各地区间的医疗保障制度不能保持完全一致，尤其在医保缴费金额、缴费年限、缴费年限是否需要连续等关键问题没有统一规定，导致农民工参加流入地城镇医疗保险后难以实现跨地区的转移接续，这是农民工不愿参加城镇医疗保险的主要原因。应当加速全国医疗保障制度的统一，在缴费金额、年限等关键问题上实现全国统筹，这将极大地提高农民工参加城镇医保的积极性。在实现全国统筹之前，应当允许农民工通过一次性补缴地区间差额的形式办理城镇医疗保险的转移接续。对于之前缴费金额超过地区医疗保险规定的，应当允许抵扣未来的医疗保险缴费。对于医疗保险缴费年限中断的农民工，应当允许其在一定时间范围内补缴相关费用，使其缴费年限保持完整。实现农民工跨区域的基本医疗保险转移接续，必然能够促进农民工在流入地城市通过城镇职工身份参加基本社会医疗保险。

七、制定新老农民工健康和教育的差异化政策

老一代农民工因为年龄较高，应当更加关注他们的健康状况。对农民工聚居的社区加大基本医疗器械、医疗人员的投入，依据工作年限为老一代农民工定期开展免费体检，甚至入户体检。设置专门的健康档案，关注他们的身体变化，持续跟踪，加强前端监测工作。另外老一代农民工因为年龄偏大，对于个人职业能力教育的诉求很少，但是安全教育、健康意识教育、个人基本素质教育对于他们在城市融入依然意义重大。安全教育主

要由企业具体实施，健康意识教育由社区医院和企业双向共同宣传，个人基本素质教育由政府引导，社会承担免费培训。对于在企业工作稳定的新生代农民工，应当强制性地要求他们加入流入地的城镇职工医保，并加强对企业的监管，对未实施的企业执行大力度处罚。对于尚未工作稳定的新生代农民工，强制他们暂时加入流入地的城乡居民医保，等到工作稳定后通过工作企业转入城镇职工医保。对于新生代农民工的教育应当以职业能力教育为主，发挥政府引导作用，企业重视并大力支持，职业院校和社会培训机构在各自的职权范围内，通过线下＋线上、无偿＋收费、学历＋技能多种模式相结合的方式促进新生代农民工职业能力的提高。

八、建立健全女性农民工和新生代农民工的关怀帮扶机制

本书实证研究表明，不同农民工群体在城市融入的过程中存在差异。随着年龄的增长，女性农民工的会面临更多的生理压力、家庭压力，以及工作压力。女性农民工作为劳动力市场中的弱势群体，对其进行人文关怀和经济帮扶尤为重要。一方面，可以建立起女性农民工帮扶服务信息平台，利用大数据技术对城市中的女性农民工群体建立动态帮扶档案。每年定期对女性农民工的就业、健康等信息进行录入和更新，在其有困难时可以随时提供有针对性的帮扶服务。另一方面，相较于老一代农民工，新生代农民工可能会因为在城市中无法支付相应的婚恋成本，而被迫返回家乡。这在一定程度上，阻碍了新生代农民工融入城市。对于新生代农民工而言，除了可以像女性农民工那样建立动态信息服务平台以外，还可以就农民工婚恋问题定期提供心理咨询服务和法律咨询服务，维护新生代农民工在婚姻领域的相关权益，进而促进其融入城市。

九、加强中部地区农民工对城市公共服务的普惠共享

农民工公共服务的普惠共享包括公共服务筹资、配置和利用均等化。

第八章　结论和建议

第一，要提高农民工打工地所在城市的各种公共资源和公共服务的可获得性，减少各种体制或政策歧视性限制。应当引导市民转变对农民工的看法，通过在公交、地铁、广场等市民集中的场所设立公益广告，宣传农民工对城市建设所做的积极贡献，鼓励市民尊重农民工，转变市民对农民工的舆论方向。第二，要提高城市公共资源或服务的可接近性，让农民工能够在空间上享受更加便捷的城市服务，从而增强城市获得感与幸福感。对农民工聚居的社区加大基本医疗器械、医疗人员的投入，依据工作年限为老一代农民工定期开展免费体检，甚至入户体检。设置专门的健康档案，关注他们的身体变化，持续跟踪，加强前端监测工作。第三，要充分考虑农民工群体的职业特征和个体特征，增强文化、医疗、教育、职业培训等公共服务供给的灵活性和可适合性。第四，要尊重农民工家乡风俗，在提供公共服务及其附属服务的过程中，注重与农民工性别、宗教、文化、卫生习惯等相适应。

十、建立健全农民工就业保障制度

相关部门应当充分利用人才市场，地方负责人力资源的政府部门可以作为桥梁组织用工企业与农民工的专场招聘。专场招聘以线上方式为主，以各地人力资源部门官方认证账号在各主流线上平台进行推广，既提高了用工企业的公信力，又能够拓宽农民工就业渠道。对于农民工用工企业，政府应加强对其的监督和管理力度，不定期地通过走访抽查用工企业对于农民工的政策实施情况，包括劳动合同签订情况、保险购买情况、工作时间情况等。对于未按相关法律法规执行的用工企业从重处罚，使用工企业有所顾忌。同时政府可以借用丰富的新媒体宣传手段，使得农民工对劳动法的基本规定有所了解，并在线上拓展农民工维权渠道，线上和线下开展农民工就业维权的法律咨询服务。

十一、提升农民工在城市所属社区的归属感

首先，企业应当保障农民工的休息时间，严厉打击以各种方式延长农民工工作时间的行为，让他们有充足的时间享受工作之余的精神文化生活。其次，政府应当在农民工聚集较多的社区配套更多的娱乐文化设施，例如图书馆、体育馆、艺术馆等，鼓励农民工在休息时间里从独处环境走入集体环境，促进农民工之间、农民工与市民之间的相互交流。除此之外，政府和社区可以利用完善起来的场地和设施积极开展各种适合农民工参与的文化活动，如向农民工播放免费影视作品、开展农民工题材的专题展览、举办农民工运动会和篮球赛等，提升农民休闲生活的层次。在组织各种活动的过程中，让基层社区、城市市民、政府和用工企业充分参与其中，并推进农民工群体的老乡会和工友会等组织的建立，紧密农民工群体内部的联系以及农民工群体与市民和企业的联系，增强农民工的城市融入感。

十二、建立和完善专门协助农民工的工会组织

在当下的农民工就业体系中，应当特别加强工会组织的建立、完善，并切实地行使和保障农民工的合法权利。应当积极关注单位和相关部门当中农民工的合理需求，与各个单位有关部门进行交流、沟通、协调，针对农民工所提出的合理需求同各个单位相关部门之间进行友好协商，努力保障和维护广大农民工合法权益，妥善解决农民工遇到的各种难题。除了与单位部门的沟通与协调外，工会组织应当积极探索不同模式和层次的维权方式以及载体，开拓更加丰富的沟通途径和方式，使农民工需要进行维权时有路可循。工会组织应当主动从农民工的需求出发，积极了解农民工的工作情况，倾听他们的诉求。为农民工提供切实的帮助和关怀，鼓励他们

提高自身的能力以及素质，为他们提供一定的物质帮助和持续的精神激励，基于充分的尊重和关怀，提高农民工的心理认同感，充分发挥工会的职能以增强农民工的城市融入感。

十三、增强企业对农民工的责任感

农民工用工单位应当按照相关法律要求，为农民工购买基本保险。用人单位应当转变经营理念，社会保险的购买虽然在短时间内增加了企业的费用，降低了企业的短期盈利，但是在长远利益上有利于企业的发展。一方面，为农民工购买基本保险既是企业的法定义务，能够为企业规避法律风险，也能够切实为企业分担农民工在工作过程中遭受到伤害后的治疗费用。另一方面，企业积极为农民工购买基本保险，这体现出企业对于农民工的人文关怀，能够增强农民工的归属感，进而提升农民工的工作热情，减少员工的流失率。农民工的热情反响和稳定就业既能够得到政府的青睐，又能够增强企业的核心竞争力。因此，农民工用工企业应当积极按照法律要求为企业农民工购买基本保险，并通过签订正规的用工合同加强与每一个农民工的劳动双方关系。

参 考 文 献

[1] 蔡昉. 以农民工市民化推进城镇化 [J]. 经济研究, 2013 (3): 6-8.

[2] 陈典, 马红梅. 人力资本、社会资本、心理资本与农民工市民化意愿——基于结构方程模型的实证分析 [J]. 农业经济, 2019 (8): 69-71.

[3] 陈虹, 胡波, 秦立建. 教育人力资本对农民工健康权益获取的影响 [J]. 北京化工大学学报 (社会科学版), 2020 (1): 49-58.

[4] 程名望, 黄俊逸, 潘烜. 正规教育与技能培训: 何种人力资本更有利于农民工正规就业? [J]. 中国农村观察, 2017 (1): 113-126.

[5] 储成兵. 教育和健康人力资本对城乡居民收入差距影响的实证研究 [J]. 许昌学院学报, 2019 (38): 112-117.

[6] 邓睿. 健康权益可及性与农民工城市劳动供给——来自流动人口动态监测的证据 [J]. 中国农村经济, 2019 (4): 92-110.

[7] 邓玮. 农民工家庭城市融入的代际传递 [J]. 统计与管理, 2021 (38): 105-109.

[8] 邓炜. 浅谈新生代农民工社会保障问题的现状 [J]. 现代化农业, 2021 (5): 47-49.

[9] 董乐阳. 金融扶持与农民工就业创业研究 [J]. 商讯, 2021 (15): 83-84.

[10] 范虹珏, 沈费伟, 刘祖云. 改革开放40年来中国农民工问题研究: 回顾、反思与展望 [J]. 云南社会科学, 2018 (6): 16-21.

参 考 文 献

［11］方聪龙，芮正云．养老保险和医疗保险对农民工消费压力感知的影响［J］．浙江农业科学，2021（62）：1253-1258.

［12］方聪龙，芮正云．城市融入视角下的农民工生活满意度——基于上海市外来农民工的调查［J］．农业经济问题，2018（12）：57-65.

［13］冯晓英．"非典"与流动人口管理模式改革路径的选择［J］．城市问题，2003（4）：9-12.

［14］淦未宇，肖金萍．收入代际传递性别差异［J］．数量经济与技术经济研究，2019（10）：137-153.

［15］淦未宇，肖金萍．组织支持、城市融入与新生代农民工离职：一个被调节的中介模型［J］．重庆大学学报，2021（3）：300-312.

［16］高传智．人力资本存量对居民消费行为的影响研究［J］．内蒙古财经大学学报，2021（19）：89-93.

［17］耿风．城市文化资本视角下的农民工城市融入［J］．农业经济，2018（7）：72-73.

［18］谷玉良．农业转移人口市民化：空间实践及其性别差异［J］．求实，2021（1）：99-108，112.

［19］郭芹，高兴民．农民工半城镇化问题的多维审视［J］．西北农林科技大学学报（社会科学版），2018（3）：22-30.

［20］郭庆然．城市公共服务供给质量与农民工定居选址行为［J］．中国人口科学，2020（6）：54-65.

［21］郭宇，梁明辉，杨兴龙，潘丽丽．农民工感知的疫情压力来源与状况评估［J］．中国农村卫生事业管理，2021（41）：377-380.

［22］郝演苏，周佳璇．深度贫困、健康人力资本与金融支持——以扶沟县为例［J］．西南金融，2018（12）：52-57.

［23］郝演苏，周佳璇．养老保险、城市融入意愿与农民工消费水平［J］．消费经济，2020（5）：36-45.

［24］何爱霞，刘雅婷．中国流动人口落户意愿及其变化——基于高、低

技能流动人口的比较研究 [J]. 地域研究与开发，2021 (40)：169 - 174.

[25] 何军，于洁. 同伴效应对农民工市民化意愿的影响研究——基于 CMDS2017 数据的实证分析 [J]. 湖南农业大学学报（社会科学版），2021 (1)：1 - 8.

[26] 何鹏杨，龚岳，李贵才. 基于空间视角的农业转移人口市民化文献综述 [J]. 农业经济，2021 (1)：76 - 78.

[27] 何雄浪，史世姣. 空间溢出效应视角下我国人力资本结构优化的减贫脱困效应研究 [J]. 河北经贸大学学报，2021 (42)：51 - 62.

[28] 何雅洁，张纬卿，戎钰. 返乡农民工电子商务技能培训体系构建问题研究——在保定乡村振兴视角下 [J]. 江苏商论，2021 (5)：30 - 32.

[29] 何月. 城市融入视角下农民工群体就业困境研究 [J]. 安徽农业科学，2020 (48)：261 - 263，282.

[30] 洪俊杰，倪超军. 城市公共服务供给质量与农民工定居选址行为 [J]. 中国人口科学，2020 (6)：54 - 65.

[31] 洪银兴，杨玉珍，王荣. 城镇化新阶段：农业转移人口和农民市民化 [J]. 经济理论与经济管理，2021 (1)：4 - 16.

[32] 胡宝华. 农村健康、教育人力资本投资对农业经济增长的影响研究——来自山东的证据 [J]. 新疆农垦经济，2018 (9)：21 - 26，32.

[33] 胡杰成. 日本助推医疗产业国际化的官民协同支持体系 [J]. 现代日本经济，2018 (1)：37 - 47.

[34] 胡军辉. 相对剥夺感对农民工市民化意愿的影响 [J]. 农业经济问题，2015 (11)：32 - 41，110 - 111.

[35] 胡荣，陈斯诗. 农民工的城市融入与公平感 [J]. 厦门大学学报，2010 (4)：97 - 105.

[36] 胡蓉. 发达国家新型职业农民工培养实践与启示 [J]. 当代教育理论与实践，2021 (13)：145 - 149.

[37] 华香，田贵贤. 健康权益可及性与农民工城市劳动供给——来

参 考 文 献

自流动人口动态监测的证据 [J]. 中国农村经济，2019 (4)：92 -110.

[38] 黄敦平，王高攀. 社会融合对农民工市民化意愿影响的实证分析——基于 2016 年中国流动人口动态监测调查 [J]. 西北人口，2021 (3)：12 -22.

[39] 黄佳鹏. 基于结构方程模型的健康人力资本收入效应研究 [J]. 湖南财政经济学院学报，2019 (35)：57 -64.

[40] 黄佳鹏. 健康人力资本研究：文献综述与对策建议 [J]. 经济研究导刊，2018 (23)：61 -62.

[41] 黄静，唐迩丹. 健康人力资本投资与经济产出水平的微观测量 [J]. 中国集体经济，2018 (31)：89 -91.

[42] 纪泽民. 农民工城市融入的包容性分析 [J]. 财经问题研究，2018 (8)：121 -129.

[43] 姜海珊，李升. 土地对农民工城市居留意愿影响的实证研究——物质保障抑或情感依附 [J]. 四川理工学院学报 (社会科学版)，2019 (6)：1 -17.

[44] 降雪辉. 新生代农民工返乡创业及其市民化问题研究 [J]. 农业经济，2021 (5)：80 -81.

[45] 景晓芬. 人力资本层次结构优化与产业演进——基于中国省级面板数据 [J]. 牡丹江师范学院学报 (社会科学版)，2021 (3)：10 -21.

[46] 景晓芬. 性别、圈层与嵌入：女性农民工城市融入研究 [J]. 新疆社会科学，2021 (3)：138 -146.

[47] 孔祥利，卓玛草. 身份认同对农民工住房消费的影响 [J]. 海南师范大学学报 (社会科学版)，2021 (34)：106 -118.

[48] 孔翔，陶印华，龙丁江. 养老保险、定居期望与新生代农民工城市融入 [J]. 农业技术经济，2018 (10)：36 -47.

[49] 郎晓波. 中国要素配置与人力资本错配效应的分行业测算分析 [J]. 北京理工大学学报 (社会科学版)，2021 (23)：113 -123.

[50] 黎红. 从嵌入、漂移到融合：农民工城市融入进程研究 [J]. 浙江社会科学，2021（6）：99－102，159.

[51] 李超，商玉萍，李芳芝. 中国居民收入差距对代际收入流动的影响研究 [J]. 云南财经大学学报，2018（1）：32－46.

[52] 李丹丹. 教育程度提高了农民工的幸福感吗——来自2015年中国企业—员工匹配调查的证据 [J]. 经济理论与经济管理，2017（1）：39－54.

[53] 李光明，邓杰，孙明霞. 健康权益可及性对农民工市民化意愿的影响——基于马克思市民社会理论的分析视角 [J]. 财经科学，2020（8）：52－67.

[54] 李贵成. 保障性住房视角下农民工城市融入的路径分析 [J]. 黑龙江社会科学，2020（5）：79－89.

[55] 李海波，张延吉. 农民工城市居住福利对其城市融入的影响——基于结构方程模型的实证分析 [J]. 城市发展研究，2020（4）：11－14，25.

[56] 李洪波. 城市社会保护对农民工子女随迁的影响研究 [J]. 农业技术经济，2021（5）：63－76.

[57] 李辉，王青青. 流动人口家庭化迁移与住房选择分异研究——基于全国25个城市的实证分析 [J]. 经济地理，2021（41）：95－102.

[58] 李练军，邓连望. 珍妮特·柯里对人力资本跨学科研究的贡献——著名女性经济学家学术贡献评介 [J]. 经济学动态，2019（4）：141－154.

[59] 李全喜. 空气污染对健康人力资本影响实证分析 [J]. 合作经济与科技，2019（20）：178－181.

[60] 李勇辉，刘南南，李小琴. 农地流转、住房选择与农民工市民化意愿 [J]. 经济地理，2019（11）：165－174.

[61] 李勇辉，沈波澜，刘南南. 城市公共卫生服务获得对农民工就业身份选择的影响效应 [J]. 财经科学，2021（4）：91－104.

[62] 李珍. 人力资本投资、有效劳动力供给与高质量就业 [J]. 经济问题，2019（5）：9－18.

参 考 文 献

[63] 李卓，左停．人力资本、劳动力流动与相对贫困 [J]．商业经济，2021（6）：109－112.

[64] 梁土坤．医疗保险、群体结构与农民工市民化意愿 [J]．人口与发展，2020（3）：51－64.

[65] 梁莹，崔惠民．教育人力资本对城乡居民收入水平差异性的影响分析 [J]．黑龙江工业学院学报（综合版），2019（19）：40－48.

[66] 林相森，周玉雯．职业初期的"拼爹"严重吗？——基于代际收入传递的视角 [J]．南方经济，2019（9）：113－128.

[67] 刘电芝，鲁迟，彭杜宏．进城农民工城市融入分析——以苏州地区为例 [J]．苏州大学学报（哲学社会科学版），2008（1）：29－33.

[68] 刘峰，魏先华，杨晓光．新生代农民工城市融入的制度困境研究——基于新制度经济学制度变迁理论 [J]．求实，2014（8）：49－54.

[69] 刘红斌，王建浩．有其父必有其子吗？中国教育代际传递规模与影响因素分析 [J]．劳动经济研究，2019（7）：32－51.

[70] 刘红斌，王建浩．珠三角地区社会资本对农民工城市融入的影响研究 [J]．江西社会科学，2016（12）：200－207.

[71] 刘辉武．中国农民公共就业服务政策演变的逻辑、趋势与展望 [J]．中国农村经济，2021（2）：42－58.

[72] 刘丽．流动人口的职业培训与城市融入——基于中国农村居民综合调查的分析 [J]．城市发展研究，2020（12）：12－19.

[73] 刘庆彬，张晏玮．预期寿命对人力资本、生育率及养老金费率的影响研究 [J]．中国物价，2018（1）：99－103.

[74] 刘文，沈丽杰．我国代际收入弹性的测度研究 [J]．南方人口，2018（33）：29－46.

[75] 刘文先．日本医疗改革和医院管理情况考察研究与启示 [J]．中国卫生信息管理杂志，2019（1）：29－33.

[76] 刘轩，瞿晓理．农民工城市融入的组织化实践 [J]．华南农业

大学学报（社会科学版），2020（19）：46 – 55.

[77] 刘雅婷，黄健. 从嵌入、漂移到融合：农民工城市融入进程研究 [J]. 浙江社会科学，2021（6）：95 – 102，159.

[78] 刘雅婷. 健康人力资本与区域经济增长——基于三次人口普查数据 [J]. 新经济，2020（6）：131 – 137.

[79] 刘亚娜，董琦圆. 西部少数民族地区农村学生不同健康促进方式效果评估及成本效益分析 [J]. 世界农业，2020（8）：114 – 127.

[80] 刘艳萍，张卫国. 农村居民代际低收入传递机制及教育阻断策略 [J]. 南方农业，2019（10）：21 – 25.

[81] 刘艳萍，张卫国. 农民工城市融入的包容性分析 [J]. 财经问题研究，2018（8）：121 – 129.

[82] 刘艳萍，张卫国. 人力资本、社会资本与代际收入传递——关于中国的实证研究 [J]. 区域与全球发展，2018（2）：120 – 135.

[83] 刘玉萍，郭郡郡. 土地对农民工城市居留意愿影响的实证研究——物质保障抑或情感依附 [J]. 四川理工学院学报，2019（6）：1 – 17.

[84] 卢海阳，梁海兵，钱文荣. 农民工的城市融入：现状与政策启示 [J]. 农业经济问题，2015（7）：26 – 36，110.

[85] 卢海阳，郑逸芳.40 年来中国的教育及其与经济的非均衡发展 [J]. 北京师范大学学报，2019（3）：5 – 16.

[86] 卢海阳，郑逸芳. 人口年龄结构是否通过人力资本影响经济增长——基于中介效应的检验 [J]. 中国软科学，2018（7）：149 – 158.

[87] 卢现祥，尹玉琳. 代际职业流动的制度分析 [J]. 广东社会科学，2018（3）：185 – 198.

[88] 陆万军，张彬斌. 高质量发展视角下的健康资本与经济增长：重要性与必要性 [J]. 天津商业大学学报，2021（41）：36 – 43.

[89] 吕凤亚，张瑞芳. 论德国现代学徒制及其对我国的启示 [J]. 劳动保障世界，2019（11）：77 – 78.

参 考 文 献

[90] 吕新军，代春霞．劳动力市场分割、人力资本投资与收入回报 [J]．北京理工大学学报，2019（1）：88 - 96.

[91] 罗楚亮，董永良．城乡融合与城市化的水平与结构 [J]．经济学动态，2020（11）：36 - 49.

[92] 马红梅，田松．性别差异视角下农业转移人口的城市融入影响研究——基于西南地区分位数回归实证调研结果 [J]．江汉学术，2020（4）：24 - 34.

[93] 马文武，杨少垒，韩文龙．中国贫困代际传递及动态趋势实证研究 [J]．中国经济问题，2018（2）：13 - 23.

[94] 马云献．城市化进程中农民工社会管理及服务问题研究 [J]．农业经济，2012（8）：17 - 19.

[95] 毛哲山．流动人口基本公共卫生计生服务利用的代际差异及其影响因素 [J]．中南大学学报（医学版），2021（46）：511 - 520.

[96] 梅亦，龙立荣．中国农民工城市融入的问题研究 [J]．江西财经大学学报，2013（5）：101 - 106.

[97] 孟凡强．户籍歧视与农民工参保城镇职工基本医疗保险的代际差异 [J]．广东社会科学，2021（3）：35 - 43.

[98] 孟亚男，莫依萍．断裂与绵延：第一代农民工返乡养老研究——基于舒茨现象学社会学的理论分析 [J]．老龄科学研究，2021（9）：35 - 44.

[99] 聂洪辉．土地征收对农户生活消费与人力资本投资的影响研究 [J]．华中农业大学学报（社会科学版），2018（5）：151 - 159，168.

[100] 聂伟，贾志科．过渡抑或替代：居住证对农民工城镇落户意愿的影响 [J]．南通大学学报（社会科学版），2021（37）：89 - 99.

[101] 庞凌霄，顾雅超．吉林省农民工城市社会融入问题分析 [J]．农村经济与科技，2020（31）：233 - 234，329.

[102] 彭安明，朱红根，康兰媛．改革开放以来中国的"乡—城"迁移及其城市融入 [J]．浙江社会科学，2018（2）：12 - 19，155.

[103] 彭华涛，张俊杰. 新生代农民工城市融入影响因素及应对策略 [J]. 湖南农业科学，2020（4）：102-106.

[104] 祁静，郑笑. 健康对流动人口城市居留意愿的影响研究——基于2014年全国流动人口社会融合与心理健康专项数据的分析 [J]. 调研世界，2018（4）：32-38.

[105] 钱龙，周宁，章莉. 助推还是羁绊：宅基地财产性收益对农民工城市融入的影响 [J]. 华中农业大学学报（社会科学版），2021（1）：16-25，173-174

[106] 钱雪亚，胡琼，宋文娟. 农民工享有的城市基本公共服务水平研究 [J]. 调研世界，2021（5）：3-11.

[107] 钱泽森，朱嘉晔. 健康中国视角下企业健康人力资本投资的思考 [J]. 中国市场，2021（5）：85-87.

[108] 乔楠，冯桂平. 医疗保险模式对流动人口居留意愿影响研究——基于人群差异性视角 [J]. 中国卫生事业管理，2017（1）：16-21.

[109] 秦广强. 健康人力资本研究评述与未来展望 [J]. 山西财经大学学报，2020（42）：25-27.

[110] 秦立建，陈波. 医疗保险对农民工城市融入的影响分析 [J]. 管理世界，2014（10）：91-99.

[111] 曲海燕. 从阻断代际贫困的视角探寻盖茨比曲线的破解路径 [J]. 经济界，2019（1）：28-33.

[112] 邵洲洲，冯剑锋. 家庭纽带与公共教育对代际收入流动性影响的实证 [J]. 统计与决策，2019（35）：93-96.

[113] 石长慧. 居住特征、农村土地与农业转移人口迁移决策——以重庆市中心城区为例 [J]. 南方人口，2021（36）：14-27.

[114] 石智雷，吕琼琼，易成栋. 农村公共品供给促进农民工返乡创业了吗？——基于CLDS数据的实证研究 [J]. 云南财经大学学报，2021（37）：12-25.

参 考 文 献

[115] 石智雷，施念．城市化改造传统农民——基于劳动力城乡双向流动的视角 [J]．武汉科技大学学报，2016（3）：318－327．

[116] 史志乐，张琦．教育何以使脱贫成为可能？——基于家庭贫困陷阱的分析 [J]．农村经济，2018（10）：1－8．

[117] 帅昭文．人力资本提升视角下扶贫工程成效评估体系的"光环效应"——以教育扶贫和健康扶贫为例 [J]．华南师范大学学报（社会科学版），2019（6）：19－27，191．

[118] 宋静．基于分位数回归方法的教育对城乡代际收入流动的影响研究 [J]．现代信息科技，2019（3）：121－123．

[119] 宋旭光，何宗樾．义务教育财政支出对代际收入流动性的影响 [J]．财政研究，2018（2）：64－76．

[120] 苏璐，张皓，郭林．乡村振兴战略下新生代农民工就业模式研究——以花垣县两河村为例 [J]．山西农经，2021（11）：96－97．

[121] 孙忭．金融支持政策对新生代农民工城市融入趋势的统计检验 [J]．统计与决策，2016（14）：96－98．

[122] 孙伟，李树波，高建等．德国双元制职业教育双元育人培养过程探析 [J]．辽宁高职学报，2019（4）：17－20．

[123] 孙文中．流动人口健康公平与社会融合的互动机制研究 [J]．人口与健康，2016（8）：66－74．

[124] 孙早，侯玉琳．政府培训补贴、企业培训外部性与技术创新——基于不完全劳动力市场中人力资本投资的视角 [J]．经济与管理研究，2019（4）：47－64．

[125] 谭新红，崔惠民．教育对代际收入流动性影响的实证分析 [J]．太原理工大学学报（社会科学版），2018（36）：53－60．

[126] 汤夺先，任嘉威．品质城市建设中农民工群体城市融入有序实现的政府职能定位研究 [J]．农业经济，2021（5）：71－73．

[127] 汤青，李扬，陈明星，徐勇．半城镇化农民可持续生计与农村

可持续发展——理论框架、研究进展及未来展望 [J]. 地理科学进展，2018（8）：1022－1030.

[128] 汤术丽. 浅谈德国职业教育师资人才培养 [J]. 劳动保障世界，2019（8）：51.

[129] 唐超，罗明忠，张苇锟. 农地确权方式何以影响农业人口市民化意愿 [J]. 农业经济与管理，2020（3）：53－63.

[130] 田艳平. 基于档案数据的健康人力资本与经济增长的关系研究 [J]. 枣庄学院学报，2021（38）：96－104.

[131] 万立敏，陈虹. 农民工城市久居意愿对消费支出的影响研究 [J]. 绥化学院学报，2021（41）：20－22.

[132] 万思齐，秦波，唐杰. 流动人口的职业培训与城市融入——基于中国农村居民综合调查的分析 [J]. 城市发展研究，2020（12）：12－19.

[133] 王春超，张呈磊. 中国农村居民代际收入流动性趋势及质量研究 [J]. 统计与信息论坛，2018（33）：58－64.

[134] 王春超，张呈磊. 子代受教育程度与代际收入流动性——基于中国家庭居民收入的实证研究 [J]. 经济资料译丛，2018（1）：40－50.

[135] 王佃利，刘保军，楼苏萍. 异质性人力资本与农业经济增长——基于甘肃14个地市的面板数据 [J]. 农村实用技术，2020（8）：26－27.

[136] 王建. 正规教育与技能培训：何种人力资本更有利于农民工正规就业 [J]. 中国农村观察，2017（1）：113－126.

[137] 王健俊，玉琦彤，常宇星. 农民工家庭城市融入的困境与对策分析 [J]. 中国商论，2018（14）：167－169.

[138] 王蕾蕾. 浅析我国新生代农民工就业问题 [J]. 农业与技术，2020（21）：159－161.

[139] 王蕾蕾. 新生代农民工市民化意愿影响因素分析——以烟台市为例 [J]. 安徽农学通报，2021（6）：4－7.

[140] 王丽霞，王连伟，堵琴囡. 自雇行为如何影响农民工的市民化

参 考 文 献

状态——来自中国流动人口动态监测调查的经验证据 [J]. 南开经济研究, 2020 (5): 109 - 129.

[141] 王晴锋, 郎晓波. 影响流动人口定居意愿的居住因素分析: 居住隔离抑或社区社会资本? [J]. 河海大学学报 (哲学社会科学版), 2019 (1): 87 - 96.

[142] 王文智, 李瑞峰. 新型城镇化背景下心理健康对农民工城市融入的影响 [J]. 重庆工商大学学报 (社会科学版), 2021 (6): 1 - 10.

[143] 王晓峰, 温馨. 劳动权益对农民工市民化意愿的影响——基于全国流动人口动态监测 8 城市融合数据的分析 [J]. 人口学刊, 2017 (1): 38 - 49.

[144] 王妤夜. 基于多元联动视角下的农民工再教育路径解析 [J]. 农业经济, 2021 (5): 77 - 79.

[145] 王媛玉. 中国两个城镇化率的时空分异研究 [J]. 西北人口, 2020 (3): 34 - 45.

[146] 魏丽红. 基于生命历程理论新生代农民工继续教育需求研究——以江西省为例 [J]. 湖北开放职业学院学报, 2021 (34): 106 - 107, 110.

[147] 魏万青, 高伟. 同乡网络的另一幅脸孔: 雇主—工人同乡关系对劳工个体权益的影响 [J]. 社会, 2019 (2): 160 - 185.

[148] 文晓波, 曹成刚. 健康人力资本对劳动者工资水平的影响——来自中国劳动力动态调查数据的经验分析 [J]. 劳动经济评论, 2019 (12): 87 - 99.

[149] 吴磊, 朱冠楠. 农民工定居决策的影响因素分析——以南京市为例 [J]. 中国集体经济, 2019 (6): 7 - 8.

[150] 吴丽娟, 罗淳. 医疗保险对农民工落户意愿的双重影响: "推拉效应" 和 "替代效应" ——基于 2017 年全国流动人口动态监测数据的实证检验 [J]. 重庆理工大学学报 (社会科学), 2021 (35): 112 - 120.

[151] 吴曼. 教育人力资本、健康人力资本与绿色技术创新——环境

规制的调节作用 [J]. 经济与管理评论, 2021 (37): 138-149.

[152] 吴珊珊, 孟凡强. 农民工歧视与反歧视问题研究进展 [J]. 经济学动态, 2019 (4): 99-111.

[153] 咸星兰, 金喜在. 教育人力资本、健康人力资本与上海经济增长——基于扩展的 Mankiw 模型的实证研究 [J]. 合肥师范学院学报, 2020 (38): 26-33.

[154] 向延平. 教育贫困代际传递与阻断: 教育精准扶贫路径选择 [J]. 当代教育论坛, 2018 (3): 32-37.

[155] 谢秋山. 自我雇佣对农民社会流动预期的影响 [J]. 华南农业大学学报, 2019 (3): 92-106.

[156] 邢军. 基于 TS2SLS 的中国居民代际收入流动性研究 [J]. 统计与决策, 2019 (5): 106-109.

[157] 徐晓放. 教育、健康人力资本与民办高校毕业生就业——基于某民办高校的实证研究 [J]. 山东高等教育, 2019 (7): 68-77, 2.

[158] 徐晓红, 曹宁. 部门分割视角下的收入差距代际传递变动趋势 [J]. 贵州财经大学学报, 2018 (3): 93-101.

[159] 许佳佳. 自雇佣是否促进农民工城市融合——基于 2013 年全国流动人口动态监测调查数据 [J]. 世界农业, 2020 (4): 112-119.

[160] 薛宝贵, 何炼成. 我国阶层收入差距代际传递及矫正 [J]. 学习与实践, 2018 (2): 50-57.

[161] 薛天山. 养老保险、城市融入意愿与农民工消费水平 [J]. 消费经济, 2020 (36): 36-45.

[162] 严斌剑. 基于代际传递视角的中国教育公平研究 [J]. 社会科学辑刊, 2019 (2): 98-105.

[163] 杨风雷, 李莹. 我国社会主要矛盾转化背景下的农民工体育发展研究 [J]. 体育文化导刊, 2018 (7): 7-11.

[164] 杨红岭. 农民工职业流动受人力资本影响效应 [J]. 农业经

济，2019（4）：73 – 74.

[165] 杨晶，邓大松．农村流动劳动力健康影响因素分析 [J]．华南农业大学学报（社会科学版），2021（3）：63 – 72.

[166] 杨晶，邓大松，申云．人力资本、社会保障与中国居民收入不平等——基于个体相对剥夺视角 [J]．保险研究，2019（6）：111 – 124.

[167] 杨菊华，张娇娇，张钊．流动人口健康公平与社会融合的互动机制研究 [J]．人口与健康，2016（8）：66 – 74.

[168] 杨萍，王海峰．品质城市建设中农民工群体城市融入有序实现的政府职能定位研究 [J]．农业经济，2021（5）：71 – 73.

[169] 杨巧，李鹏举．新生代农民工家庭发展能力与城市居留意愿——基于 2014 年"流动人口动态监测调查"数据的实证研究 [J]．中国青年研究，2010（10）：50 – 56.

[170] 杨晓俊，朱凯凯，陈朋艳．以人力资本投资提升人口素质 [J]．社会科学报，2021（6）：4.

[171] 姚进忠．西部地区农村人力资本增收效应及空间特征 [J]．重庆工商大学学报（社会科学版），2021（6）：1 – 13.

[172] 叶继红，朱桦．社交媒体在新生代农民工城市融入中的作用 [J]．长春师范大学学报，2020（39）：49 – 51.

[173] 俞林伟，陈小英．基于组态视角的新生代女农民工创业意向形成机制研究 [J]．山东农业工程学院学报，2021（38）：80 – 89.

[174] 俞林，印建兵．新生代农民工市民转化城市空间契合机理研究 [J]．中国职业技术教育，2021（15）：61 – 68.

[175] 俞玮奇．上海农民工子女的城市语言生活融入趋势与代际差异研究 [J]．语言学研究，2018（1）：145 – 155.

[176] 俞玮奇．雾霾污染对收入差距影响的再检验——基于工具变量法 [J]．环境经济研究，2019（4）：115 – 131.

[177] 喻开志，屈毅，徐志向．健康权益可及性对农民工市民化意愿

的影响——基于马克思市民社会理论的分析视角 [J]. 财经科学，2020
(8)：52 – 67.

[178] 曾书琴. 地方感对返乡农民工留乡就业意愿的影响 [J]. 安徽
农业科学，2021 (49)：261 – 265.

[179] 曾维希，李媛，许传新. 新生代农民工家庭发展能力与城市居
留意愿——基于 2014 年"流动人口动态监测调查"数据的实证研究 [J].
中国青年研究，2017 (10)：50 – 56.

[180] 张超. 农村人力资本投资对城乡收入差距的影响——基于广西
的实证分析 [J]. 当代经济，2020 (9)：117 – 119.

[181] 张宏如，徐家明. 社会融合对流动人口家庭化的影响——基于中
国流动人口动态监测的实证研究 [J]. 宏观经济研究，2021 (5)：31 – 42.

[182] 张吉鹏，黄金，王军辉，黄勔. 城市落户门槛与劳动力回流
[J]. 经济研究，2020 (7)：175 – 190.

[183] 张佳，赵宝柱. 我国农村居民健康人力资本对其非农就业收入
影响的实证研究 [J]. 人口学刊，2018 (1)：102 – 112.

[184] 张敏，郑晓敏，卢海阳. 迁移模式对农民工市民化意愿的影响
研究——基于福建省 2635 名农民工的实证分析 [J]. 调研世界，2020
(9)：55 – 60.

[185] 张乃仁. 互联网医疗信息外溢对健康人力资本的传导机制——
基于劳动力微观数据的中介效应研究 [J]. 河北经贸大学学报，2019
(40)：82 – 89.

[186] 张时玲. 农民工融入城市社会的制约因素与路径分析 [J]. 特
区经济，2006 (6)：136 – 137.

[187] 张婷婷. "目标 – 工具"框架下的农民工城市融入政策研究
[J]. 山东农业大学学报（社会科学版），2021 (23)：103 – 110.

[188] 张卫枚. 子代教育期望及教育资本代际传递的影响因素分析
[J]. 黑龙江教育学院学报，2019 (38)：64 – 66.

参 考 文 献

[189] 张永丽. 安徽省健康人力资本对经济增长的影响研究 [J]. 唐山学院学报, 2019 (32): 49-53.

[190] 张悦, 谭晓鸥. 人口年龄结构与居民家庭消费升级——基于中介效应的检验 [J]. 湘潭大学学报 (哲学社会科学版), 2020 (44): 62-68.

[191] 赵建国, 周德水. 健康人力资本、老龄化预期及其对储蓄增长的影响 [J]. 当代财经, 2019 (5): 15-26.

[192] 赵联飞. 新时期开展农民工返乡创业促进城乡融合发展刍议 [J]. 江淮论坛, 2021 (3): 141-146.

[193] 赵宁. 人力资本对农户农业投资的影响——基于"一带一路"沿线省份的实证分析 [J]. 东北农业科学, 2020 (45): 100-105.

[194] 赵昕东, 李翔. 教育与健康人力资本对劳动生产率的影响 [J]. 社会科学战线, 2020 (5): 53-60.

[195] 赵志花. 新形势下农民工劳动权益保障问题探究 [J]. 中国集体经济, 2021 (15): 110-112.

[196] 钟曼丽, 杨宝强. 性别、圈层与嵌入: 女性农民工城市融入研究 [J]. 新疆社会科学, 2021 (3): 138-146, 168.

[197] 周建华, 何婷, 孙艳飞. 新发展阶段农业农村基础设施建设逻辑与路径 [J]. 长沙理工大学学报, 2021 (6): 94-99.

[198] 周世军, 刘丽萍, 卞家涛. 职业培训增加农民工收入了吗?——来自皖籍农民工访谈调查证据 [J]. 教育与经济, 2016 (1): 20-26.

[199] 周贤润. 职业流动与新生代农民工的个体化倾向及消费认同 [J]. 人口与社会, 2021 (37): 44-51.

[200] 周心怡, 李南, 龚锋. 新型城镇化、公共服务受益均等与城乡收入差距 [J]. 经济评论, 2021 (2): 61-82.

[201] 周莹. 健康人力资本与中国区域经济增长 [J]. 武汉大学学报 (哲学社会科学版), 2019 (72): 161-175.

[202] 朱广琴, 余建辉. 从边缘到中心: 农民工随迁子女城市社会融

入问题探讨——基于对芜湖市的调查［J］. 中国集体经济，2020（19）：162－164.

［203］朱纪广，张佳琪，李小建，孟德友，杨慧敏. 中国农民工市民化意愿及影响因素［J］. 经济地理，2020（8）：145－152.

［204］朱考金，刘瑞清. 城乡统筹背景下农民工文化适应的压力研究［J］. 人口与社会，2018（34）：38－47.

［205］朱考金，刘瑞清. 青年农民工的社会支持网与城市融入研究——以南京市为例［J］. 青年研究，2007（8）：9－13.

［206］朱明宝，杨云彦. 城市规模与农民工的城市融入——基于全国248个地级及以上城市的经验研究［J］. 经济学动态，2016（4）：48－58.

［207］朱亭瑶. 农民工城市融入缘何依托共生型组织——基于 Q 市 L 镇多重组织互动的地方性叙事［J］. 暨南学报（哲学社会科学版），2021（43）：70－85.

［208］祝仲坤，冷晨昕. 自雇行为如何影响农民工的市民化状态——来自中国流动人口动态监测调查的经验证据［J］. 南开经济研究，2020（5）：109－129.

［209］邹一南. 购房、城市福利与农民工落户意愿［J］. 人口与经济，2021（3）：35－51.

［210］Ahmad M, Khan R. E. A. Does Demographic Transition with Human Capital Dynamics Matter for Economic Growth? A Dynamic Panel Data Approach to GMM［J］. Social Indicators Research，2019，142（2）：753－772.

［211］Çakar N. D，Gedikli A，Erdoğan S，Yıldırım D. Ç. Exploring the Nexus between Human Capital and Environmental Degradation：The Case of EU Countries［J］. Journal of Environmental Management，2021，295（1）：162－176.

［212］Chakravarty A，Parey M，Wright G. C. The Human Capital Legacy of a Trade Embargo［J］. Journal of the European Economic Association，2021，

19（3）：1692 – 1733.

［213］Chu Y. W, Lin M. J. Intergenerational Earnings Mobility in Taiwan：1990 – 2010［J］. Empirical Economics，2019，56（1）：1 – 35.

［214］d'Artis K，Patrizio L. Long – Term Social，Economic and Fiscal Effects of Immigration into the EU：The Role of the Integration Policy［J］. The World Economy，2018，41（10）：2599 – 2630.

［215］Ekstam L，Pálsdóttir A. M，Asaba E. Migrants' Experiences of A Nature – Based Vocational Rehabilitation Programme in Relation to Place，Occupation，Health and Everyday Life［J］. Journal of Occupational Science，2021，28（1）：144 – 158.

［216］Fletcher J，Han J. Intergenerational Mobility in Education：Variation in Geography and Time［R］. NBER Working Papers，2018，13（4）：585 – 634.

［217］Jamal M. Integration of Muslim Migrants and the Politics of Dialogue：The Case of Modern Germany［J］. Journal of Muslim Minority Affairs，2013，33（4）：495 – 506.

［218］Katharina M. Darwin Beats Malthus：Evolutionary Anthropology，Human Capital and the Demographic Transition［J］. Cliometrica，2021，30（1）：1 – 44.

［219］Lambert G. Freedom from the Free Will：Kafka and Laughter［J］. Philosophy Today，2020，64（1）：265 – 271.

［220］Lochner M，Molefi L. Urban Housing for Rural Peasants：Farmworker Housing in South Africa［J］. Development Southern Africa，2020，38（3）：87 – 96.

［221］Mcnamara J. Identifying Farmer Workplace Injury Risk Factors in Ireland Using Farm Accounts Data［J］. Journal of Agromedicine，2020，26（4）：21 – 34.

［222］ Muslih M. Islamic Schooling, Migrant Muslims and the Problem of Integration in The Netherlands ［J］. British Journal of Religious Education, 2021, 43 (2): 196 – 205.

［223］ Sandra G. Nature – Based Integration of Immigrants in Europe: A Review ［J］. Urban Forestry & Urban Greening, 2019, 43 (6): 51 – 54.

［224］ Sayamon H. Hepatitis B and D Virus Infections Prevalence and Associated Factors among Migrant Sex Workers in Chiangmai, Thailand: A Cross – Sectional Study in 2019 ［J］. International Journal of Infectious Diseases, 2020, 100 (8): 247 – 254.

［225］ Schmidt W. Müller A. Workplace Universalism and the Integration of Migrant Workers and Refugees in Germany ［J］. Industrial Relations Journal, 2021, 52 (2): 145 – 160.

［226］ Vosko L. F, Spring C. COVID – 19 Outbreaks in Canada and the Crisis of Migrant Farmworkers' Social Reproduction: Transnational Labour and the Need for Greater Accountability among Receiving States ［J］. Journal of International Migration and Integration, 2021, 56 (2): 42 – 58.

［227］ White A, Goodwin K. Invisible Poles and Their Integration into Polish Society: Changing Identities of UK Second – Generation Migrants in the Brexit Era ［J］. Social Identities, 2021, 27 (3): 410 – 425.

［228］ Yu M. Human Capital Inequality with Subsistence Consumption ［J］. Journal of the Knowledge Economy, 2021, 37 (6): 1 – 11.

［229］ Zhang K. C. The Mental Health and Syndemic Effect on Suicidal Ideation among Migrant Workers in China: A Cross – Sectional Study ［J］. International Journal of Environmental Research and Public Health, 2021, 41 (5): 95 – 102.

［230］ Zhou J. Y, Zhao W. Contributions of Education to Inequality of Opportunity in Income: A Counterfactual Estimation with Data from China ［J］. Research in Social Stratification and Mobility, 2018, 59 (3): 60 – 70.